国家级一流本科课程"数据分析与信息可视化"

新文科 · 网络与新媒体专业系列教材

数据新闻与信息可视化

周葆华　徐笛　崔迪　著

中国教育出版传媒集团

高等教育出版社·北京

内容提要

　　本书从"数据新闻与可视化"的若干重要概念和发展历史入手，归纳学界共识和业界最新实践，从中观层次分析数据来源和生成逻辑，落实到微观、实操层面的数据采集、数据清理、数据分析（统计分析和文本挖掘）、数据可视化四个重要步骤，覆盖数据新闻制作的全流程、各环节。

　　本书不仅广泛介绍了后羿采集器、OpenRefine、Excel、Tableau 等对初学者友好的界面化工具，而且详细讲解了如何使用 Python 和 R 两种编程语言进行相关操作，还以二维码的方式配有数据集、实操录屏、案例分析等数字资源，由浅入深地引导读者从依样模仿到学以致用，全方位掌握"数据新闻与信息可视化"的实际应用能力。本书关注不同水平层级学生的实际需求，实操部分的每一章内容均可独立运用于各类课业实践。

　　本书属于"新文科·网络与新媒体专业系列教材"，既可作为新闻学、广播电视新闻学、网络与新媒体等专业的数据新闻、数据可视化、新媒体数据分析等课程教材，也适合新闻从业人员等社会读者作为入门手册。

图书在版编目（CIP）数据

　　数据新闻与信息可视化 / 周葆华，徐笛，崔迪著
. -- 北京：高等教育出版社，2023.12
　　ISBN 978-7-04-061011-6

　　Ⅰ.①数… Ⅱ.①周… ②徐… ③崔… Ⅲ.①数据处理 - 可视化软件 - 应用 - 新闻报道 Ⅳ.① G212

　　中国国家版本馆 CIP 数据核字（2023）第 149797 号

策划编辑	黄子祺	责任编辑 黄子祺	封面设计 王 鹏	版式设计 杨 树
责任绘图	裴一丹	责任校对 刘娟娟	责任印制 存 怡	

出版发行	高等教育出版社	网　　址	http://www.hep.edu.cn
社　　址	北京市西城区德外大街 4 号		http://www.hep.com.cn
邮政编码	100120	网上订购	http://www.hepmall.com.cn
印　　刷	北京市密东印刷有限公司		http://www.hepmall.com
开　　本	787mm×1092mm　1/16		http://www.hepmall.cn
印　　张	19.75		
字　　数	430 千字	版　　次	2023 年 12 月第 1 版
购书热线	010-58581118	印　　次	2023 年 12 月第 1 次印刷
咨询电话	400-810-0598	定　　价	52.00 元

本书如有缺页、倒页、脱页等质量问题，请到所购图书销售部门联系调换
版权所有　侵权必究
物 料 号　61011-00

目　　录

第一章

导论

　　数据新闻已经从新闻创新前沿成为当代新闻形态和新闻实践的重要组成部分，其生产制作也成为数字时代新闻记者应当具备的基本能力。那么，究竟什么是数据新闻，它包括哪些具体形态，它一路如何走来，数据新闻的生产制作应当遵循怎样的流程，又需要哪些具体的专业能力？本章将围绕这些基本问题，首先介绍数据新闻的概念与分类，继而梳理数据新闻与可视化的发展历程，并着重剖析作为数据新闻核心的"数据"这个基本概念，最后讲解数据新闻的工作流程与能力要求，从而为读者理解、认识数据新闻这一领域，以及实际展开数据新闻与可视化的生产制作工作奠定基础。

第一节　数据新闻的概念与分类

一、数据新闻的概念与特征

　　数据新闻（data journalism）这一概念大致出现于 21 世纪的第一个十年，与互联网、新媒体的发展息息相关。最早提出数据新闻概念的确切时间有不同说法，其中一个较常见的说法来自英国《卫报》"数据博客"前主编西蒙·罗杰斯，他在《数据新闻大趋势》[①] 一书中认为，"数据新闻之父"是《华盛顿邮报》的软件开发人员兼 EveryBlock 网站创建人阿德里安·哈罗瓦提。哈罗瓦提在 2006 年的文章《报纸新闻网站需要变革的一种基本方式》[②] 中提出新闻媒体应当改变传统叙事的方式，通过计算机处理数据来展现重要的新闻事实，帮助受众理解外部世界。2008 年罗杰斯本人描述他们正在从事的"数据博客"工作时表示"这就是数据新闻——编辑和开发者正在生产一些在技术上有趣的东西，它们正在改变我们的工作方式"[③]。《卫报》本身也成为数据新闻实践的代表性媒体，它在 2010 年基于维基解密数据对阿富汗、伊拉克战争的报道成为当时业界数据新闻的典范，加速了数据

---

① ［英］西蒙·罗杰斯：《数据新闻大趋势》，岳跃译，中国人民大学出版社 2015 年版。

② Holovaty, A. *A Fundamental Way Newspaper Sites Need to Change*. holovaty 2006-09-06.

③ "It's data journalism-editorial and developers producing something technically interesting and that changes how we work" wrote Rogers, editor of The Guardian Datablog (2008), cited in Hermida, A. & Young, M. L. (2019). *Data Journalism and the Regeneration of News*. Routledge.

新闻概念的传播和普及。

数据新闻体现出鲜明的跨学科交叉融合色彩，其定义与数据、计算机编程、设计等概念紧密相连。有研究指出，数据新闻是一个"伞状概念"，用以概括在新闻业中对数据、计算机、软件和计算思维的运用[①]。具体来说，有的强调关键词"数据"，如《数据新闻手册》[②]中说数据新闻是"用数据完成的新闻"[③]，该定义并未强调包含计算技术的参与；有的强调"数字"，如"运用数字讲述，或是在数字中发现的新闻故事"[④]，不过如本章稍后指出的那样，"数据"并不等同于"数字"；有的聚焦"为公众利益所进行的对于数据的获取、报道、策展和发布"[⑤]，有的则强调"统计分析、计算机科学、可视化与网页设计，以及新闻报道的融合形态"[⑥]。

从这些不同的定义中，我们归纳出数据新闻的主要内涵与特征：

1. 数据新闻是以数据量化与计算分析为基础的新闻报道和新闻实践

这是数据新闻最重要、最基础的特征。传统新闻报道是基于新闻从业者对新闻现场的观察、对相关知情人的采访，以及获得的相应资料（如背景信息、来自报道对象的新闻素材）整合而成的，以文字为主要表达形式，不强调数据的角色。数据新闻所讲述的故事则主要来自数据提供的信息，而不是传统的新闻来源（如报料人、采访或新闻稿）。数据新闻必须通过对数据的采集、处理、分析和可视化产生，即数据分析在新闻报道中扮演基础性角色，如果仅仅是在文字报道中引用、点缀一两个数据，这样的新闻报道不属于数据新闻。广义的"数据分析"包括质化（侧重资料的深度解读与阐释）和量化与计算（侧重统计分析和计算挖掘），数据新闻指向的数据分析则主要是量化与计算分析[⑦]。

但是，数据新闻不同于纯粹的数据统计分析（如学术研究、决策咨询），数据新闻是公共传播的重要组成部分，其核心目的是基于数据讲述新闻故事。数据新闻必须符合新闻报道的基本特征，如服务于公共利益，以及新闻题材具有重要性、显著性、时效性、接近性、趣味性等新闻价值要素。数据新闻强调有故事的数据（Data with the story）、数据为新闻服务（Data for the story），乃至数据驱动的新闻故事（Data drives the story），即数据与新闻故事始终二位一体、密不可分。

数据新闻以数据分析为基础，并不意味着没有传统新闻报道所依赖的采访报道成分。记者仍然需要联系信息源，提出正确的问题，为数据添加更多的背景信息或是对数据背后

---

① Hermida, A. & Young, M. L. (2019). *Data Journalism and the Regeneration of News*, p.35. Routledge.

② Gray, J., Bounegru, L. & Chambers, L. (2012). *The Data Journalism Handbook*. O'Reilly Media.

③ Bradshaw, P. (2012). What is Data Journalism? In Gray J., Bounegru L. & Chambers L., *The Data Journalism Handbook*, p.2. O'Reilly Media.

④ Howard, A. B. (2014). *The Art and Science of Data-driven Journalism*. DOI: 10.7916/D8Q531V1.

⑤ Stray, J. *A Computational Journalism Reading List*. jonathanstray 2011-01-31.

⑥ Coddington, M. (2015). Clarifying Journalism's Quantitative Turn: A Typology for Evaluating Data Journalism, Computational Journalism, and Computer-assisted Reporting. *Digital Journalism*, 3(3): 331-348.

⑦ 注意，这里强调的是量化与计算分析，而不是要求数据均为量化与计算方法所获得的数据，质化数据也可以通过量化与计算分析处理方法在数据新闻与可视化中得到应用。

发生的故事进行解释，使数据更容易理解。数据新闻依赖数据，但不仅仅是数据，还需要通过有关社会、文化、法律或政治的知识来告诉受众什么数据重要，以及如何重要。数据本身并不能决定整个故事。数据、故事、社会文化背景、对真相的揭示之间的关系是理解数据新闻的关键。

2. 数据新闻包括对小数据的分析，也包括对大数据的挖掘

这是针对"数据新闻＝大数据新闻"的误解而言的。数据新闻概念兴起于新媒体蓬勃发展的时代，大数据与人工智能的发展无疑驱动了数据新闻的流行，但二者之间不能画等号，也就是说，数据新闻未必是对大数据的分析。数据新闻的重心在于对数据的分析，并且强调基于数据分析生产有价值的新闻故事，因此既可以针对大数据（需要应用到编程和机器学习等数据挖掘技术），也可以基于小数据（可以通过一些常规软件如 Excel 处理和分析的数据）。相对而言，其他概念如算法新闻、智能新闻等，则更强调数据挖掘与计算模型的应用。

3. 数据新闻往往要运用计算机技术

在当代传播环境下，数据新闻不是纯手工劳动的产物，从数据采集、处理，到分析、呈现、发布（网页或移动端），都要大量运用计算机技术。由于数据往往以数字化的格式存在于互联网，数据的获取（即便数据量不大）常常需要借助爬虫等技术手段，因此数据获取层面也带有了"大数据计算"的色彩。越来越多的网络数据（包括多媒体数据）可供分析，超出 Excel 等常规软件方便处理的程度，运用编程技术（如 R 或 Python）来处理、分析数据的需求也日益增多，因此数据新闻也具有鲜明的计算特征，成为新闻与计算技术交叉结合的领域。

4. 数据新闻往往以可视化的形式呈现

可视化（visualization）指通过图表、动画或视频等形式生动形象地呈现和展示数据、传达信息。严格来说，数据新闻并不等于可视化新闻，但由于图表等可以简明、形象地表达和展示数据分析结果，突出新闻故事，数据新闻往往具有可视化的呈现形式，普遍以可视化作为其核心实践要求。正因如此，本书将"数据新闻"和"可视化"放在一起加以论述。

需要注意，数据新闻的可视化是基于数据分析的信息可视化，不是艺术可视化。对数据新闻而言，数据分析和新闻报道是基石，可视化应当服务于数据分析的准确性和新闻故事的清晰性，避免"炫技"式或"喧宾夺主"式的可视化。根据可视化信息的位置和角色，可划分出四种可视化类型：可视化＝新闻主体，一张图讲述所有的新闻故事；可视化＝新闻主题，可视化构成故事的框架或流程，文字围绕着它；可视化＝新闻导语，可视化引出故事，先图后文；可视化＝新闻插图，可视化配合文字，提供背景，帮助理解。

5. 数据新闻强调面向公众的开放性、透明性、参与性与服务性

当代"数据新闻"的定义区别于传统的基于数据的新闻（如精确新闻报道）之处，除了具有更强的计算技术应用与可视化特征，还包括强调面向公众的开放性、透明性、参与性与服务性。其中，前三者一方面指数据新闻依赖于政府和社会的数据开放，如果没有可获取、可公开的数据，特别是与公共利益密切相关的公共数据，数据新闻就是"无源之水"，因此数据新闻的兴起与世界范围内的开放政府、开放数据运动相伴相生、彼此促进；另一方面是指数据新闻的生产过程向公众开放，吸纳公众的参与，包括邀请公众以众包

（crowdsourcing）方式参与数据采集与分析，也包括在发布数据新闻时将原始数据一并发布给公众使用，提供数据链接、数据源、延伸性的数据库等资料供下载、核实或进一步探索。数据新闻实践也常常通过交互、游戏等多种形式增强新闻的实用性、可用性与服务性。在开放性方面，数据新闻一个特别著名的例子是《卫报》2009—2010 年度关于英国议会议员费用报销的项目报道，该报在网上发布了 46 万页的费用报销报告，邀请读者进行分类并标出有问题的报销。该项目的重点是向公众开放数据，并以公众参与驱动数据分析、可视化和报道[①]。数据新闻服务性的例子则可见各种查询类、测试类的数据新闻产品。

综上所述，本书认为：数据新闻的基本定义是指基于数据量化与计算分析的新闻报道实践（journalistic practice）和新闻报道产品（reporting）。在当代数字化传播环境下，数据新闻呈现出越来越明显的与计算机技术相结合的特征，例如通过程序抓取、处理与分析在线数据，通常以可视化为呈现形态，并强调面向公众的开放性、透明性、参与性与服务性。数据新闻因此是新闻报道、数据分析、计算机编程与可视化设计交叉融合的产物。

二、数据新闻的分类

数据新闻可以有多种分类方式：

1. 按传统的新闻分类方式

如按新闻的题材分，有时政类数据新闻、经济类数据新闻、民生类数据新闻、健康类数据新闻、娱乐类数据新闻等；按新闻报道的深度分，有的数据新闻侧重简单的事实呈现，如 2020 年新冠疫情期间的病例增长数报道，有的则通过数据分析挖掘解释复杂的新闻故事，如《卫报》对 2011 年英国伦敦骚乱原因的分析。

2. 根据数据新闻的数据特征分类

可以分为小数据新闻和大数据新闻，前者所处理的数据量较小，通常通过人工和简单的统计软件（如 Excel、SPSS）即可完成；后者所处理的数据为"大数据"——表现为大体量（volume）、高速度（velocity）、多模态（variety），必须借助编程工具进行数据采集、处理、挖掘、分析等，且数据分析中不仅会用到基础性统计方法，还需要用到文本挖掘、机器学习、网络分析等计算方法。在数据新闻的实际工作中，"小数据"占多数，真正的"大数据"其实并不多见。但如前所述，由于现在数据往往存在于网络平台，以及可视化呈现的需要，因此在"小数据"的抓取、处理和可视化的过程中也会用到编程手段和计算方法。

3. 根据数据新闻的展示形式分类

这包括：文字报道、静态可视化图表（图片、表格等）、动态交互性可视化图表、视频或动画，以及数据新闻应用产品（如可查询的应用、数据库）等，这一分类也体现出可视化的不同类型。

（1）文字报道。这是指不包含可视化呈现的数据新闻。例如《香港的湿气会导致你的 iPhone 失灵吗》（《南华早报》2010 年 8 月 22 日）报道称一些苹果手机消费者发现当他们并没有将手机落入水中或淋湿时，仍然被提示接触到水，从而不获保修。记者经过调查

---

① 　Gray, J., Bounegru, L. & Chambers, L. (2012). *The Data Journalism Handbook*. O'Reilly Media.

后发现，这是因为香港的湿气比较严重，如在尖沙咀，在 2010 年 6 月 1 日到 8 月 16 日的 28 天中，湿度超过 95% 的时间超过三分之一，从而触发手机上装置的液体接触提示器。该报道尽管没有采用通常的可视化形式，但充分体现了如何通过数据调查去发现一个值得重视的商品消费与权益保护问题。在基于问卷调查的精确新闻报道中，也常仅用文字形式表达数据分析的结果。

（2）静态可视化图表。这是数据新闻的主流形式之一，即将数据分析结果转化为静态图表（如常见配合文字报道的饼图、柱状图、折线图等）或信息图（infographic）。单独的信息图就可构成一则数据新闻，有的会配以少量文字。例如网易数读《B 站课程排行榜，这届大学生最爱学什么》（2019 年 11 月 11 日）就通过信息图方式呈现 B 站上最受大学生欢迎的课程（见图 1-1）。

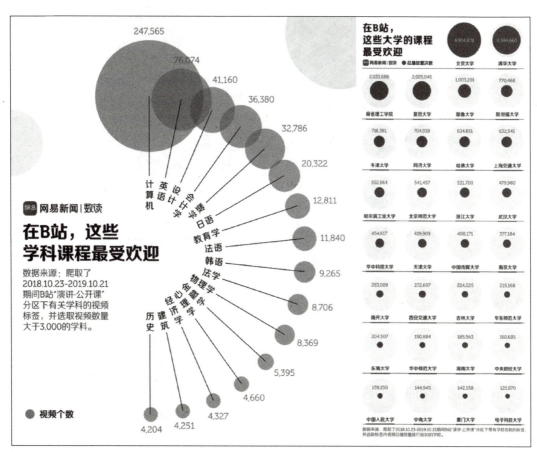

图 1-1　网易数读《B 站课程排行榜，这届大学生最爱学什么》

（3）动态交互性可视化图表。与静态可视化图表不同，该类数据新闻作品一方面呈现动态特征，此时也可细称为动态数据图表（如新冠疫情期间反映各国疫情数据变化的移动变换位次的柱状图[①]），另一方面则允许读者和数据新闻作品互动，选择查看作品的特定部

[①]《数说 | 全球确诊破千万死亡破 50 万，新冠持久战怎么打？》，澎湃新闻 2020 年 6 月 29 日。

分，此时也可细称为交互可视化。如财新网出品的《中东地区的敌友关系》（2013 年 9 月 6 日），读者可以通过点击各国家或势力名称看到它们之间的关系（见图 1-2）。

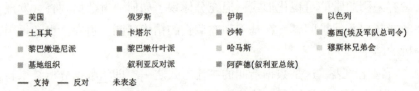

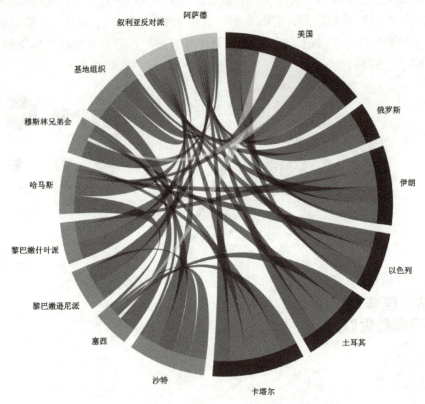

图 1-2 财新网 "数字说"《中东地区的敌友关系》

（4）视频或动画。采用视频或动画形式展示数据，也属于广义的动态可视化的组成部分。如在新冠疫情期间，一些自媒体团队在 B 站等平台发布数据视频《关于新冠肺炎的一切》（2020 年 2 月 2 日）、《计算机仿真程序告诉你为什么现在还没到出门的时候！！！》（2020 年 2 月 2 日）等，对新冠疫情进行知识科普，吸引了大量关注。

（5）数据新闻应用产品。数据新闻不仅可以查阅、浏览，而且可以搜索、查询、应用，其背后是基于数据构造而成的数据库或数字应用产品，采用 H5、网页甚至应用（App）等形态呈现，由于其兼具服务性和新闻性，也是数据新闻的一种衍生类型。例如，在 2016 年的 "问题疫苗" 事件曝光后，腾讯新闻曾推出身边正规疫苗接种点查询 H5（见图 1-3），新冠疫情期间也出现过不少同程乘客查询、周边疫情查询、小区风险指数查询等 H5 或小程序，都是基于数据的新闻类应用产品。

图 1-3　腾讯新闻正规疫苗接种点查询 H5 截屏

第二节　数据新闻与可视化的发展历程

一、数据新闻与可视化的早期案例

数据新闻概念的提出虽在 21 世纪，但数据在新闻中的应用由来已久。根据西蒙·罗杰斯在《数据新闻大趋势》中的介绍，在 1821 年 5 月 5 日《卫报》创刊号上就有一张数据表，表格列出了曼彻斯特和萨尔福德各个学校的学生人数和收费标准。该报道首次展示了应该接受免费教育的学生数量，而这个数字远远高于官方公布的数字，由此初步展现出新闻媒体可以通过数据提供信息，促进人们对公共议题的理解。

《卫报》创刊号上的数据表

如今常被用作追溯数据可视化早期发展的案例还包括约翰·斯诺（John Snow）的"伦敦霍乱地图"，以及弗洛伦斯·南丁格尔（Florence Nightingale）的"东征军士兵死亡原因图"，但他们两位的职业身份都不是新闻从业者。约翰·斯诺是英国内科医生，被认为是现代流行病学的开拓者之一，他在 19 世纪中期致力于寻找英国伦敦暴发霍乱的原因。1854 年[①]，针对伦敦苏活区发生的新一轮疫情，斯诺在地图上标注出病亡案例居住的街区以及霍乱地区水泵的位置（见图 1-4），发现距离绝大多数病亡者最近的水源都是"宽街"水泵，由此推断霍乱"由水传播"（而非当时有人认为的"空气传播"），并成功劝服伦敦政府取下了"宽街"水泵的把手，疫情因而得到了控制，后来这一推断也进一步通过检查水源和化验得以证实。该地图通过直观可视化方式在流行病溯源中发挥了作用。南丁格尔不但被誉为"提灯天使"，是现代护理事业创始人，还为早期数据可视化做出了贡献。她在 1858 年使用了后来被称为"南丁格尔玫瑰图"（又称鸡冠图、玫瑰图等）的数据可视化表达形式，来呈现克里米亚战争中士兵死亡原因的分布。该图形呈螺旋状，分成 12 份，分

---

① 另有学者认为是 1855 年。

别代表每个月士兵的死亡率。图中蓝色代表疾病，红色代表战伤，黑色代表其他原因，从而表明绝大部分的死亡并非由于中弹或炮击，而是由于本可治愈的疾病，并且显示出在卫生委员会于 1855 年 3 月派驻介入并着手改善医疗救护条件，修复医院下水道和通风系统后，总体死亡率出现大幅下降，由此展示出重视医院管理、护理工作的重要性（见图 1-5）。

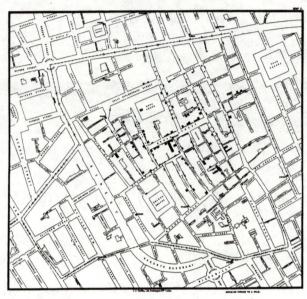

图 1-4　约翰·斯诺"伦敦霍乱地图"[1]

扫码查看彩图

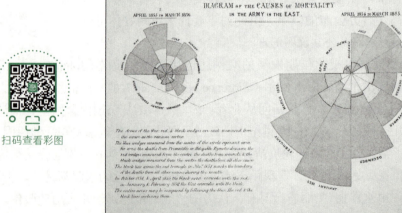

图 1-5　南丁格尔"东征军士兵死亡原因图"[2]

由这两个案例可以看出，基于现实问题的数据分析和恰当的表达形式，对于促进政府

---

[1]　维基百科"John Snow"词条。

[2]　*Diagram of the Causes of Mortality in the Army in the East.* NIH-National Library of Medicine.

和公众理解问题、改进政策、改变观念乃至挽救生命具有莫大意义，在历史上留下浓墨重彩的印记。

二、从"精确新闻"到"数据新闻"

在数据新闻更具系统性的历史发展轨迹上，针对数据在新闻报道中角色的演变，产生过一系列相关联的概念，也代表着广义的"数据新闻"实践随着科技水平提高而逐步发展的过程，主要包括：20 世纪六七十年代开始的精确新闻，80 年代开始的电脑辅助新闻报道，90 年代开始的数据库新闻，21 世纪初开始的数据（驱动）新闻，直到 2010 后勃兴的大数据新闻、可视化新闻、计算新闻与算法新闻等。这些概念并非相互取代的关系，而是构成一个互有交织、补充、拓展的过程。由此可见，数据新闻的基础理念和实践并非自互联网和大数据时代才开始，而是具有比较长的历史，当然新技术的发展显著推动了数据新闻的快速发展。

精确新闻（Precision Journalism）最早由美国北卡罗来纳大学的菲利普·梅耶（Philip Meyer）提出（他著有《精确新闻报道：记者应掌握的社会科学研究方法》，1973 年），其主要含义是：将以问卷调查、内容分析等为代表的社会科学定量研究方法引入新闻报道领域，强调抽样原理、调查方法、数据统计等在新闻报道中的应用。需要指出的是，数据新闻在美国的发展与现代社会科学方法与技术的普及基础有关。20 世纪上半叶，现代调查方法、统计技术逐步在美国政界、学界、市场研究等行业得到广泛应用，诸如盖洛普、尼尔森等一批典型的民意调查、市场调查机构崛起，并在总统大选民调、公共议题民调、市场调查中发挥重要作用。菲利普·梅耶高度重视并倡导将调查等量化方法应用于新闻报道。1967 年，针对美国底特律市发生的黑人暴动骚乱，梅耶和合作者对 437 位黑人进行随机抽样调查，对他们的社会背景与是否参加骚乱之间的关系进行分析，发现受教育程度、居住地区等变量与参加骚乱并无显著关联，由此否定了当时盛行的教育、地区影响论（《第 12 街以外的人们：1967 年底特律骚乱后当地黑人态度调查》[①]）。这一基于实证调查和数据分析来发掘事实真相的新闻报道实践，被梅耶命名为"精确新闻"，该报道也于 1968 年获得了普利策新闻奖，进而推动了精确新闻报道的发展。

20 世纪 80 年代得到迅速发展的计算机辅助新闻报道（Computer-Assisted Reporting，简称 CAR），强调的是利用电脑软件辅助新闻采访、写作与编辑，包括采集和处理信息、分析数据等。最早可以追溯至 1952 年哥伦比亚广播公司运用计算机技术进行总统大选的预测，1989 年这方面的代表性机构美国全国电脑辅助新闻报道研究所（NICAR）成立，计算机辅助新闻报道也与精确新闻结合，更强调如何在分析数据、制作数据报道中运用和发挥计算机的辅助功能。

20 世纪 90 年代数据库新闻（Database Journalism）得到发展，它更强调采用数据库挖掘新闻、整合不同来源的信息，建设结构化的新闻系统。到 21 世纪初，数据新闻，或者数据驱动新闻（Data-Driven Journalism，简称 DDJ）概念正式崛起。因此，数据新闻既是之前精确新闻等概念重视新闻报道中的数据应用的历史传承，又更加具有互联网、新媒体

---

① 　即 *The People Beyond 12th Street: A Survey of Attitudes of Detroit Negroes After the Riot of 1967.*

快速发展背景下，强调新闻报道、数据分析、计算机编程与可视化设计的交叉融合（相对于精确新闻主要强调传统量化社会科学方法），以及强调受众参与、数据开放（相对于精确新闻仍然局限于传统媒体的封闭生产、固化成品）的时代特征。

2010 年以后，大数据新闻、可视化新闻、计算新闻（Computational Journalism）、算法新闻（Algorithmic Journalism）等概念也开始兴起。与数据新闻相比，这些概念更强调运用计算思维、方法与技术挖掘大数据，来完成新闻的采集、报道和展示。计算思维包括抽象化、自动化与算法思维[1]，算法强调从输入到输出的一系列过程技术，可以实现对信息的排序、分类和筛选，覆盖从采集、写作到分发、交互的不同阶段与过程[2][3]。其中，大数据新闻更强调所处理的是"大数据"（数据新闻则未必，相当多的数据新闻处理小数据），可视化新闻则着重可视化的呈现形式，计算新闻或算法新闻则超越数据新闻主要聚焦的新闻生产与内容形态，而包括机器采集、机器写作、机器分发、机器对话等新闻生产与流通中的不同环节，具有更广的含义。

由此可见，数据新闻也属于新闻与数据相结合的领域，广义的数据新闻历经从精确新闻至今的历史演进。但同时，不能简单地将数据新闻视为相关概念的线性延续，数据新闻与互联网、大数据的发展密不可分，有其自身的独特性。学者柯丁顿从四个维度分析了数据新闻与其相关概念的区别（见表 1-1）：

表 1-1　数据新闻与其相关概念比较[4]

	精确新闻	计算机辅助新闻报道	数据新闻	大数据新闻	计算新闻、算法新闻
出现时代	1960—1970 年	1980 年左右	2000 年左右	2010 年左右	2010 年左右
概念重点	量化社会科学方法	计算机技术辅助	数据分析、编程、设计等交叉融合	大数据	计算思维、算法
生产主体	机构媒体	机构媒体	开放生产	开放生产	开放生产
数据形态	抽样数据	抽样数据	抽样数据、大数据	大数据	大数据
强调开放	不强调	不强调	强调	强调	不强调
连接受众	被动	被动	主动	主动	主动
覆盖环节	新闻生产	新闻生产	新闻生产	新闻生产	新闻生产、消费全过程

[1]　Wing, J. M. (2008). Computational Thinking and Thinking about Computing. *Philosophical Transactions of the Royal Society A*: *Mathematical*, *Physical and Engineering Sciences*, 366(1881): 3717-3725.

[2]　Anderson, C. W. (2013). Towards A Sociology of Computational and Algorithmic Journalism. *New Media and Society*, 15(7): 1005-1021.

[3]　Carlson, M. (2014). The Robotic Reporter: Automated Journalism and the Redefinition of Labor, Compositional Forms, and Journalistic Authority. *Digital Journalism*, 3(3): 416-431.

[4]　本表由作者自制，参考 Coddington, M. (2015). Clarifying Journalism's Quantitative Turn: A Typology for Evaluating Data Journalism, Computational Journalism, and Computer-assisted Reporting. *Digital Journalism*, 3(3): 331-348.

1. 传统新闻业专业取向的制约

精确新闻、电脑辅助新闻报道植根于传统新闻业，将数据的角色置于传统新闻专业实践（如采访、观察、调查）的导引之下，数据只是为新闻从业者采访、调查、报道服务，扮演次要的、辅助的角色；数据新闻也强调新闻故事的重要性，但同时更强调数据分析本身的重要性。数据新闻的生产者也因此更加具有开放性，不再局限于传统的新闻从业者，可以包括更多的社会参与者，如机构、小团队，甚至个人。

2. 新闻生产的开放透明性

数据新闻提倡使用开放数据、开源工具，以及将数据随着新闻作品一同公开，以满足受众获取原始数据的需要，提供新闻报道的"增量"（而非取代新闻报道），而无论传统的计算机辅助新闻报道还是精确新闻均不强调这一点。

3. 认识论上基于抽样数据或大数据

传统精确新闻或计算机辅助新闻报道主要基于抽样小数据，算法新闻主要基于大数据，数据新闻则在不排除对小数据分析的同时，因其所处的新媒体环境和在线数据的普及，会有更多机会挖掘、分析大数据，包括人类的各种"数字足迹"。

4. 与公众的连接程度

相对于传统精确新闻或计算机辅助新闻报道，数据新闻会更多考虑对受众的服务性（对公众是否有用）。例如安全疫苗接种点查询、新冠疫情期间的同行者查询等。

三、在新闻业变革的框架中理解数据新闻的发展

数据新闻之所以在 21 世纪以来得到快速发展，除了自精确新闻发展以来数据分析在事实发现与真相挖掘方面体现出的独特价值外，还受到新闻业变革的社会情境的影响。

1. 技术变革带来在线数据的大量供给

数据新闻与可视化以数据为基础，依赖于数据供给。在传统媒体时代，数据主要以模拟而非数字形态存在，难以保存、采集与处理。随着互联网与数字技术的发展，人类生活的各个方面都产生大量的数字足迹，包括网民在互联网、社交媒体上留下的"前台"可见的信息、意见与行为（如点赞或转发），也包括在"后台"的行为记录（如登录、浏览），还包括各级政府、媒体、企业和社会机构的数字化档案，从而为利用这些数据生产公共信息（在遵守法律与伦理规范的前提下）提供了基础与土壤。伴随 5G 技术和移动网、物联网、智能家居、生物工程等新技术的发展，数据供给将越来越丰富。

2. 数据开放运动促进公共数据的有效供给

除了技术变革的推动，公共数据的有效供给也受到全球开放数据运动的推动。开放数据（Open Data）运动于 2000 年后兴起，强调公民有权利从政府等公共部门获得公共数据，使数据得到社会、企业、学术机构和公民的充分利用，以帮助人们更好地理解所处社会以及公共政策，创造公共价值，维护自身的公民权利。以美国为例，其开放数据历史以早期的政府信息公开制度建设为基础，2004 年民间网站 GovTrack.us 创办，帮助人们获取美国国会数据，2009 年美国奥巴马政府颁布《开放政府指令》（*US Open Government*

Directive），强调依据"透明""参与""协同"原则在政府网站开放更多数据，并在同年上线了政府数据开放网站，使得公民可以自由获取联邦政府数据。2011 年美国、英国、巴西等 8 个国家签署《开放政府声明》（*Open Government Declaration*），多国建立开放政府网站。我国在《中华人民共和国政府信息公开条例》等法规推动下，也在逐步探索政府开放数据，如国家统计局建立了"国家数据"网站，上海、北京等地也都上线了政府数据开放平台（如"上海市公共数据开放平台"）。这些都有利于更多运用政府拥有的公共数据进行数据新闻报道。

3. 处于危机之中的新闻业本身亟待新闻创新

新闻业的危机来源一是以报业为代表的印刷介质的衰落，二是机构形态的媒体组织受到更多元的新闻生产主体的冲击，包括政府机构、商业公司，其他社会机构主办的新媒体、平台媒体，以及自媒体与草根网民等。多元主体都在参与公共信息的生产与传播，分流传统专业机构媒体赖以为生的受众注意力。在全球范围内，新闻业受众减少、影响式微，以及相应带来的广告锐减、员工离职，乃至机构关闭的案例不胜枚举。数据新闻提供了新闻业变革诸多实践中的一种，是新闻业量化转向（quantitative turn）的一部分[1]，构成一种重要的新闻创新策略，以帮助新闻业应对新技术与新环境带来的挑战。数据新闻与可视化通过基于数据的分析报道和直观、交互的可视化表达形式，革新了新闻内容的呈现方式，促进与受众的沟通，令人耳目一新。早期的媒体实践也带来若干"成功"的信号：如《得克萨斯论坛报》在 2011 年左右大力发展数据新闻内容，占据所有流量的 2/3[2]；《卫报》2009 年开设"数据博客"，并在 2010 年伊拉克战争、2011 年伦敦骚乱、2012 年伦敦奥运会期间制作出一批引人注目的数据报道；《纽约时报》、英国广播公司（BBC）等知名媒体都建立了数据新闻团队。国内新闻媒体中财新网的"数字说"频道在 2013 年青岛爆炸案当日发布的数据报道《青岛中石化管道爆炸事故》，网站整体访问量达 1000 万；2014 年一则反腐数据新闻获得 400 多万网站访问量、2000 多万微博阅读量。由于数据新闻与可视化的受众反馈良好，中外媒体都乐于接纳并尝试这一新的新闻实践形态，促进了它在媒体之间的创新扩散。

4. 开源软件运动促进技术工具的有效供给

开源软件（open source software）强调软件开发者在互联网上开放软件的原始代码（源代码），以促进软件技术方面的免费获得、使用、分享、修改与协作。1985 年，美国人理查德·斯托曼（Richard Stallman）创办了非营利性开源软件组织——自由软件基金会（FSF），揭开了开源运动的序幕；1991 年 Linux 软件推出，成为开源软件的重要代表。2000 年后，开源软件运动和市场进一步发展成熟。尽管对于软件是否应该开源不乏争议，

---

① Petre, C. *A Quantitative Turn in Journalism?* Tow Center 2013-10-30. Coddington, M. (2015). Clarifying Journalism's Quantitative Turn: A typology for Evaluating Data Journalism, Computational Journalism, and Computer-assisted Reporting. *Digital Journalism*, 3(3): 331-348.

② Tenore, M. J. *Texas Tribune Database Drive Majority of Sites Traffic, Help Citizens Make Sense of Government Data.* Poynter 2011-03-02.

但低成本甚至免费的软件共享、源代码公开与开源社区建设（如 GitHub）无疑促进了数据新闻与可视化的发展。例如在数据分析与可视化创作过程中，OpenRefine（数据清洗）、Tabula（提取 PDF 表格文件）、R 和 Python（数据统计分析、可视化）等一系列软件工具都被广泛使用。

四、数据新闻与可视化的当代发展及趋势

如果我们利用百度指数观察"数据新闻"一词的搜索趋势（见图 1-6），不难发现它在 2013 年后快速增长，这也说明数据新闻概念自从 21 世纪初提出以来，在近十年得到了广泛关注，发展非常迅速。这主要体现在四个方面：媒体业界的数据新闻实践、行业社群的建设、数据新闻教育与学术研究的开展。

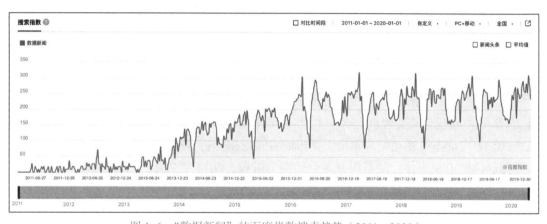

图 1-6　"数据新闻"的百度指数搜索趋势（2011—2020）

1. 媒体业界的数据新闻实践

如前所述，新闻媒体基于数据的新闻报道与可视化可以追溯至 19 世纪，自 20 世纪 60 年代以来则受到精确新闻报道理念的大力推动，新闻媒体利用传统社会科学方法（如问卷调查）进行报道已经具有比较深厚的传统和基础，但狭义上的数据新闻实践则主要在 21 世纪以来得到发展。

就国际上而言，英国《卫报》、美国《纽约时报》、英国 BBC、美国哥伦比亚广播公司（CBS）等媒体是数据新闻与可视化的早期实践者与主要代表。其中，英国《卫报》的数据新闻实践与其自身面向新媒体时代的融合转型总体战略有关。早在 2006 年《卫报》就宣布了"网络优先"的策略，要求所有的稿件先在网络上发布，然后才在纸质版上刊出。2009 年《卫报》在其网站率先开创了"数据博客"，可谓数据新闻发展的一个里程碑，自上线至今已经发布了数千则数据新闻，涵盖政治、经济、体育、战争、灾难、环境、文化、时尚、科技、健康等不同领域，采取的形式有图表、地图以及各种互动效果图，数据类型既有量化数据也有质化数据，还有两者兼顾的混合数据。在 2019 年的一次采访中，《卫报》数据新闻团队表示，经过十多年发展，数据新闻已经被各个条线的新闻从业者广泛接受，深度嵌入新闻媒体的行业实践，数据新闻也正朝更专业的方向发展，例

如处理更大规模的数据或更加微观但深入的数据。[①]

《纽约时报》同样是传统媒体数字化转型的先驱，早在 2007 年就建立了新闻记者与程序员的合作团队，后成为互动新闻技术部，采编与技术人员合作推出"以数据为支撑、以互动为手段"的新闻报道专题。2014 年成立新栏目 The Upshot，主打数据新闻。它利用美国政府的开放数据制作大量与公共议题相关的数据报道，同时注重形态创新，强调用可视化、可听化、互动性、游戏化、移动式的叙事语言，帮助受众更加直观、便捷、高效地获取信息，契合新媒体时代受众的阅听习惯。[②]2021 年 2 月 21 日，《纽约时报》在头版通过几乎铺满半版的密密麻麻的黑点的可视化方式，展示美国新冠疫情中的近 50 万逝者，给受众很强的视觉刺激。

中国的数据新闻与可视化发展几乎与国际同步：2011 年 5 月搜狐新闻上线"数字之道"，2012 年网易新闻上线"数读"，新浪新闻上线"图解天下"，腾讯新闻上线"新闻百科"，新华网推出"数据新闻"（2013 年正式成立数据新闻部，2015 年该栏目获得中国新闻奖新闻名专栏一等奖），财新传媒也在 2012 年推出"数字说"，随后通过《青岛中石化管道爆炸事故》等一系列数据报道在业界声名鹊起。在上述媒体主打信息图、网页动态交互的同时，《壹读》杂志在 2012 年推出以视频动画形式为特色的"壹读视频"；2014 年 1 月 25 日中央电视台在《晚间新闻》栏目中推出《"据"说春运》报道（随后推出"'据'说系列"），以动态可视化结合主持人播报的方式挖掘分析春运大数据，央视也成为最早尝试数据新闻的电视媒体。随着媒介融合转型的进程，2014 年 7 月 22 日澎湃新闻正式上线伊始就开设专门的数据新闻栏目"美数课"（开始名为"花边数据"），成为国内近年来最稳定和最具影响力的数据新闻栏目之一；《解放日报》的"上观新闻"、《南方都市报》等更多媒体也加入数据新闻的实践行列。

业界近年来的数据新闻实践主要呈现出下列特点与趋势：

第一，数据新闻的角色从"创新"到"常规"。数据新闻从 21 世纪初一个新颖的新闻品类与实践形态，经历"创新扩散"，已成为业界乃至全社会熟悉的新闻样态。数据新闻与可视化在全国两会等主流报道中经常出现、在新冠疫情报道中大显身手，都证明了这一点。也正因为步入"常规"，数据新闻的发展也会遭遇瓶颈，也衍生出关于数据伦理规范，数据报道如何深入、如何创新，以及商业模式等值得探索的新议题。

第二，参与主体增多并呈现多元化发展。开展数据新闻与可视化报道的实践主体越来越多，而且日渐多元化——不仅包括传统的新闻媒体、门户网站[③]，也包括社会机构创办的自媒体、小团队或个人自媒体，甚至包括政府、高校与商业机构等，这与媒体平台化的发展策略息息相关，例如澎湃新闻于 2018 年 7 月上线"有数"湃客，吸引多元创作者共同参与数据新闻（或数据内容）的生产与发布。

————————

① *A Decade of the Datablog: There's A Human Story Behind Every Data Point.* The Guardian 2019-03-23.

② 孟笛：《开放理念下的新闻叙事革新——以〈纽约时报〉数据新闻为例》，《新闻界》2016 年第 3 期。

③ 据统计，截至 2020 年，国内共有 30 家媒体开设数据新闻或数据内容栏目。来源：浙江大学传媒与国际文化学院、数可视教育公益基金会：《2020 中国数据内容发展报告》，2020 年 12 月 19 日。

第三，数据内容主题日益多元化、垂直化。一方面，不局限于狭义数据新闻范畴的广义"数据内容"（指不具明显新闻价值与公共传播属性的数据内容，如企业或机构制作的数据报告、数据产品等）日益增多；另一方面，专注深耕特定领域的垂直化数据报道与媒体日渐增多，如曾聚焦财经数据的"DT财经"（近年关注青年数据，"城数"子专栏则关注城市数据）、专注于城市数据报道的"新一线"等，都颇有特色。

第四，技术变革与时俱进。数据新闻的形态随着技术发展不断变化：从简单静态的信息图到可交互、动态的专题产品（包括短视频、动画、H5、小游戏、数据库等），从传统单一的发布平台（以平面媒体和网页为主）到多元化、以移动端为主的发布平台（包括App、微信端、微博端等），数据新闻与可视化一直随着技术的发展与时俱进。现如今，随着人工智能与虚拟现实技术的发展，数据新闻也日益包括更多的新形式，如大数据挖掘、算法与模拟仿真分析、神经心理数据、传感器数据、机器自动生成（AIGC）、沉浸式可视化（VR、AR、MR）等。数据新闻与可视化的未来实践充满想象力。

2. 行业社群的建设

数据新闻与可视化作为新闻报道、数据分析、计算机编程与可视化设计的交叉融合产物，引起相关从业者的热忱参与与推动，行业社群的建设有目共睹。其中，值得一提的是2011年在伦敦举行的Mozilla大会上，来自全球的数据新闻记者、程序员等在48小时的工作坊讨论中产生一个构想，即通过众包、开源方式创作一本介绍数据新闻理念、实践与案例的小册子，这就是由欧洲新闻学中心（European Journalism Center）和开放知识基金会（Open Knowledge Foundation）倡导、由数十位数据新闻行业人士通过网络协作方式共同编写完成、2012年由O'Reilly媒体出版的《数据新闻手册》（*Data Journalism Handbook*）。该书可在CC协议下在线免费阅读，并在2013年由国内热心人士协力翻译成中文版，同样可在网上免费阅读（见图1-7）。2018年开始，因应数据新闻实践的新发展，欧洲新闻学中心和"谷歌新闻计划"共同推出《数据新闻手册》第二版，该书已于2021年出版。

另一个值得关注的现象是数据新闻奖的组织。2012年首度设立的"数据新闻奖"（Data Journalism Awards，DJA），是国际上第一个表彰数据新闻领域优秀工作的专业

Data Journalism Handbook 2021

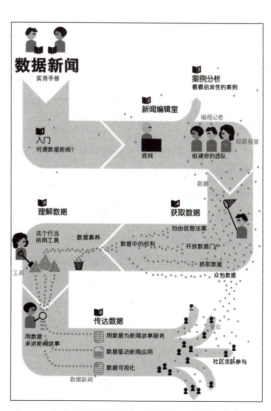

图1-7　《数据新闻手册》中译本：手册的内容概览

奖项。该奖由全球编辑网（Global Editors Network，GEN）发起和组织，由谷歌公司资助奖励，它面向新闻媒体、非营利组织和个人开放，旨在奖励和推荐数据新闻领域的最佳实践。首届评奖分为三类，分别是数据驱动的调查性报道、数据可视化和数据叙事以及数据驱动的应用，共有 51 个国家的 286 个项目参赛，入围 59 个项目 / 作品，最终 6 项获得大奖。该评奖活动此后每年举办一次，2018 年财新传媒数据新闻中心荣获"2018 年度全球最佳数据新闻团队奖"，是中国媒体首度获奖。2019 年数据新闻奖包括年度最佳数据可视化奖、数据新闻创新奖、年度调查报道奖、突发数据新闻使用奖等 12 个细分类别。[①]行业主办的其他国际数据新闻奖还包括 Sigma 数据新闻奖（2020 年创办）、"信息之美"奖（全称 The Kantar Information Is Beautiful Award，2012 年创办）、新闻设计协会（SND）奖、亚洲出版协会（SOPA）奖[②]等。此外，自从 ProPublic 在 2011 年以分析金融危机的数据新闻获得普利策奖国内报道奖后，每年均有数据新闻作品荣获普利策奖。

与世界同步，中国新闻奖等国内权威新闻奖项中也不乏数据新闻作品，如 2017 年新华网的地图可视化作品《网上重走长征路之"征程"——红军长征全景交互地图》获第二十七届中国新闻奖网页设计奖项一等奖，2020 年《经济日报》的数据新闻可视化系列短视频《数说 70 年》获第三十届中国新闻奖融合创新奖项一等奖。由行业举办的其他奖项还包括中国数据可视化创作大赛、中国数据内容大赛、中国数据新闻大赛等。

3. 数据新闻教育与学术研究的开展

随着数据新闻与可视化业界实践的蓬勃发展，相关的教育与人才培养也发展迅速。数据新闻教育的实践主体包括业界和学界，其中业界通常以工作坊、内部培训、学习社区等形式组织，而高校的数据新闻教育与人才培养则更为稳定。就国际而言，有研究统计，[③]2013 年全球开设数据新闻或相关课程的院校有 24 所，其中较具代表性的有哥伦比亚大学、密苏里大学、雪城大学、迈阿密大学等。哥伦比亚大学于 2014 年以来先后开设了为期 10 周的 LEDE 非学位数据新闻训练项目、新闻与计算机科学双硕士学位项目（Dual M.S. in Journalism and Computer Science）以及专门的"数据新闻"硕士项目（Master of Science in Data Journalism）。密苏里大学新闻学院则在长期设置"计算机辅助报道"（Computer-Assisted Reporting）等课程的基础上，陆续开设数据报道基础（Fundamentals of Data Reporting）、高级数据新闻（Advanced Data Journalism）、信息图（Information Graphics）、故事地图和图形（Mapping for Stories and Graphics）等数据新闻课程，并在两年的硕士项目中设置了融合新闻（Convergence Journalism）、数据新闻（Data Journalism）的修读模式，侧重培养数据新闻与可视化人才。

就国内而言，在 2014—2015 年，复旦大学、中国人民大学、中国传媒大学、北京大学、清华大学等高校均开设数据新闻相关课程。以复旦大学新闻学院为例，2014 年创

---

① 遗憾的是，由于缺乏稳定资金，全球编辑网及"数据新闻奖"于 2019 年底宣布停止运行。

② SND 主要集中于"最佳新闻设计奖""最佳数字设计奖"等类别，SOPA 主要集中于"卓越数据信息图奖"等类别。

③ 黄志敏、王敏、李薇：《数据新闻教育调查报告》，《新闻与写作》2017 年第 9 期。

办"新媒体传播"专业硕士项目伊始，就开设了"数据新闻与可视化"课程，同时开设了"新媒体传播应用编程""网络数据挖掘""计算新闻传播学"等相关系列课程，并于2018年面向本科生开设了必修课"数据分析与信息可视化"。据统计，截至2020年，在国内新闻传播学第四轮学科评估 C- 及以上的56家新闻传播院系中，39家已开设数据新闻课程[①]。高校开设的数据新闻课程和项目不但培养人才，而且也参与实践，如中国人民大学的"RUC新闻坊"和复旦大学的"复数实验室"所创作的数据新闻与可视化作品都获得一定关注。数据新闻领域学界和业界合作，推进社群建设的探索也是较为突出的。

数据新闻研究也已逐渐开展。以"数据新闻"为关键词在英文 SSCI 数据库和中文 CSSCI 数据库中检索（2000—2022年），可分别获得171篇（其中篇名包括关键词的为76篇）和181篇（其中篇名包括关键词的为147篇）论文，特别是新闻学代表性期刊，如 *Digital Journalism*、*Journalism*、*Journalism Studies* 等刊载了较多数据新闻方面的研究成果。

第三节　理解数据：数据的概念与分类

一、数据的概念

数据是信息？数据是数字？都不准确。数据，英文是 Data，源自拉丁语 dare，其含义是"给予"（to give）。根据英国学者罗伯·基钦（Rob Kitchin）的定义，数据是"通过将世界抽象为类型、测量或其他表征性形式——数字、字符、符号、形象、声音、电磁波、比特等而产生的原材料，从而构成信息和知识得以创造的基石"。[②]

从这个定义中，可见数据的三个主要特征：

1. 数据是源自外部世界的原材料

数据在没有经过整理、加工、分析研究之前，只是原始材料，因此数据本身并非信息，只有经过处理、组织之后才能成为信息。例如《三国演义》中诸葛亮"草船借箭"，依据的是他从气象数据中获取的信息（过去一段时间气象的分布和变化），从而对未来一段时间的气象变化趋势作出推断。但在诸葛亮处理、组织这些气象数据之前，它们都只是来自自然界的原始材料，对缺乏气象知识的人而言其实没有意义。今天在互联网上也存在大量数据，但这些数据在被采集、处理、分析之前也同样不会自动透露出信息、展现其意义。

[①]　浙江大学传媒与国际文化学院、数可视教育公益基金会：《2020中国数据内容发展报告》，2020年12月19日。

[②]　Kitchin, R. (2014). *The Data Revolution: Big Data, Open Data, Data Infrastructures and Their Consequences*, p1. Sage.

值得注意的是，这个特征也预设了一个重要的前提条件，那就是：数据必须具有可记录、可保存性，即它必须被记录、保存下来，才能被他人获取。如果它在历史上存在过，但没有被记录和保存，这个"数据"就不存在。以《论语》为例，它是孔子和弟子之间的言谈记录，作为"言谈"，其原始数据形态是"声音"，如果当时孔子弟子和再传弟子没有将这些"声音"用"文字"形式记录下来，在那个没有录音设备的年代，作为数据的"声音"就无法留存，我们今天也就无法学习《论语》了。

正因为数据只是原始材料，人们才常说"数据是脏的"（Data is dirty），换言之，采集到的数据往往充满噪音，因此数据清理与清洗是分析前必不可少的一步。在大数据时代，我们往往需要花费比传统小数据更多的时间在数据清理环节，这一步似乎不为人所重视，但其实很重要。

2. 数据不等于数字，而是多形态的

数据的存在形式并不仅是数字，而是包括字符、图片、声音等多种多样的形态。以社交媒体（如微博、微信）为例，原始数据基本都不是数字形态，而是文本（如文字微博）、符号（如表情符号）、图片、声音、视频等。随着新技术的发展，人类的"数字足迹"越来越以多媒体形式存在，如短视频应用上的数据主要是视频形式。因此，人类需要不断发展新的技术来处理多元形态的数据，从而增强运用数据的能力。

3. 数据是有价值的

数据经过处理和分析可以提供信息与知识，从而给我们的工作、生活、社会发展带来决策与行动价值。但数据词义代表的"给予"不会自然发生，需要采取特定方法与手段"获取"。正如研究者所说，数据是"通过观察、计算、实验和记录保存所提取和获取的元素"。[1] 在获取数据后，通过处理、分析等过程，数据可以形成信息、生成知识、启迪智慧。知识金字塔模型（又称 DIKW 模型、知识层次模型）就表达了数据、信息、知识、智慧四者之间的相互转化关系：数据是世界抽象出的元素，经过处理和组织，将元素有逻辑、结构化地连接后形成信息；信息经过分析、诠释（综合、关联、推理）构成知识，而知识的应用和不断积累形成对事物的深刻认知和洞察，即智慧。数据只是原始材料，信息

知识金字塔模型

是从中提取出的事实（经组织化的数据），知识则提供对世界的理解和解释，是可据此行动的信息，构成对当下实践的指导；智慧则更具深度、稳定和远见，不但可以指导当下，还可以预测未来。因此数据→信息→知识→智慧构成价值逐步提升的过程，这个过程以数据为基础，但需要通过处理、组织、加工、分析、提炼、应用来实现。

举个简单的例子：我们收集一个班级同学的成绩，这只是原始数据；然后通过排序方式对数据进行组织，就能获得一些信息，如最低分、最高分等；经过简单计算，就能进一步获得平均分、标准差等信息；将这些信息与其他信息（如学生性别、家庭背景等）进行

① Borgman, C. L. (2007). *Scholarship in the Digital Age: Information, Infrastructure, and the Internet*. MIT press.

组合分析，就会形成这些因素与学习成绩之间的相关关系，即关于成绩影响因素的知识，这一知识可以帮助实践，如"因材施教"；这些知识结合对教育的长期理解、洞察和经验积累，就可能转化成更加系统的教育智慧。

在大数据时代，人类日益认识到数据所能产生的价值，甚至将数据比喻为"新时代石油"。的确，今天的媒体传播版图上产生了一批基于数据关联、匹配的智能推荐算法的新媒体应用"独角兽"，无论是微博、微信、头条、抖音，还是滴滴、美团、拼多多，影响人类生活的诸多新应用都与数据密不可分。

综上，本书给数据下的定义是：数据是可记录、可获取的关于外部世界的多种形态、富有价值的原材料与要素。

二、数据的分类

数据的存在形态非常丰富，其分类也多种多样，这里介绍几种主要的分类方式。

1. 量化与质化数据

量化与质化数据的区分与数据生成的研究方法有关，也表现为数据形式上的差异。量化数据主要通过量化研究方法收集（具体参见第二章），以可精确测量的数字形式呈现，可进行统计分析与计算，包括描述性统计分析（百分比、平均数、中位数等）与推断性双（多）变量统计分析（分组比较、相关分析、回归分析等），形成了数据新闻与可视化主要依托的数据形式。质化数据则主要通过质化方法收集，主要以非数字的形式呈现（包括文本、图片、视音频等），对这些数据进行意义解读与阐释是质化分析经常做的工作。但要据此制作数据新闻，则需要通过一定的方法将质化数据转化为量化数据进行分析，通常是计算方法，如文本挖掘、机器学习、网络分析等。例如，我们可以通过文本挖掘方法，将采访的文字记录转化为词频、主题、语义网络等进行分析与可视化呈现。需要说明的是，当质化数据转化为量化数据时，会损失数据中原本蕴藏的部分信息，因此需要注意量化分析与保持信息两者之间的平衡。对质化数据的解读也可以作为量化数据新闻的补充叙事，增加新闻的深度。

2. 结构化与非结构化数据

结构化数据是指比较容易直接以组织化的表格或数据库格式保存的数据，因此也很方便进行检索、合并、拆分和计算，最典型的就是以 Excel、SPSS 或 CSV 格式存储的数字型数据（也包括有限类别的文字数据）。非结构化数据则指无法直接通过行列结构的表格格式进行记录、检索、合并、拆分和计算的数据，包括如今在互联网上广泛存在的文本、图片、XML、HTML、图像、音频、视频、网络关系、时间序列、空间轨迹等。相对于结构化数据的简便处理，非结构化数据无法直接进行统计计算，需要转换为结构化数据进行分析，例如通过机器学习的方法对图像数据进行分类（如从图像中提取主体、情感值等），将之转换为类别归属（0/1）或连续性变量的结构化数据。

3. 数据的具体形式

如数据概念所说，数据并不等于数字，数据可以数字、文字、符号、图片、地图、视频、音频等多种多样的形式存在。尽管相对于数字，其他形式的数据处理、分析起来难度更大，但它们依然是数据新闻与可视化可以依托的数据形态。毫无疑问，数字是数据新闻的主体，描述性统计、时间趋势分析、相关关系分析等在数据新闻中比比皆是，但我们也应当认识到，其他形式的数据运用得当，也能产生富有想象力、令人印象深刻的数据新闻作品。这里举两个例子：

一个是财新网"数字说"2017年为"世界无烟日"所做的数据新闻作品（见图1-8）[1]，它是图片、特别是颜色数据可视化的代表作之一。财新收集了11670张烟盒图片数据，从烟盒的颜色入手，使用Python中的Pillow模块提取颜色，并用聚类算法将各种品牌烟盒的颜色按地区堆叠（中国烟盒以红、黄色为主），对包装的图形进行分类，然后计算出警示标志占烟盒面积的大小。作品巧妙运用颜色数据，给人很强的视觉冲击，引发公众对控烟行动的关注。

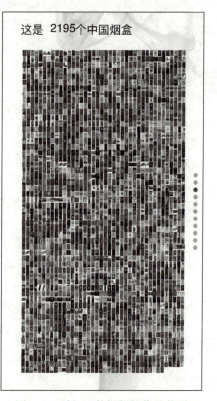

图 1-8　财新网数据新闻作品截图

扫码查看彩图

第二个例子是声音可视化的典型案例。一般人很难想象，声音也可以制作成数据新闻，甚至可以可视化。《华尔街日报》的《汉密尔顿算法》（简称）[2] 就是这样一个作品，曾获2017年数据新闻奖（DJA）年度最佳可视化奖。它通过计算方法，对百老汇著名音乐剧《汉密尔顿》的复杂韵脚结构和节奏规律进行识别，并以一个个彩色的方块在类似五线谱的坐标系中跃动的方式进行可视（听）化呈现。其中横坐标代表音节出场的顺序，纵坐标则是不同的押韵音节，以此展示为何《汉密尔顿》如此受人欢迎，可谓充满了想象力（见图1-9）。

4. 小数据与大数据

随着计算机、互联网技术的快速发展，人类社会所能储存、处理的数据量也飞速增多，使得大数据概念近年来非常热门。如前文所讲解的，数据新闻既可以处理小数据，也可以处理大数据。处理大数据的能力是狭义的数据新闻概念区别于它的广义"家族"概念（如精确新闻）的重要特征。

小数据与大数据的区别首先可从字面上加以理解：小数据的规模比较小，大数据的规模比较大。但"小"与"大"的界限在哪里呢？其实并没有普遍适用的定义，一般认为至

---

①　财新"数字说"：《世界无烟日特别策划：非平装烟盒》。
②　*How Does "Hamilton", the Non Stop, Hip-hop Broadway Sensation Tap Rap's Master Rhymes to Blur Musical Lines——Find Out with Our Algorithm.*

少要达到 10 太字节 [①]（TB）以上的数据才可能被称为大数据。从操作和处理技术角度理解，小数据一般可由人工采集和处理（如传统抽样调查、内容分析等），而大数据则超出人力所能处理的尺度，必须由计算机进行处理，并且一般会超出个人电脑和传统软件工具（如 Excel、SPSS 等）的处理能力，而需要调用服务器和编程工具来处理。

扫码播放节选

图 1-9 《华尔街日报》声音可视化作品截图

其次，除了规模和体量，大数据还需要从特征上加以理解。大数据的特征包括多（异）源、非结构化以及"4V"等。多（异）源强调大数据常由多种来源综合构成，如社交媒体数据、消费数据、行为轨迹数据等，非结构化则强调大数据往往包括文本、图片、视频、音频等非结构化形式。因此，"数据大"不等于"大数据"，例如人口普查数据量很大，但它还是单一来源的结构化数据（数字），Excel 可打印，处理很简单。"4V"最早由 IBM 提出，包括大体量（Volume）、高速度（Velocity）、多模态（Variety）以及价值性（Value）。大体量指数据规模大，高速度指数据所需处理能力强、增长速度快，多模态指数据形态复杂多样，包括文本、图像、视音频等，价值性指数据蕴藏的价值大。

在此基础上，我们仍需进一步认识大小数据的差异。例如，大数据的"大"究竟是什么大？实际上，大数据的"大"是样本量大，但其他方面——例如数据包括的变量或字段则未必大，相反这可能是传统小数据的优势。想想看，如果我们做一个抽样调查，可以根据研究者的想法询问数十个甚至上百个感兴趣的变量（包括人口学特征、态度、意见、行为等），但从社交媒体上抓取的大数据，则局限于数据本身所能提供的有限变量，如通常只能获得用户自填的有限个人信息（噪音很大），无法获得其他态度信息（缺乏测量）、行

---

① 数据量的最小单位是字节（Byte），随后量级提升依次为千字节（KB，1KB=1024B）、兆字节（MB，1MB=1024KB）、吉字节（GB，1GB=1024MB）、太字节（TB，1TB=1024GB）、拍字节（PB，1PB=1024TB）、艾字节（EB，1EB=1024PB）、泽字节（ZB，1ZB=1024EB）、尧字节（YB，1YB=1024ZB）等。

为信息（难以获取）等，因此大数据可谓是大样本、少变量，小数据则是多变量、小样本。即便是样本大，所谓海量数据，也仍然要看数据分布在多大程度上接近总体。如果数据量虽大，但分布偏离总体，只是大的"局部数据"，则其价值未必大过严格随机抽样的小数据，正如1936年美国总统大选预测"以少胜多"的经典案例那样。[①]因此，我们对大数据的价值需要科学理解。[②]实际上，大数据的价值更多体现在它往往包含时间序列数据、网络关系数据、多元层次数据，从而允许研究者进行更深入的挖掘与分析。

　　总的来说，大数据对数据处理和分析方法都提出了新的挑战。在储存和处理上，需要服务器、云存储和分布式计算；在分析上，由于经典统计方法建立在传统小数据的正态分布（或 t、F 和卡方分布）基础上，对大数据（往往是极度偏差的幂律分布）并不合适，因此其分析方法也需要不断探索。随着大数据的发展，区别于传统量化统计的计算方法开始得到发展，特别是文本挖掘、机器学习、网络分析、图像（语音）识别等。

5. 薄数据与厚数据

　　最后，与大小数据的区分有关，薄数据与厚数据基于数据所能体现的信息量区分。薄数据（Thin Data）指数据量虽然大，但传递的信息比较贫乏；由于它高度依赖统计方法和技术，主要呈现量化描述或因果关系结果，所能揭示的现实社会意义有限。由此可见，薄数据的概念体现出对过度依赖统计方法和技术的批评，强调数据分析的根本目的是帮助人们更好地认识、理解和洞察世界。厚数据（Thick Data）则强调，即便数据量不大，甚至是采用质化方法（如个案、人类学考察）获得的关于特定小样本或案例的数据，但如果能够挖掘出深度事实，阐释洞见，则具有不亚于"大"但"薄"数据的价值。这一区分对数据新闻生产的启发在于，数据新闻不一定盲目追求数据量的大，更要着重数据的质量及其所能讲述的新闻故事是否对社会有公共价值。有时候，通过传统抽样调查数据，或者通过一些实地探访，收集个案数据，也能"管中窥豹"，讲出富有意义的故事。

第四节　数据新闻工作流程与能力要求

一、数据新闻工作流程

　　数据新闻的主要目的是讲述准确而形象的数据故事。"故事"强调新闻价值，"准确"强调数据分析的专业性，"形象"强调可视化。这也显示出数据新闻生产中的几个关键环节。

　　关于数据新闻的工作流程，知名数据记者米尔克·劳伦兹（Mirko Lorenz）曾以图示方式表达他的观点（见图1-10）：数据新闻的生产首先需要对数据进行处理和过滤，获取对讲述新闻故事有价值的数据；然后进行可视化，使数据形象易懂；最后是以新闻故事的方式进行报道，利于公众阅读和接受。正如上一节关于数据概念所讲到的，数据本身只

---

　　①　1936年，在美国总统大选预测中，盖洛普公司基于随机抽样小样本的调查结果的准确性胜过了《文学文摘》（*Literacy Digest*）杂志基于非随机大样本的预测结果，充分说明了科学随机抽样方法的重要性。

　　② 　祝建华（2013）：《一个文科教授眼中的大数据：多、快、糙、耗》，《大数据中国》第 1 期。

是原材料，只有经过处理、可视化和新闻报道的过程，对公众而言数据价值才得以不断提升。数据新闻团队所做的正是通过加工工作使数据焕发价值，以新闻报道的独特形式（区别于政府决策、科学研究等）服务于公众利益和社会发展。

互联网专家保罗·布拉德肖（Paul Bradshaw）则提出了数据新闻工作的倒金字塔结构（见图 1-11）。该结构实际上分为左右两个部分，分别代表"生产"和"传播"过程。其左半部分体现的观点与劳伦兹相似，包括编辑、清理、情境、综合等步骤。其中，"编辑"指数据采集，从各种来源获取讲述新闻故事所需的数据；"清理"指去除数据中的噪音，使之可用；"情境"指理解数据生成的逻辑（来源、目的、方法等），以及将其纳入更大的背景以获得更好的理解。例如，我们收集了一个城市的犯罪数据，但只有把它放到更大的情境中才能分析和理解，包括城市总人口、警察数量和分布、历年犯罪数据的变化趋势等。由此也带来下一个环节"综合"，即纳入更多的数据进行综合分析，得出更有价值的发现，例如上例中需要综合其他多种数据才能更好地分析和解读该城市的犯罪状况。

图 1-10　劳伦兹（Mirko Lorenz）的数据新闻
生产流程图 ①

图 1-11　布拉德肖的数据新闻
倒金字塔图 ②

与劳伦兹不同的是，布拉德肖重点增加了"传播"的环节，包括可视化、叙事、社交化、人性化、个性化、应用化六种途径。他认为数据新闻工作不应止于从采集到分析数据的生产制作过程，传播——即与受众发生连接、获得受众的接受与青睐尤为重要。这一观点对新媒体传播生态有很好的洞察：在媒介丰富多元、注意力高度竞争的环境下，数据新闻需要传播才能发挥价值、彰显意义。因此，传播也是数据新闻工作中不可或缺的环节。其中，"可视化"指运用形象的图表、交互、动画等方式传达数据分析的结果；"叙事"指在可视化的基础上精心写作故事，特别是让受众感知数据与他们自身的关联，例如通过报

① 　原图及解释见 Mirko Lorenz | Information Architect 网站 About 页面。本图取自章戈浩：《作为开放新闻的数据新闻——英国〈卫报〉的数据新闻实践》，《新闻记者》2013 年第 6 期。

② 　原图及解释见 *The Inverted Pyramid of Data Journalism,* onlinejournalismblog 2011-07-07. 本图取自其中文译版，来自章戈浩：《作为开放新闻的数据新闻——英国〈卫报〉的数据新闻实践》，《新闻记者》2013 年第 6 期。

告平均值或举例子的方法使数据便于每个人理解，以及在数据报道中始终突出核心信息，重点鲜明；"社交化"既指数据新闻生产出来后通过社交媒体进行推广和扩散，也指在生产伊始就保持开放性，通过吸纳受众参与的众包方式采集数据、协作生产，这也会相应促进受众在生产后的积极传播；"人性化"指尽量让数据新闻更具人情味，包括在可视化呈现方式上多使用动画、交互的方式，以及在数据报道之外补充采访新闻事件所影响的人物，从而使报道不只是冰冷的数据统计，还有鲜活的生命故事；"个性化"指数据新闻作品与受众的个性化属性、需求和兴趣发生交互，包括个性化数据查阅（如个人收入在全国或全市所处的位置）、根据地理位置获得差异化的推荐、根据个人兴趣或个体画像（需要媒体与社交平台合作）获得数据新闻的个性化推荐等；"应用化"指注重数据新闻的可用性、服务性，如便于用户查询和检索，开放原始数据库供进一步查询和利用等。这六个步骤，既指明了数据新闻传播过程中可资运用的策略，其实也反哺数据新闻的生产制作。实际上，在新传播形态下，传统新闻生产与传播的界限正在模糊，数据新闻作品不是一个固化"生产"出的成品进而进入（大众）"传播"环节，而是两者融为一体，生产本身也在传播中延续和流动（包括交互、众包参与、个性化、应用化等）。

基于上述讨论，我们将数据新闻工作流程分为六个环节：新闻选题、数据采集、数据清理、数据分析、可视化、发布与传播，它们之间既具有基本的时间顺序，也相互交织、彼此启发、循环迭代。更重要的，它们都服务于一个整体的逻辑：新闻叙事。本书使用一个循环的流程图来表示（见图 1-12）。

图 1-12　数据新闻工作流程

1. 新闻选题

本章第一节强调，数据新闻的核心目的是讲述新闻故事。与所有新闻报道一样，好的选题是成功的一半。数据新闻的选题首先必须符合新闻报道的基本要求，如捍卫新闻真实，符合重要性、显著性、时效性、接近性、趣味性等新闻价值要求。其次，数据新闻因其依托数据的特殊性，还需要在选题时考虑数据来源的问题，是否具有合适、可靠、充分、可得的数据，所谓"巧妇难为无米之炊"，选题很有价值，但缺乏数据就难以展开。再次，选题需要有新意，有独创性。我们给出好的数据新闻选题的公式：

$$新闻价值 + 数据来源 + 独特性（原创、独家）= 数据新闻选题$$

常见的数据新闻选题来源包括：

（1）社会重大时事（包括重大公共活动）

社会重大时事具有重要性、显著性等新闻价值，是数据新闻选题的重要来源。例如，每年的全国两会是国家政治生活中的重大时事，如何运用数据讲述两会故事是值得探索的命题。曾有媒体通过数据可视化方式呈现全国人大代表和政协委员的身份特征分布、政府工作报告的关键词，也有媒体通过实时方式同步呈现社交平台对于总理记者招待会的讨论。值得一提的是，财新网曾在 2014 年 5 月采用网络关系可视化方法制作过《金道铭的红颜白手套》，尽管也体现出了不俗的可视化方式与技巧，但其影响却远不如7月推出的另一则反腐报道。可见相对于表达形式，新闻的题材重大对于可视化作品的影响力具有决定性作用。再如奥运会、世博会、进博会等重大公共活动，也是数据新闻创作的良机。

2020年初，新冠疫情无疑是全球关注的重大时事，因此，它也成为数据新闻与可视化的重要题材。围绕疫情进展、病例特征、趋势预测、人口流动、复工复产、知识科普、疫情下的生活等方方面面，诸多数据新闻和可视化作品涌现出来，受到受众和社会的关注[①]。可以说，新冠疫情带动了新一轮数据新闻与可视化普及的"出圈"过程，让全社会对数据及其表达更加熟悉。

（2）突发事件

突发事件也是数据新闻的重要题材，包括灾难、事故、战争、恐怖袭击等，具有较强的冲突性，并与人的生命安全息息相关，需要媒体做出迅速反应与及时报道。数据新闻与可视化发展历程中的一些重要案例，如精确新闻时期梅耶对底特律骚乱的报道，英国《卫报》对阿富汗战争、伊拉克战争、伦敦骚乱的报道，财新网对青岛爆炸案的报道，都属此类。这类数据新闻既可以第一时间呈现突发事件状态（如《青岛中石化管道爆炸事故》），也可以通过数据之间的关联分析对事件发生原因作出深度解释（如《卫报》的伦敦骚乱报道），还可以进行历史回顾（如马航MH370失联后梳理历史上的飞机失联事件，化学品爆炸后梳理类似的化工厂事故）等。

（3）社会重要公共议题

这类题材非常丰富。与事件不同，公共议题具有一定的延续性与稳定性，但又不像上述重大时事和突发事件那样夺人眼球，因此需要具有发现问题的眼光。重要公共议题指那些攸关公共利益，在一定时期亟待关注与解决的问题。它们既可能已经得到政府和社会的广泛关注，甚至已部分地得到解决，也可能尚处于"冰山之下"需要更多的关注；既可能与不同社会阶层和群体有关，也可能主要关涉特定阶层和群体的利益（特别是处于相对弱势地位的群体），关注这些公共议题及其背后的社会群体是新闻媒体的重要使命与责任。我国正处于社会转型期，反腐倡廉、脱贫攻坚、经济发展、教育、医疗、住房、环保、交通、食品安全，以及近年来日渐浮现的性别不平等、家庭暴力、算法影响等都是我国公众关心的公共议题。

以复旦大学"数据分析与信息可视化"课程的本科学生作品选题为例[②]：2018年的《宝贝回家：7万条数据解读儿童拐卖与遗弃》运用"宝贝回家网"数据关注儿童拐卖与遗弃问题，《全国高铁站接驳便利度？这里有一份详细测评！》解读我国高铁建设与发展的成就；2019年的《15万数据解读大病众筹：谁能筹到救命钱？》通过"轻松筹"数据

---

① 对新冠疫情期间数据新闻和可视化的作品梳理，可参见（澎湃新闻）"有数工作室"公众号2020年3月25日的文章《疫情之下，数据的100种表达》，以及"可视分析"公众号2021年3月13日的文章《全球COVID-19可视化汇集》。

② 详见复旦大学数据新闻课程官方澎湃号"复数实验室"。

关注大病医疗的筹款问题，《平均日薪972.9元，数据解读健康试药者的谋与生》通过百度贴吧数据解密"试药者"群体；2020年的《陷落煤山：26万罹难人数背后，煤矿安全生产去路何在？》关注煤矿安全生产问题，《原生家庭之殇：从5243条数据看家庭语言暴力》则关注"隐秘的角落"——家庭语言暴力问题。虽然是学生的数据新闻创作，但这些议题都引发了受众一定程度的关注、甚至共鸣。可见，大众关注的社会热点议题，或是容易被忽视的"隐秘角落"，都能成为数据新闻的好选题。

2017年，澎湃新闻曾推出数据可视化融媒体作品《山河·寻路胡焕庸线上的中国 | 六十五年变与不变》，获得广泛好评。该作品敏锐地抓住了中国经济地理上一个关键的概念"胡焕庸线"，激发公众对地区发展不平衡议题的关注。

（4）社会生活与文化热点现象

在较为严肃的社会公共议题之外，还有相对软性的社会生活与文化现象，它们常常以热点话题的形式浮现出来，成为数据新闻与可视化可以操作的对象。例如，春节联欢晚会、贺岁档电影、热门综艺娱乐节目、"内卷""打工人"等折射社会情绪的热门词汇，"双十一"消费、爆款游戏、相亲、时尚流行、中国人的睡眠时间等丰富多样的生活文化热点现象，都被媒体制作成数据新闻与可视化作品。

（5）重要节日、纪念日、年终盘点和历史总结

重要节日、历史纪念日和年终盘点也是数据新闻与可视化的常见选题来源。这些重要的时间点是公众对特定议题投射注意力，表达兴趣、思考或情感的重要契机。例如前述财新网关于烟盒的"颜色可视化"作品就是为2017年"世界无烟日"而作，新华网和《经济日报》获得中国新闻奖一等奖的《征程》和《数说70年》则分别为纪念长征胜利80周年和新中国成立70年而作。年终岁末则是用数据盘点一年各类事件的好时机，如澎湃新闻"美数课"的《十万条热搜数据告诉你，谁在制造微博热搜》（2021年1月4日）就属此列。

历史回眸性的归纳总结也是数据新闻选题的重要来源。它可以与其他选题来源相配合——如结合重大时事、突发事件、社会热点等进行相应主题的历史数据挖掘与总结，既可以拓展相应题材的深度，也使自身获得借势传播的效果。比如借助电影《夺冠》上映盘点中国女排的发展轨迹，在奥运会期间盘点各国获得奖牌的有关历史，在奥斯卡奖或诺贝尔奖颁奖期间总结历史上的获奖者等。历史回顾也可以专门进行，即不依托特定事件或时点，而对某议题进行专门分析与挖掘。例如，《南方周末》曾发表数据报道《谁是"中国人民的老朋友"》（2011年3月3日），就利用人民日报数据库，对1949—2010年被称为"中国人民的老朋友"的国际人物进行系统性数据分析，包括他们出现的频次、国别构成、时代分布、历史演进等，提供了一个饶有趣味的历史总结。

当然，上文只是列举数据新闻与可视化一些常见的选题方式，其他方式还有很多，只要抓住具有新闻价值这一核心关键点，完全可以"八仙过海，各显神通"。其实不必拘泥于数据新闻选题到底是先有题目、还是先有数据，两者都可以是起点——例如从自己对重要社会议题的观察入手，或从所获得的某个独特数据源开始都可以，但两者往往需要相互碰撞、刺激（如该议题是否能获得理想的数据，或手里的数据能回答怎样的问题），才能

最终确定一个好的选题。在确定选题的过程中，多做探索性研究、多查阅文献资料和数据库、多看看同行媒体之前的选题，都可以帮助我们获得灵感、明确方向。

2. 数据采集

在选题确定后，数据采集是数据新闻生产的关键环节。数据可以自己生产（如通过问卷调查、采访等）或发动公众参与众包式协作生产，也可以直接从第三方购买或获得（如数据拥有者直接提供原始数据），但更多是通过采集方式获取由其他主体生产并业已存在的数据，例如政府部门和社会机构数据、企业数据、科研机构数据、社交媒体数据、网络在线数据等。无论采用哪种方式收集数据，我们都必须注意：（1）数据要与新闻选题密切相关，要服务于新闻选题和新闻叙事；（2）需要理解数据的生成逻辑，包括数据初始的生产者是谁、目的是什么，数据服务于谁的利益、通过怎样的方法生成，数据在样本代表性、测量的信度和效度上存在哪些优劣等；（3）严守数据使用的伦理，包括遵守法律法规、恪守知情同意原则、保护公民隐私等。具体内容可参阅本书第二、三章。

3. 数据清理

如前所述，数据是原始材料，"数据是脏的"，充满噪音，因此需要清理才能进入分析环节。数据清理工作包括处理重复数据、缺失数据，去除无效数据（如 HTML 代码、标点符号、链接等），检查异常值、错误分行或分列、乱码，合并不同形式的同义词（如大小写、同一实体的不同名称等）、转化数据格式（如将文本数据转化为数字数据）、匹配多个数据等。其中简单的工作可以通过 Excel、Google Sheets、Google Refine 等工具进行处理，更复杂的任务，如文本、图片、视音频等非结构化数据处理则需要运用 R、Python 等更强大的编程工具。具体内容可参阅本书第四章。

4. 数据分析

数据分析是讲述新闻故事的关键。数据分析主要包括：单变量描述性分析，如报告数据的频次、分布比例、范围、平均数、中位数等；双变量或多变量推断性统计分析，如均值比较、卡方检验、相关分析、回归分析等，可用于建立解释和推断因果；基于自然语言处理的文本挖掘，如词云分析、主题建模、情感分析；基于机器学习的对象聚类，以及时间序列分析、网络关系分析、地理空间数据分析等。使用哪些分析方法，主要取决于需要通过数据建立怎样的叙事逻辑，讲述怎样的数据故事。数据分析首先需要严格遵循统计分析和数据挖掘的专业性，不过度解读结果；其次要始终围绕数据叙事架构，将数据分析结果嵌入数据叙事的逻辑，并让受众易于理解（切记：普通新闻受众并非统计专家）。具体内容可参阅本书第五、六章。

5. 可视化

可视化是数据新闻表达、呈现分析结果并与受众沟通的主要方式，尽管许多数据新闻也包括文字叙述，或通过新闻游戏、新闻应用等其他方式与受众沟通。数据可视化的呈现形式主要包括静态的信息图表、动态的交互可视化、视频 / 动画，以及正在尝试的沉浸式可视化（VR、AR、MR）等。数据新闻的可视化主要服务于讲述清晰的新闻故事，不应盲目追求艺术与"炫技"。具体内容可参阅本书第七、八章。

6. 发布与传播

正如布拉德肖所提示的，可视化并非数据新闻生产流程的最后一步，数据新闻还需要发布与传播，才能进入与公众沟通、连接的阶段，发挥其价值。数据新闻发布与传播包括如下环节：（1）数据新闻作品的载体与终端适配。特别是针对 PC 端和移动端分别适配，测试效果，确保稳定流畅才能上线。（2）社交平台推广。在社交平台成为传播主渠道的传播生态下，推动作品被分享、传播成为题中应有之义，从作品中提炼单图进行传播是常见策略。（3）数据开放。数据新闻提倡随作品发布将原始数据（库）一并开放，以便让公众获取数据、查阅数据、进一步利用数据。（4）其他服务性、应用性产品或功能的开发。包括个性化推荐、个性化测试、可查询的数据库产品、新闻游戏等①。（5）接受受众反馈，反哺新闻迭代。在当代传播环境下，新闻具有高度的流动性与"液态性"，数据新闻也不例外，创作者可以通过吸纳受众留言、评论、提供众包等方式获得新的数据和建议，既可以补充、迭代既有的数据新闻作品，也可以启发新的新闻选题，进入新作品的生产流程。概言之，数据新闻的生产、发布与流通是一个持续性的开放流动过程，在连接中不断发挥和获得新的价值。

7. 新闻叙事

需要强调，新闻叙事并非发布与传播之后的一个环节，而是贯穿数据新闻工作流程上述六个环节始终的核心要素。所谓新闻叙事，在这里并不仅指狭义的新闻写作，而是指通过有逻辑的架构讲述新闻故事的整体思维。新闻叙事需要解答的主要问题包括：作品想要告诉受众一个怎样的新闻故事？这个故事的主要价值是什么（例如，是提供新的信息；是打破成见；是对特定问题提供解释；或者是增加趣味；还是富有情感和情怀）？故事包括哪几个重点、可以切分为几个主要的板块？数据新闻的常见叙事结构包括：马提尼杯型（Martini Glass）、互动幻灯型（Interactive Slideshow）与钻取型（Drill-Down）②。马提尼杯型主要按照创作者的逻辑展开叙事线索，入口较宽，逐步聚焦到主要叙述的新闻点，受众无法脱离这一线性顺序理解数据；互动幻灯型指新闻点在作品的若干部分之间分布比较平均，它们之间存在有机联系，但又允许受众聚焦特定的部分重点理解；钻取型则给受众更大的自由度，常见的例子如互动地图，点击局部可以了解自己感兴趣的相关信息，而不受作品其余部分的制约。

二、数据新闻工作的能力要求和团队构成

在传播环境的变化面前，新闻从业者的核心技能和素养也要与时俱进。美国哥伦比亚大学 Tow 研究中心在 2012 年发布了一份题为《后工业时代的新闻业：适应新局面》的报

---

① 值得推荐的一个案例是《华盛顿邮报》的《你知道非洲吗？》（Schaul, K. *Do you know Africa?* 2014-08-01.）。该作品不但以游戏的形式呈现，让用户点击回答某个非洲国家在地图上的位置，更关键的是，它基于大量用户的回答在你点击后告诉你能准确指出位置的用户只有百分之多少（让你感到并不是只有你如此"无知"，对非洲缺乏了解是普遍现象），从而提供了信息增量。

② Segel, E. & Heer, J. (2010). Narrative Visualization: Telling Stories with Data. *IEEE Transactions on Visualization and Computer Graphics*, 16(6): 1139-1148.

告[①]，提出了他们所认为的新技术环境下新闻从业者应具备的九项基本素养。其中三项是软技能（Soft Skills），包括：（1）良好的心态和精神状态，成为具有企业家精神的记者；（2）成为网络化的个体（熟悉网络、理解网络逻辑）；（3）培育正直和具有良好判断力的公众形象。另外六项是硬技能（Hard Skills），包括：（1）成为专家型记者；（2）熟悉数据和统计知识；（3）会讲故事；（4）善于项目管理；（5）了解用户分析工具，更好地理解受众；（6）熟悉编程知识。从中可见，除了具备良好的公众形象、会讲故事和成为专家型记者这三项为传统"经典技能"外，其余六项均为适应新技术革命和媒体生态变化所提出的新技能。而硬技能中的"熟悉数据和统计知识""会讲故事""善于项目管理"和"熟悉编程知识"都是数据新闻所需要的能力。

数据可视化专家安迪·柯克（Andy Kirk）则提出数据新闻工作中的八大角色[②]：发起者或项目负责人（Initiator），负责提出项目想法；数据科学家（Data Scientist），负责采集、抓取数据；新闻记者（Journalist），负责新闻叙事；计算机科学家（Computer Scientist），负责设计用户的沟通界面或应用；设计师（Designer），负责可视化与用户体验设计；认知科学家（Cognitive Scientist），负责确认可视化的心理有效性；联络人（Communicator），负责和客户沟通；项目经理（Project Manager），负责协调、推进项目按期完成。

数据新闻是新闻报道、数据分析、计算机编程与可视化设计的交叉融合产物，本书认为，数据新闻工作需要如下四种能力：

1. 新闻叙事能力

数据新闻记者除了应具有新闻记者的通用能力（新闻敏感、伦理操守、专业知识、写作等）外，尤其应具有将数据故事化的新闻叙事能力，包括：结合数据确定新闻选题、架构数据叙事思路、写作并传播数据故事，等等。

2. 数据统计与分析能力

数据新闻的基础是新闻数据化，因此从业者需要掌握统计学的基础知识和基本概念，能够专业地采集、处理和分析数据，并从中挖掘新闻价值点，为新闻叙事提供数据基础。

3. 可视化设计能力

从业者需要掌握视觉设计、认知科学、用户心理，能够基于新闻叙事的总体目标，选择最恰当的方式将分析后的数据结果准确、美观、新颖、高效地呈现出来，使数据作品获得理想的传播效果。

4. 计算机编程能力

在当代传播环境下，数据新闻工作日益需要计算机编程能力，包括在数据分析部分运用计算方法采集数据、挖掘数据，在可视化和传播部分进行页面设计、交互设计、网页或

① Anderson, C. W., Bell, E. & Shirky, C. (2014). *Post-Industrial Journalism*: *Adapting to the Present*. New York: Tow Center for Digital Journalism.

周葆华、李煜申：《记者素养的"新瓶旧酒"与"新瓶新酒"》，《青年记者》2016年第31期。

② *6 Ways of Communicating Data Journalism* (*The Inverted Pyramid of Data Journalism Part 2*), onlinejournalismblog 2011-07-13.

移动端界面设计等。从这个意义上说，这第四种能力也可以叠加于前三种能力。

数据新闻工作是科学、技术与艺术的结合。其中，科学主要体现于运用科学的研究方法收集、分析数据，技术主要体现为数据挖掘能力以及前端开发等生产能力，艺术则集中体现在可视化过程中。

通常，完全具备上述三或四种能力的数据新闻从业者很难得，所以数据新闻报道需要团队协作，一个理想的数据新闻团队至少需要上述三种角色：数据新闻记者/编辑、数据挖掘与分析工程师（程序员）以及可视化设计师。他们各自需要的核心技能我们总结在右图中（见图1-13）。当然，数据新闻工作团队中还需要其他角色，例如好的团队负责人（决策人）、项目经理等，但具体业务的核心角色则是上述三类。

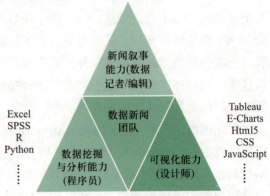

图1-13　数据新闻工作能力要求与团队构成

值得注意的是，团队协作是目前数据新闻工作的常见配置，团队成员需要相互理解，了解其他角色的基本知识及相关能力。例如，数据新闻记者/编辑需要学习和掌握数据分析的基本知识，具有基本的数据探索能力，才能有效地确定选题、提出叙事架构；可视化设计师具有数据统计分析能力，也有助于探索可视化的形式；而数据分析师、可视化设计师同样需要理解数据记者/编辑的需求和目标。只有具备一些基础的能力，团队成员之间才能通力合作、顺利沟通。另外，在新闻机构缺乏足够的人力资源配置时，独当一面的复合型数据新闻与可视化人才也有用武之地。事实上，兼具多种能力的复合型人才在业界不乏其人，1至2人同样可以创作出优秀的数据新闻作品。

思考与练习

1. 请从新闻媒体上寻找一则你感兴趣的数据新闻作品，讨论它的类别与数据特征。
2. 大数据与小数据有哪些区别？对于创作数据新闻而言它们分别有哪些优势和劣势？
3. 根据数据新闻所需要的工作能力，思考自己的长板与短板，并制订一份学习计划。
4. 你认为数据新闻与可视化的未来发展方向是什么？

参考答案

‖ 第二章

数据来源与生成逻辑

第一节　数据新闻与可视化的数据来源

如上一章介绍，"数据新闻"是基于数据量化与计算分析的新闻报道产品和实践，"数据"是数据新闻的基础和关键。"巧妇难为无米之炊"，无论是从新闻选题开始还是从数据直接开始数据新闻的生产流程，若没有数据，数据新闻就无从谈起。

那么，数据从何而来？更重要的，作为面向公共利益的新闻生产实践，数据新闻的"数据"并非"捡到篮里都是菜"，而是依赖高质量的数据，这就需要数据新闻工作者深入理解数据的生成过程，掌握基本的社会科学研究方法。无论是自己采集一手数据，还是获取二手数据，都需要理解数据生成的逻辑，从而判断数据质量，为数据的后续分析和新闻故事的讲述建立坚实的基础。因此，本章首先介绍数据新闻与可视化的主要数据来源，然后介绍数据的生成逻辑，也即研究设计和方法的基础知识。

一、获取数据的方式

在介绍具体的数据来源之前，我们先讨论数据来源的来源，也就是说，我们应当建立能够获取数据的渠道。数据新闻工作者该如何形成工作机制，为获取数据做好准备呢？本书认为下列四种方式值得参考：

1. 建立关于数据来源的知识"地图"

数据新闻工作者应当建立关于数据来源的知识"地图"，积累从何处寻找数据的预备知识。首先，需要了解新闻选题与数据的关联。例如，有些选题的数据主要集中于政府部门，有的则主要存在于社会机构、非营利组织；有的选题只需要国内数据，有的则需要引入国际数据以扩大叙事视野；有的选题数据网上比较多，只需要比较、筛选和综合，有的则可能缺乏来源，需要自己积累。其次，需要了解不同数据来源的特点和潜在价值。下文会介绍一些主要的数据来源及其特征，以便于读者形成基本的数据来源"地图"。

2. 善用搜索引擎

搜索引擎是数据检索最常用的方法之一，也是一种重要、方便的数据入口。当我们不知道该直接去哪里寻找数据时，不妨使用百度、谷歌等通用搜索引擎进行检索。这常常是获取数据的第一步。有的搜索引擎还提供专门用于检索数据来源的入口，例如谷歌搜索的"数据集搜索"（Dataset Search）。随着新媒体的发展，诸多网络平台都发展了自己的搜索引擎，例如微博搜索、微信公众号搜索、知乎搜索、GitHub 搜索等。使用"高级搜索"功能和一些搜索小技巧可以提高搜索效率，例如，使用后缀搜索特定格式文件，如使用"filetype: pdf"限定搜索 PDF 格式的文件；搜索特定网站范围，如使用"site: gov.cn"限定在政府网站搜索数据等。具体内容我们在第三章还会介绍。

3. 从已经发表的数据新闻作品中获取线索

"他山之石可以攻玉"，数据新闻创作也是同行之间彼此启发、刺激创新的过程。针对某个数据新闻选题，可能之前已有类似作品，那么就可以据其数据来源进一步探索该数据如何可以得到新的运用。在很多情况下，数据的利用空间和潜力是广阔的，完全可以基于已经被运用的数据源展开新的分析，开拓新的叙事角度，可以通过对过往作品"顺藤摸瓜"获取数据。

4. 工作中的日积月累

数据来源还可以基于平常的积累。数据新闻工作者需要做个有心人，平常注意通过各种渠道积累有趣、新鲜、独特、可能有用的数据源，为这些数据源建立数据档案。值得一提的是，除了"收藏"数据源，还应当多"探索"数据源，即了解到某一数据源后，不要简单地将之放入收藏夹（往往容易束之高阁），而应当及时探索尝试，熟悉它的构成和特点，最好形成笔记，从而为未来的利用打下基础。

除了上述四种主要方式，获取数据的方式还包括咨询采访对象（特别是某一领域的政府工作人员或专家）、同行或同事（如条线记者），或者通过网络（如知乎、论坛）提问征集等。

二、主要的数据来源

数据新闻与可视化的数据来源有多种划分方式：首先，从数据生产的主体区分，可以分为一手数据和二手数据。前者指数据新闻创作者自己通过问卷调查、采访、众包等方式收集的数据，后者指来源于其他主体的数据。二手数据又可以根据获取方式的不同，分为依信息公开申请，网络下载或抓取，购买、索取或合作等类型。其次，从数据来源的开放性区分，可以分为公开数据和非公开数据。前者指通过传统媒介或网络数字平台公开发布，可以直接通过查询、下载或抓取方式获取的数据，也包括不直接发布于公共媒体，但可以通过信息公开程序获取的数据；后者则指保存于政府、企业或其他机构内部，通常不对外公开的数据，需要通过购买、合作等方式获取。

下面分别介绍六种主要的数据来源。

1. 政府与国际组织的公开数据

政府与国际组织掌握大量与社会运行有关的公共数据，其特点是官方、权威、可信度较高，因此是数据新闻最主要的数据来源之一。政府部门的数据可以直接通过政府网站下载存储或抓取采集，也可以通过依信息公开申请、采访等方式联系获取。很多国际组织也会将其数据库进行公开。

数据开放理念强调，除了受到国家安全、商业机密、个人隐私等受法律保护的特别限制外，政府和国际组织数据应当最大限度地及时开放，并且从技术上要求公开数据应保持一手状态、符合格式规范、便于处理。

我国对于公共数据开放的政策要求也与国际标准有许多共性。2017 年 5 月，国务院办公厅印发的《政务信息系统整合共享实施方案》指出，要"推动政府部门和公共企事业单位的原始性、可机器读取、可供社会化再利用的数据集向社会开放"。2018 年 1 月，中央网信办、发展改革委、工业和信息化部联合印发的《公共信息资源开放试点工作方案》要求试点地区"凡是不涉及国家秘密、商业秘密和个人隐私以及法律法规规定不得开放的公共信息资源，都应逐步纳入开放范围"，"提升数据的完整性、准确性、有效性、时效性"，"明确开放数据的完整性、机器可读性、格式通用性等要求"。2019 年以来，我国各地相继出台了一系列专门针对数据开放的管理办法，对政府数据开放的原则和程序作出规范。以上海为例，《上海市公共数据开放暂行办法》于 2019 年 10 月 1 日起施行。根据上海市公共数据开放平台主页上的介绍，截至 2023 年 2 月已开放 50 个数据部门、131 个数据开放机构的 5356 个数据集，73 个数据应用，43908 个数据项，20.08 亿条数据。

政府开放数据在数据新闻中得到广泛应用。其中经常被引用的一个数据源是最高人民法院于 2013 年建立的全国法院统一的裁判文书公开平台——"中国裁判文书网"，截至 2023 年初已经公布全国超过 1.38 亿篇裁判文书，访问总量近千亿人次，日新增裁判文书 2 万多篇，是全球最大的裁判文书公开平台，成为司法、犯罪、法治类数据新闻的主要来源。还有一些政府公开数据因领域关系不那么引人注目，但非常有助于制作相关领域的数据新闻。例如，澎湃新闻 2018 年在做台风的数据新闻时，通过联系国家气象局意外地发现了详细的公开数据——气象局热带气旋资料中心在其官网上公布有 1949 年以来详细的气旋和台风数据，从而成为《数说台风 69 年》这篇数据新闻的主要数据来源。因此，在制作公共议题的数据新闻时，可以首先查询相关政府部门的网站，看是否能获取相关的历史及最新数据。

下面列举一些国家政府和国际组织的开放数据网站示例（见表 2-1）：

表 2-1 政府与国际组织开放数据来源示例

类型	网站
国际组织	联合国的数据搜索引擎 世界银行的数据银行 世界卫生组织的数据平台 国际电信联盟的数据
外国政府	美国政府的开放数据 英国政府的开放数据 中国国家统计局收集的国外官方统计网站列表
中国政府	中国政府网数据 中国国家统计局数据 中国国家统计局"国家数据" 中国裁判文书网 中国生态环境部发布的生态环境数据 中国互联网络信息中心发布的网络发展数据
地方政府	上海市公共数据开放平台 北京市政务数据资源网

政府开放数据也可以统计年鉴的形式出现，其存在形态多样，可以从图书馆、书店获取或购买纸质版，也可以通过网络查询或下载电子版。例如国家统计局网站上就有1999年至今的《中国统计年鉴》，中国知网（CNKI）也收集了不同领域的年鉴。

2. 其他社会机构、企业与社会组织的数据

社会上的其他各类机构（如医院、学校等）、企业与社会组织均拥有关于自身发展的数据，这些数据可以通过其官方网站、公众号或其他媒介渠道进行查询与获取，例如高校的师资力量数据、企业的财报数据等。

企业中还有一种特定类型——数据企业，专门以生产、集纳、整合、售卖数据为主要业务。在财经领域，较为知名的数据企业包括彭博（Bloomberg）、万得数据、天眼查等，它们主要采取付费服务的方式提供数据，但也有免费公开的数据（如天眼查网站允许查询公司、老板及其关系数据），对制作公司、财经、商业类数据报道非常有价值。广义的数据企业则不限于财经领域，包括其他从事社会与市场调查以及垂直类数据服务的企业，例如尼尔森、盖洛普、央视市场研究、新生代市场监测机构、零点调查公司、艾瑞咨询等；司法领域除了前述"中国裁判文书网"外，"无讼"也是该领域可参考的数据来源。

2020年新冠疫情期间，针对部分微信公众号采用"标题党"方式大量"报道"雷同的、耸人听闻的国外疫情，澎湃新闻制作了一篇《全球华人"店铺关门有家难回"？来看假消息是如何批量生产的》数据报道[1]。该报道主要通过天眼查网站查询分析了批量生产"标题党"微信文章背后的公司组织关系，发现这几家公司在股权架构上都有同一人的身影（见图2-1），从而揭示了触目惊心的"标题党"幕后生态。该报道是一个巧妙运用公司数据的案例。

社会组织是指处于政府与企业之间的第三方部门，通常具有公益性、非营利性质，服务于特定的社会群体。它们不但拥有关于自身的数据，而且有些社会组织专门提供相关垂直领域的专题数据，具有智库的功能。例如，美国知名的社会组织皮尤基金会资助设立的民间智库[2]皮尤研究中心就提供基于长期跟踪的大量关于美国政

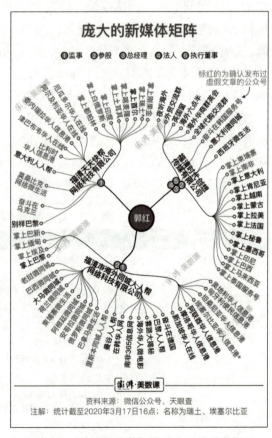

图 2-1　运用企业数据揭示公司关系案例

---

[1]　作者：陈良贤 蒋馨尔，澎湃新闻"美数课"，2020年3月18日。

[2]　他们自己定位为"非党派事实库"（nonpartisan fact tank）。

治、社会、媒体、科技、宗教、互联网以及全球态度的调研数据，是报道美国议题和全球民意的重要数据源。我国也有一些垂直领域的社会组织数据源，如环保领域的"青悦数据"提供关于空气、天气、水质等方面的环保数据，司法领域的"OpenLaw"提供裁判文书数据。

3. 学术科研机构的数据

学术科研机构也是数据生产的重要来源，主要包括两种数据：一种是基于长期研究积累的数据库，另一种是专题性的研究数据库。其特点是数据生产过程严谨，学术性、专业性强，且通常包括一些来自公众调查或实验的数据库，从而可以与政府行政管理所形成的数据库形成互补。它们存在于学术科研机构各自的网站平台上（例如新冠疫情期间声名鹊起的霍普金斯大学新冠疫情数据库），也存在于一些整合性的平台（如中国知网论文数据库），或者需要记者在采访时从相关专家那里内部查询。表 2-2 列举了一些学术研究机构的数据库。

表 2-2　学术科研机构数据来源示例

类型	网站
长期型	美国综合社会调查数据（GSS） 中国综合社会调查数据（CGSS）
专题型	霍普金斯大学的新冠疫情数据
聚合型	密歇根大学校际政治和社会研究联盟（ICPSR） 中国学术调查数据资料库 中国知网学术论文数据库

4. 新闻媒体、社会化媒体与其他网络平台的数据

新闻媒体的数据库也是数据新闻的重要数据源。例如，前文介绍的数据新闻作品《谁是"中国人民的老朋友"》就是利用《人民日报》历史数据库，查询并分析了 1949—2010 年间《人民日报》上出现的被称为"中国人民的老朋友"的外国友人的名字、国家、身份等。新闻媒体的数据库（如中国报刊全文数据库、《人民日报》图文数据库等）是特定角度的历史记录，从中挖掘信息可以生产出历史回溯类的数据新闻。

社会化媒体是另一个经常会用到的数据源。与传统新闻媒体的专业化生产模式不同，随着互联网从 Web1.0（中心化生产内容、只允许读取）走向 Web2.0（用户生产内容、可读可写），社会化媒体呈现出海量的来自网民的一手数据，成为反映社会舆论、心态与文化的重要平台，为数据新闻提供了宝贵的数据来源。常用的社会化媒体主要包括推特、Facebook（公共页面）、YouTube、微博、微信（公众号）、知乎、豆瓣、B 站等，也包括基于用户行为生成的聚合性数据，如基于用户搜索请求行为生成的谷歌趋势、百度指数等。

与政府公开数据或其他类型的数据可能具有较好的格式不同，社会化媒体的数据往往呈现非结构化特征，需要自行抓取，使用模拟浏览器或平台提供的 API 接口采集数据。数据抓取可以通过编程实现，如 Python 语言下的 Selenium、Beautiful Soup 解析器，也可以运用一些现成的工具，如后羿采集器、八爪鱼采集器、火车采集器等。本书将在第三章继续介绍相关内容。

图 2-2 展示了数据新闻《我们在谈论"内卷"时，究竟在谈论什么？》[①] 对社会化媒体数据的运用，其中的数据来源包括微博、知乎、豆瓣和百度指数等。

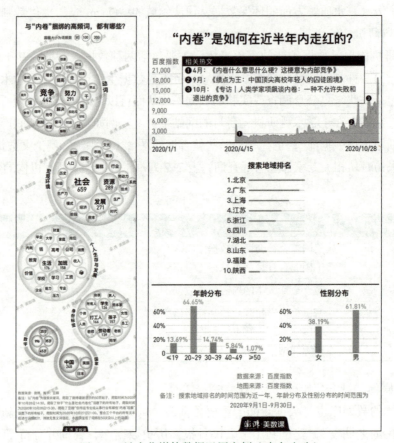

图 2-2 社会化媒体数据运用案例（略有改动）

电商、外卖、出行等生活消费类网络平台也构成数据的重要来源，它们提供了用户日常生活的行为数据。例如，第一财经·新一线城市研究所进行的"新一线城市"项目在构建城市商业魅力指数过程中，就运用了网络平台的用户行为数据来计算"城市人活跃度"等指标（见图 2-3），包括外卖、网购平台的消费数据、腾讯社交数据、抖音夜间打卡数据等。[②]

5. 通过调查、采访、实验等方式自建数据库

新闻媒体除了从其他机构那里获取二手数据，也可以使用调查、采访（访谈）、实地观察、实验等研究方法自己采集数据、建立一手的数据库，特别是在缺乏相关的二手数据时这一方式尤为重要。其中，问卷调查是最常用的方法之一，当缺乏理想的二手调查数据时，可以针对特定问题和特定人群自行设计并实施调查，或设计后委托第三方实施，从而获得想要的数据。在数据新闻概念兴起之前，精确新闻通常就采用这样的问卷调查方法。

---

① 作者：徐雪晴 王亚赛 邹熳云，澎湃新闻"美数课"，2020 年 10 月 31 日。

② 参见新一线城市研究所：《2020 年新一线城市排名：成都蝉联新一线榜首，合肥、佛山首次入围》，每经网，2020 年 5 月 29 日。

例如,《中国青年报》建有社会调查中心,并在每周四刊载"青年调查"版,发布其所组织实施的调查数据结果。例如,2021年3月18日该报"青年调查"版就刊登了《近六成受访青年入睡时间在23点以后》等多篇基于调查的数据新闻。再如,澎湃新闻在新冠疫情期间刊载的一篇关于网课的数据报道《数说|"停课不停学",目前大规模线上教学反响如何?》(2020年2月29日),也运用了问卷调查方法采集数据(见图2-4)。

图 2-3　网络平台用户行为数据的应用案例

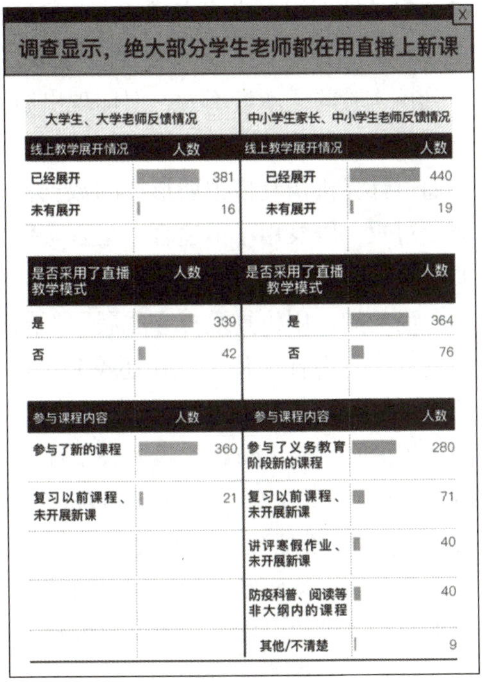

图 2-4　问卷调查数据应用案例

采访、访谈和实地观察也是获取数据的重要方法。澎湃新闻2018年8月17日发布的《我们去了相亲角6次,收集了这874份征婚启事》就是这方面的代表(见图2-5)。该数据新闻别出心裁,将一个传统非结构化(即长期为影像和文字报道所关注)的"相亲角"故事运用结构化思路加以重塑。根据创作团队的介绍,他们花费了6个周末的时间,通过在上海人民广场"相亲角"现场拍照的方式,收集了874份相亲广告,构成了一个一手的独家数据库。"在相亲角

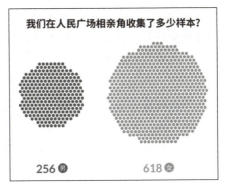

图 2-5　现场采集数据案例

收集数据并不是一件容易的事，在任何一把伞前逗留都会被家长的目光盯着，而当你拿起手机拍照，就是家长戒备最严的时候。"① 该报道基于现场采集的数据分析了 618 位女士和 256 位男士的征婚启事，包括双方的基本信息特征、描述自己的方式以及对相亲对象的期待等。

自建数据库还可以运用实验方法。例如，B 站视频《[何同学] 这视频能让你戒手机》中，UP 主通过一个简单的实验来测试减少手机使用时间的方法。他招募了 40 位大学生，分成 5 组，每组 4 男 4 女，并保证组间日常手机使用时间分布一致，然后分别给予每组不同的"干预"刺激，包括换一个小屏手机、为软件设置使用时间限额、为手机总体设置使用时间限额、将手机背景颜色调成黑白，以及通过设置 1 分钟限额并询问用户问题从而引导有目的性使用手机的方式，由此测试每种方式所带来的手机平均使用时间的变化，结果发现最后一种方式（引导有目的性的手机使用）带来的减少手机使用时间效果最为明显。尽管该实验的样本量不大，但体现出通过实验设计采集数据、进行报道的思路。

最后，仿真模拟也是数据来源之一。它不是基于从经验世界中收集的实际数据，而是通过计算机仿真模拟所形成的数据，常用于展示从微观、局部的变化到宏观变化之间的演变过程，以及用于不适合采集真实数据的场合。例如，对解释为何在新冠疫情暴发后需要采取严格的隔离政策，我们不能采取放开的政策导致疫情蔓延从而采集这种"真实"数据，而只能采用仿真模拟方法展示不隔离带来的疫情扩散后果，这就是数据视频《计算机仿真程序告诉你为什么现在还没到出门的时候！！！》（B 站，2020 年 2 月 3 日）所显示的：通过仿真模拟的数据告诉网友现在还不能出门，是为了防止疫情继续扩散。另一个值得一提的案例是《纽约时报》关于优步司机的数据报道《优步如何通过心理技巧推动司机持续工作》（*How Uber Uses Psychological Tricks to Push Its Drivers' Buttons*，2017 年 4 月 2 日）。它通过模拟数据的方式，允许读者探索优步接单等待时间的加速与空转司机数量之间的关系等，从而使读者加深对网约车平台、司机、乘客之间关系的理解，以及在此过程中平台对司机的引导与心理控制机制。

6. 利用众包方式获取数据

所谓众包（Crowdsourcing），最早由杰夫·豪（Jeff Howe）于 2006 年 6 月在《连线》（*Wired*）杂志发表的文章《众包的兴起》（*The Rise of Crowdsourcing*）中提出。他在随后的博客文章《众包：一个定义》（*Crowdsourcing: A Definition*）中这样定义众包："指一个公司或机构把过去由员工执行的工作任务，以自由自愿的形式，外包给非特定的（通常是大型的）大众网络的做法。"众包是一种协作的群体生产行为，它兴起的技术条件主要是互联网技术的普及；大众参与众包的原因则包括满足参与和贡献的心理、获得经济回报、学习新知和技能、社会交往等。众包最大的优势是充分利用集体智慧，降低任务由单一机构完成的成本，使许多"不可能完成的"任务变得相对简单。在数据新闻生产中，采用众包方式获取数据指动员网民的力量共同参与数据的提供、查验和汇流，聚合群体智慧，从

而产生传统方法无法获得的效果。

这方面的代表性案例是英国《卫报》2009—2010 年针对英国议会议员花费文件发起的众包数据采集项目。当时，英国下议院为了回应民众对议员违规消费的不满，发布了 646 名议员的消费收据单：5500 个复印的 PDF 文件中包含了 70 万个独立文件页面（平均每名议员文件有 7MB），要处理如此大量的原始文件对媒体机构自身来说无疑是不可能的任务。于是，《卫报》想出请读者帮忙的众包方式：他们在网站上发布了这些文件，号召读者将原始文件录入为电子版，并一起阅读、分析和查验这些数据，在整理好的文件上对议员的开支作出评论、标出重点，或者指出它有什么不同之处等。两个月后，已经有 16 万页数据被读者录入和分析，其中有一位读者处理的文档超过 2.9 万页。通过读者的众包生产，能够发现议员的账单少的不到 40 页，多的则有 2000 页，此外还抓到了一些有意思的现象，如发现有位议员花 200 英镑买了一支自动铅笔，还有一位议员报销了印度进口的大毛毯等，从而为媒体后续的数据分析提供了基础[①]。

国内数据新闻众包的案例如澎湃新闻制作的《我的汶川记忆》。该作品是为纪念汶川地震十周年而作，改变了以往历史记忆主要靠媒体或学者书写的方式，通过发布"汶川记忆地图项目"，收集网民关于汶川地震的故事，有 2000 多名网友参与了书写。作品基于网友提供的故事进行情感分类，并结合地理位置和记忆文本进行交互展示，形成了一个独特的线上国民记忆库。

三、数据来源的质量评估和伦理规范

规范数据来源已经成为数据新闻发展中值得重视的问题。由于数据新闻呈现出精确的数据展示方式，常常使人忽视数据本身的质量和专业规范问题。正如业内专家指出的那样，"部分媒体给予了数据新闻更多'赦免权'，不经检验地发表数据结论，且不交代数据的出处和处理方法。然而，数据只是信息来源的一种，需要像其他采访对象一样，经过鉴别才决定能否采用。这实质上是数据新闻形式的滥用和选题把关的宽松，会对数据新闻的健康发展带来伤害"[②]。因此，我们需要高度重视数据来源的规范问题。

1. 社会责任：关注数据新闻及其数据来源的公信力

与其他类型的新闻一样，数据新闻也要把社会效益放在首位，坚守社会责任。要做到这一点，数据来源的公信力至关重要。可信、优质的数据源不仅能保证数据真实、全面、合法，还能减少数据清理环节额外产生的问题，以及避免数据来源侵犯隐私权带来的纠纷。公信力是数据来源长期建立的品牌与口碑，通常来说，政府、国际组织和具有公信力的学术科研机构、第三方机构的公开数据，整体上具有较高的公信力（但也需要针对具体数据做进一步的质量评估）。相对而言，企业、网络其他来源的数据需要加强公信力判断，

---

① ［美］西蒙·罗杰斯：《数据新闻大趋势——释放可视化报道的力量》，岳跃译，中国人民大学出版社 2015 年版。

② 吕妍：《数据新闻团队和栏目的构建与升级——以澎湃新闻"美数课"和"有数"为例》，《青年记者》2018 年第 28 期。

其中有些经过行业和市场检验，已经具备公认的可信度；而有些数据公司、网络来源则不具备这种资质，并可能与特定的商业利益有关（如为某些商家或品牌背书），在检索和使用时需要额外注意，仔细加以鉴别与核实。

2. 质量评估：关注数据的生成逻辑

数据来源的公信力只是从机构整体角度而言的，并不代表具体数据的质量标准。例如，即便是来自学术科研机构的数据，也不一定每个数据都遵循严格的数据生成的科学逻辑与规范，因此对获取的每一份数据，都需要检视它的生成逻辑，评估其质量。评估的主要内容包括：（1）数据的生产目的是什么，是否公正；（2）数据的生成设计和方法（样本、测量、执行）是否符合科学研究规范；（3）数据的法律和伦理规范：是否遵守法律、是否遵循知情同意程序、是否侵犯公民个人隐私等。数据新闻创作机构和创作者自己生产或众包的数据也同样应遵循这样的标准，以确保质量。

以新闻机构的问卷调查类数据新闻为例，美国民意调查全国委员会曾发表《新闻记者对民意调查结果必问的 20 个问题》一文，通过 20 个问题评估各种民意调查报告的质量，值得参考。这些问题主要包括：（1）谁做的民意测验？由声誉良好的机构实施的调查，可信度较高；（2）谁资助这项民意测验？调查动机不同，调查结果的正当性也不同；（3）有多少受访者？受访者越多，抽样误差越小，其结果就越接近真实；（4）如何挑选受访者？抽样方法（是否随机样本）影响公众意见是否能被准确反映；（5）从什么地方挑选的受访者？受访者是否能代表研究总体的概况；（6）调查结果是否反映了所有受访者的答案；（7）谁是原本应该被访问却又没有被访问的对象？如果调查遭到大部分人的拒绝，调查结果的代表性就值得怀疑；（8）民意测验是在什么时间进行的？不同时间实施的调查，其结果也会不同（如调查期间某一事件的发生会导致民意的改变）；（9）访问是如何进行的？入户访问、电话访问、邮寄问卷或是互联网问卷等方法的不同会影响调查结果的真实性；（10）如何看待互联网上的调查？调查结果的真实性和代表性值得怀疑，因为受访者大多是"自告奋勇"参与的；（11）什么是民意测验结果的抽样误差？即通过样本所得到的结果会在多大程度上代表总体；（12）还有哪些错误会影响民意测验的结果？除了抽样误差之外，问卷问题的遣词造句都可能对调查结果产生很大的影响；（13）具体问了哪些问题？这些问题是否公正、是否平衡了所有的选择、是否大多数人都能回答？是否带有敏感的问题；（14）问题是如何排列的？有的时候问卷问题的不同排列也能影响调查结果；等等。[1]

3. 交叉验证：比较鉴别数据来源

数据来源之间，特别是不具备高公信力的数据来源之间，常常会存在数据误差和分歧。有些数据，由于生产方式和过程的差异，也会形成不同结果。因此，对数据来源进行交叉验证非常必要。对于存在多个来源的数据，应比较其数据生产的逻辑、过程和结果，

---

[1]   原文见 ropercenter 网站。转引自杨洸、彭泰权：《记者应该如何报道"调查报告"——从中关村知识分子平均死亡年龄的调查说起》，《新闻记者》2006 年第 4 期。

从中选择质量相对更高的数据加以采用；或者通过查询权威机构、咨询专家同行，以及人工重新计算等方式校正数据结果，并在分析、解释中告知读者数据交叉验证中发现的问题，便于读者更好地理解数据新闻的分析结论。

4. 公开透明：规范报告数据来源和采集过程

透明性、开放性是数据新闻的重要价值标准，也是数据新闻生产的重要规范，其重要操作路径就是真实、准确、清晰地报告数据来源和采集过程。对于一手数据，需要报告数据采集的设计、方法和过程，报告数据的抽样方式、样本量、变量测量等基本信息；对于二手数据，首先需要报告数据来源，其次报告该数据采集的方法、过程、样本、测量等信息。报告方式可以采用文字，也可同时将这些信息标注在可视化图表、注释或参考文献中。数据来源和生产过程的披露是数据新闻不可或缺的部分。

再以问卷调查类数据新闻为例，世界舆论学会（WAPOR）也在其网站列举了 16 项建议新闻媒体在报道民意调查结果时需要报告的信息，包括：（1）调查发起方；（2）调查执行方；（3）调查目的；（4）调查覆盖的范围；（5）抽样方法与步骤；（6）回应率；（7）样本量；（8）加权方式（如有）；（9）数据采集方法；（10）数据采集时间；（11）数据发现结果；（12）访员和编码员特征及培训过程；（13）问卷附件；（14）样本局部与整体的比较；（15）研究发现的准确性评估和抽样误差；（16）按照科学规范使用的技术名词。[①]

公开透明可谓数据新闻实践带来的新规范。英国《卫报》"数据博客"是全球数据新闻实践的重要代表，也积极实践公开透明规范。"数据博客"上的多数数据新闻都会提供原始数据下载链接，这些数据都经过了清洗，公众可免费下载并进行二次分析。因大选数据分析报道而名噪一时的美国 538 网站，也在 Github 上发布新闻作品的原始数据，还会附上数据处理过程的详细说明。我国媒体也有相应的尝试和实践。本书第一章介绍过财新网于 2017 年"世界无烟日"之际推出的数据新闻报道分析了世界各地上万个烟盒的视觉特征，并在后续报道中公开了其分析过程和全部原始数据。澎湃新闻"美数课"的"新冠肺炎病例实时数据"则在页面左下角提供了"疫情信息明细数据共享"。2020 年新冠疫情暴发后，复旦大学新闻学院"复数实验室"推出三篇原创数据报道，涉及在线问诊、网络信息甄别以及医护保护议题，三篇报道的原始数据及生产过程均在微信公众号上公开。公开带来透明，透明有助于敦促数据新闻工作者负责任地报道。

5. 隐私保护：尊重公众的知情同意权和信息隐私权

数据获取不当可能侵犯公众的知情同意权和信息隐私权。用户在社交平台生产内容时，并未授权他人随意使用，但内容生产者获取数据时，又未告知用户并征得其同意，这有可能侵犯用户的知情同意权。数据获取过程还有可能牵涉公民个人隐私。比如一份纽约郊区的日报通过信息公开申请获取了当地居民的持枪数据，并以交互地图的方式展示了当地持枪居民的姓名和住址，该报道严重侵犯公众的隐私和人身安全。[②] 歹徒可能按图索骥

---

① WAPOR 网站 Resource Library 页面。

② Maas, KC. & Levs, J. Newspaper Sparks Outrage for Publishing Names, Addresses of Gun Permit Holders. CNN 2012-12-27.

攻击无枪居民，也可能盗取枪支，这样的数据使用是极不恰当的。

数据获取应遵循相关法律规定，避免泄露用户个人信息，不使用未成年人数据信息。在复旦大学新闻学院"数据分析与信息可视化"课堂上，曾有学生想探索未成年人恶性伤害事件的发生情况，该选题颇具公共服务价值，但最终因数据质量以及可能涉及未成年人隐私等问题而被舍弃。

第二节　数据的生成逻辑：研究设计

无论是自己采集一手数据，还是获取二手数据，都需要理解数据的生成逻辑，为数据的后续分析和新闻故事的讲述奠定坚实的基础。本节主要介绍数据的生成逻辑，也即研究设计和方法的基础知识。数据新闻生产虽然不同于学术研究，但理解研究设计的基本思想、掌握研究方法的基本规范，对高质量地收集数据或评估与利用好二手数据，都具有非常重要的意义。因为，虽然数据新闻不追求学术研究所强调的理论建构，但它本质上也是社会科学思路和方法在新闻报道中的运用，无法脱离科学研究的标准与规范。

研究设计是一种研究探索的逻辑结构，是建立从研究目的到数据获取之间的有效连接，以确保数据能够回答所希望解答的问题的综合过程[①]。这一过程反映并规范着数据的生成逻辑，进而影响后续数据分析的可能性。研究设计的主要内容或要素包括：明确研究目的，分析单位与层次、时间维度、研究效度，选择合适的研究方法，抽样、操作化（测量的信度与效度）等。

一、研究目的

研究目的是采集数据的起点，也影响着数据采集的方向。科学研究要求遵循科学研究的规范去采集数据，尊重经验世界的事实，并对之作出有逻辑性的解读和分析，数据采集和分析过程也接受科学共同体的检验和监督。新闻的生命在于真实，所以数据新闻应用的数据必须是基于科学研究，以科学目的和规范指导采集的数据。这也是为何上一节我们强调，对于二手数据必须厘清数据来源的背景，以对研究目的做出鉴别。

科学研究的具体目的可以分为四类：探索、描述、解释和预测，特别是以描述和解释两类为主。探索性研究通常是其他目的的先导，即在对一个议题缺乏了解时进行的先期性、摸索性研究，是对新现象、新问题的初步认识和把握，也可以为进行正式研究奠定基础。例如，在运用问卷调查方法采集数据之前，可以通过小范围的意见征询对调查问题进行探索。描述是科学研究最主要的目的之一，主要回答"是什么"（what）和"怎么样"（how）的问题，"是什么"意味着描述对象的基本分布、比例等情况，"怎么样"则

---

① ［澳］戴维·沃德思：《社会研究中的研究设计》，郝大海等译，中国人民大学出版社 2008 年版；［美］劳伦斯·纽曼：《社会研究方法：定性和定量的取向》（第五版），郝大海译，中国人民大学出版社 2007 年版；［美］艾尔·巴比：《社会研究方法基础》（第八版），邱泽奇译，华夏出版社 2002 年版。本节内容主要参考这三本经典研究设计和方法类教科书的相应部分，不一一赘注。感兴趣的读者可以深入阅读这三本书，加深了解。

细致描述事物的细节。数据新闻所采用的数据常常服务于描述性的报道目的，如报告新冠病毒感染人数的增长。解释是科学研究另一个主要目的，主要解释事物形成的原因，即回答"为什么"（why）的问题。例如，人们除了想了解各个国家新冠疫情的基本数据，还希望了解哪些因素影响疫情的发展，这就提出了解释性的问题。为回答解释性的问题，我们除了需要收集疫情发展自身的数据，还需要收集相关的解释因素数据，如各个国家的人口数、老年人口比例、医疗水平、防疫政策、人员流动情况等，综合多方面的数据结合理论模型进行统计分析，最终提供解释性的发现。随着统计模型、机器学习等技术的发展，预测也逐渐成为一个重要的研究目的。预测是根据已知信息预测未知信息。例如，除了报道和解释疫情已有的发展状况，还希望对未来趋势做出预测，这时就需要搜集多方面的数据，通过训练好的模型做出预测，而预测的效果也将被现实所检验。

二、分析单位与层次

分析单位与层次关系到数据采集的颗粒度问题。分析单位是数据采集和测量对象的单位类型，包括个体（既可以是个人，也可以是一篇文章或一条帖子）、群体（如家庭、朋伴团体）、组织（如企业、大学）、地区（如某个省份）、国家等。分析层次侧重指研究所聚焦的社会现实的层次，包括从微观（如分析个体心理和行为）到宏观（如分析社会结构的影响）的连续性变换体系，它是人数规模、空间大小、活动范围和时间长度等的混合。分析单位和层次相互关联：微观层次的分析通常需要采集个体单位的数据，而宏观层次的分析则需要采集集合单位的数据。集合层次的数据也可能由个体层次汇合而成，两者的区别在于：当我们说个体层次数据时，是指集合中的每一个个体都有相应的数据，基于个体的数据当然可以分析更大的群体，即通过个体属性构建集合层次的数据，例如，我们可以根据一省居民个体的收入水平构建该省份的居民平均收入水平；反之，以群体、组织、地区、国家等集合为分析单位，所收集和分析的是集合层次的数据、而非集合中每个个体的数据，因此它不能保证可以还原为个体层次的数据，例如，某省居民的平均收入数没办法还原为该省每位居民的收入数。可见，个体层次的数据是更精细（即通常所说的颗粒度更细）的数据，所能提供给数据分析和新闻报道的余地更大。由此不难理解，数据开放的原则中有一条就是要求"一手"——开放从源头采集到的一手数据，尽可能保持数据的细颗粒度，而不是开放被聚合、修改或加工过的数据。细颗粒度的数据允许数据新闻创作者进行更加深入细致的分析。

需要注意的是，基于不同单位数据形成的分析结论不能简单地相互转化：个体层次的分析结论不一定适用于集合层次，反之亦然。例如，如果发现富裕地区的犯罪率比贫困地区高（地区层次上的收入水平与犯罪率的相关性），并不能简单推导出富人比穷人更容易犯罪的结论（个体层次的收入与犯罪行为的相关性），否则就会犯"生态谬误"的错误。

三、时间维度

数据采集需要考虑时间性的问题。从这一维度可将数据区分为两种：单一时间点的横截面数据（Cross-sectional Data）和多个时间点的纵贯数据（Longitudinal Data）。顾名思义，前者只有一个观测和采集数据的时间点，每个对象只拥有一次数据；后者则包括多个不同的时间点，研究对象总体或个体拥有多次数据。横截面数据主要用于描述和分析一个时间点（一般是近期）的状况，纵贯数据允许分析研究对象随着时间变化的演变过程，对于数据新闻报道常常具有更大的价值。纵贯数据根据数据采集的单位差异，又可以细分为三种：趋势（Trend）数据、同期群（Cohort）数据以及固定样组（Panel）数据。

其中，趋势数据是指针对总体进行的多时点数据采集，可以对总体进行历时性变化的分析。这类数据和分析在数据新闻中非常常见，例如对新中国成立70多年来发展变化的数据进行采集和分析、对一个行业改革开放以来的发展趋势进行分析，或者跟踪分析民意调查结果，如盖洛普自20世纪30年代起就进行的"MIP"——"当前国家面临的最重要问题"调查，日积月累构成对社会心理和态度变迁的刻画，等等。同期群数据是指针对特定群体进行的多时点数据采集，主要关注同龄人群体（世代）的历时性变化，需要保持追踪这一人群不变（但并不要求该群体内部的个体保持不变），所谓的"同期群"即具有特定相似生活经验的群体，如"老三届""新三届""80后""90后"等都属于这样的概念，当我们针对"老三届"每隔五年或十年采集数据时，就属于收集同期群数据。固定样组数据对多时点数据采集的要求最高，不但要求总体及人群不变，而且需要保持对同一批样本的固定跟踪，例如，跟踪同一批选民在选举前后的投票倾向变化，总体、同期群、样本三者均不变。由此可见，固定样组数据是在时间维度上最精细的数据，对个体层次的因果推断具有重要价值。当然，后两类研究设计和数据采集由于要求和成本高，主要用于学术研究，在数据新闻中并不常见。但我们如果掌握了时间维度上的差别，对于利用此类二手数据创作具有深度的数据新闻就大有裨益。

四、内部与外部效度

研究设计的内部与外部效度是针对研究整体而言的，与后面操作化部分评估测量质量的效度有所区别（当然测量效度是影响研究效度的重要因素）。所谓内部效度，指的是研究设计架构能使我们根据结果得出清晰结论的程度，也就是说，研究结论能否成立，需要在研究设计时就加以考虑；所谓外部效度，则指研究结果能被推广至特定研究之外的程度。内部效度主要受到分析单位、时间维度、研究方法、测量质量等的影响。例如，前述"生态谬误"就有损研究效度，单一时间点的横截面研究无法有效推论因果关系（两个变量之间的相关无法从时间性上排除双向影响），非实验性研究也无法有效推论因果关系（无法控制其他变量、排除替代性假设），测量缺乏信度或效度对研究结论形成威胁，等等。外部效度则主要受到研究方法、特别是抽样的影响。例如，小规模实验室实验和非随机抽样调查的外部效度（研究结论可以推广到本研究样本之外群体的能力）就显著低于基于严格随机抽样的大样本问卷调查或基于全量数据的计算分析。

在制作数据新闻时，需要针对上述问题对研究的内部效度与外部效度进行考察，从而展开准确、客观的报道，不随意夸大和扩展研究结论及其适用的程度与范围。

五、研究方法

在明确研究目的、分析单位与层次、时间维度、研究效度后，就要考虑具体的研究方法——数据采集和分析的技术。根据背后的方法论差异和所收集的数据形态的差异，研究方法一般分为两类：强调测量外部世界的客观事实、以数字形式收集数据、可以进行统计分析的量化（quantitative）研究方法，以及强调与研究对象互动建构社会现实与文化意义、以文字或图片形式收集数据、主要依赖对资料进行解读而非统计分析的质化（qualitative）研究方法。随着互联网、大数据、人工智能技术的迅速发展，现在逐渐产生了第三种采集和分析数据的方法，即以网络大数据（包括网页、社会化媒体、移动应用等）为采集对象，以数字、文字、图片或视音频等多模态形式收集数据，进而通过计算机编程算法（文本挖掘、机器学习、网络分析等）进行处理和分析的计算（computational）研究方法。这三种方法内部又包括诸多具体的采集数据的技术，本书将在下一节作具体介绍。

表 2-3 比较了三种主要研究方法。一般而言，量化和计算方法具有较强的外部效度，对于描述事物整体具有重要价值，也能通过统计方式建构因果关系；计算方法相对于量化方法则更加适合应对海量、甚至全量数据的处理，提高了研究的精度，增强了研究的历时性；质化方法则强调研究的深度，对于理解事物发展的过程与机理具有重要价值，所提供的个案故事比较丰富，具有贴近性和人情味。需要指出的是，无论是学术研究还是数据新闻，可能用多种不同方法采集数据，即采用混合的方式加强数据之间的互补与整合，它们既可以先后互补，如先采用质化方法为正式的量化研究做准备，也可以同时进行，有利于人们更好地理解社会现实，增加数据新闻报道的价值。

表 2-3　质化、量化与计算研究方法的比较 [①]

	质化方法	量化方法	计算方法
目标	建构社会现实与文化意义	测量客观事实	测量客观事实
焦点	互动过程、事件	变量	变量
研究者角色	置身其中	保持中立	保持中立
数据形式	文字或图片形式	数字形式	多模态形式（转化为数字形式计算）
采集方式	人工为主	人工为主	机器为主
样本	少数个案	多个个案	海量（全量）个案
分析方式	主题分析	统计分析	统计分析、机器学习

---

① 质化和量化方法的比较主要参考［美］劳伦斯·纽曼：《社会研究方法：定性和定量的取向》（第五版），郝大海译，中国人民大学出版社 2007 年版，第 23 页；计算方法部分由本章作者概括添加。

六、抽样

抽样是针对目标研究总体研究结论希望论及的对象，从抽样框（可获取的无限接近总体的特定名单）中抽取样本的过程。它所解决的是面对研究资源的限制，如何用少量或局部个案来代表、推论总体的问题，因而对研究的外部效度（结论可推广性）至关重要。无论是质化、量化方法，还是计算方法，只要不是直接获取总体全量个案，都涉及抽样问题。这里尤其值得一提的是计算方法，虽然抓取的是大数据，但由于始终无法穷尽所有平台（如仅用微博代表社交平台）、时间（如仅用一周数据代表整体）、数据（如仅用关键词方法检索文本）等因素，所以大部分情况下仍然只是一个海量的局部样本，仍然面临抽样设计的考验。

抽样问题主要包括两方面：一是抽样规则，二是样本量。抽样规则主要分为两种：随机抽样（又称概率抽样）和非随机抽样（又称非概率抽样）。随机抽样是指以数学上的概率理论为基础的抽样类型，核心思想是确保总体或代表总体的抽样框中每个个案都有同等的概率被抽中，从而可以计算样本与总体之间的抽样误差，并依据样本分析结果对总体作出统计推断。与之相对，非随机抽样中，总体中的个案被抽中的概率并不相等，因此也就无法计算抽样误差和对总体作出统计学意义上的有效推断。质化、量化和计算方法追求不同的抽样规则。如前所述，质化方法的特征是通过少数个案获得对研究问题的深入理解和洞察，因此它不追求也无法做到随机抽样，而是采用非随机抽样方式，抽取对理解研究问题富有启示的不同类型的样本；量化方法则不同，由于它追求对研究对象的精准描述和因果解释，因此必须遵循严格的统计规则，以随机抽样为基础；计算方法理论上追求对总体的无限接近，追求全量，但在获取不了全量数据时，应优先保证随机性，避免简单追求"数量大"的非随机大样本（本书第一章介绍过随机小样本对推断总体的代表性优于非随机大样本的"以少胜多"案例）。

表 2-4 列举了非随机抽样的主要方式及其示例。

表 2-4　非随机抽样的主要方式及其示例

方式	含义	举例
方便型	用任何方便的方式随意抽取个案	街头拦截采访
目的型	用不同方法获取符合特定标准的个案	通过询问、请人介绍等方式联系符合要求的访谈对象
志愿者型	采用招募方式获得个案的主动参与	在网上发布报名通知
滚雪球型	通过一些初始被选个案不断介绍新的个案	先访问一位农民工，再请他（她）介绍几位老乡
配额型	从能反映总体多样性的各个子群体中随意选取预定数目的样本	将问卷分配到多个不同院系，回收足够数量的问卷

需要指出的是，质化研究虽然采用非随机抽样，但并不意味着完全采取方便、随意的"放任自流"方式。尽管探索性质化研究可能采取方便抽样，但正式研究通常会采取目的

型抽样，并最大限度地利用分层、同质化分组、最大差异化、典型个案、关键个案、证实和证伪型个案等多种策略，围绕研究目的，进行有针对性的样本选取，最大限度地促进对研究问题的理解。[①]

随机抽样的主要方式包括如下几种：

（1）简单随机抽样。通过"抽签"（针对少量个案）或随机数（针对更多个案，可通过电脑生成或从随机数表中获得）的方式从总体的抽样框中直接抽取符合目标样本量的个案。在电话调查中，会使用随机拨号法（RDD）——即前几位为电话区号＋后几位电脑随机生成数字的方式——生成供拨打的电话号码，这也是一种简单随机抽样方法。

（2）系统随机抽样。这是实际抽样中（电话调查除外）比简单随机抽样更常用的一种抽样方法，指将抽样框中的所有个案排列编号（或者依据地理自然分布，如将处于各个楼层的寝室视为一个排列好的列表），随机抽取一个个案作为起始点，根据抽样框个案总数与目标样本量的比值计算抽样间距，再基于抽样间距依次抽取其他样本。例如，要从 900 个学生中抽取 300 个，可以算出抽样间距 =900/300=3，因此随机确定起点后，依次选取每三个学生中的第三个，就可以抽取 300 个样本。系统随机抽样需要注意规避编号中的周期性循环，如内容分析中对媒体日期进行抽样时，抽样间距通常应回避 7，因为那样会始终抽取一星期中的固定一天，从而影响数据分析的结果。

（3）分层随机抽样。针对内部多元复杂的总体，直接采用简单或系统随机抽样会忽略不同层之间的异质性。因此，分层随机抽样首先根据事先获得的信息将总体划分为若干个次总体（层），然后再根据简单或系统随机抽样的方法从各个层中抽取符合比例的样本，当然也可以将分层后的个案放到一个连续性的列表中进行系统随机抽样。例如，对某校大学生的抽样可以先利用院系或班级进行分层，然后再进行系统随机抽样。

（4）整群随机抽样。针对分散的总体等无法编制一个完整抽样框的情况，需要先抽取总体中的某些群，然后在被抽中的群内再进行简单或系统随机抽样，这便是整群随机抽样。例如，对北京或上海城区居民进行调查，可以先采取整群抽样的方法，运用概率与规模成比例（PPS）的方法先从该城市的所有居委会中抽取若干个居委会（意味着居委会作为整群被抽取），再在被抽中的居委会中进行随机抽样。

由此可见，实际研究中针对分散、异质的大规模总体进行抽样时往往要综合多种随机抽样的方式，进行多级（阶段）分层（如先划分城市、农村两层）、整群抽样。在抽取出整群（如上述居委会）后，再采用系统随机抽样方法抽取出家户，在家户中再采用"随机数表"或"最近生日法"等简单随机抽样方法抽取出个体被访者，从而最终抽取到人。[②]

另一个值得重视的抽样问题是样本量的确定。对于质化研究的非随机抽样，不存在一个绝对的关于样本量的数量要求，主要的评估标准是理论饱和或信息饱和。所谓理论饱和指再增加新的样本也不能为研究问题增加新的理解；信息饱和与之类似，指引入新的样本

---

①　参见陈向明：《质的研究方法与社会科学研究》，教育科学出版社 2000 年版。

②　关于多级分层、整群随机抽样的应用，可参见复旦大学信息与传播研究中心《新传播形态下的中国受众》课题组：《〈新传播形态下的中国受众〉项目说明》，《新闻大学》2012 年第 6 期。

不再能增加新的信息供给。多少样本可以达到理论饱和或信息饱和，取决于研究目的、问题的复杂程度、抽样策略、样本配合度、表达充分度等具体情况，难以一概而论，可能5—10位受访者就已经提供了足够多样、丰富的信息，也可能30位才能达到类似的"饱和"效果。

随机抽样的样本量则有相对严格的标准，主要取决于研究精度（即所允许的最大抽样误差）、总体内部差异以及研究成本。其中研究精度是主要因素，它意味着：在95%的置信度下，如果设定允许的最大抽样误差为5%，则最低样本要求为384；如果允许的最大抽样误差为4%，则最低样本要求为600；如果允许的最大抽样误差为3%，则最低样本要求为1067。由此可见，在置信度水平固定的情况下，抽样误差与样本量是非线性的负相关关系——如果允许的最大抽样误差希望降至2%，最低样本要求上升为2401，而降至1%则需要9604个样本。这也是一些常规的中小规模的问卷调查或内容分析将样本设置在384～1000的原因。[1] 当然，在总体内部多元异质性程度较高的情况下，样本量应尽可能扩大；在资源允许的情况下，样本量也是越大越好。因此，在保证随机性的前提下，计算方法采集的海量或全量大数据，有利于降低抽样误差。

数据新闻报道中，当创作者自己生产数据时，应当按照抽样规范要求操作；当引用二手数据时，应当认真评估其抽样质量。同时，应当真实、准确、详细地报告抽样方法与样本量。

七、操作化与测量

无论是学术研究还是数据新闻都会涉及概念——表达某一特定理念（Idea）或认知形象（Mental Image）的词或词组。例如，生活质量、幸福感、"内卷"等，都是我们需要表达、但又无法直接观测的概念（我们不能使用肉眼直观地看到"幸福感"像物体那样存在于某个地方），因此需要将其转化为可观察、可测量的东西，这一过程就是操作化。复杂的概念还需要首先区分维度（Dimension）和次级维度等。操作化定义确定后，需要确定具体的测量方法，包括技术、程序等。质化方法的测量主要通过观察人的行为、记录访谈话语等方式实现，量化方法的测量则通过问卷中的问题与量表设计（常用的包括李克特量表、瑟斯顿量表、语意差异量表等）、指标编制、统计数据等方式实现，并区分不同的测量层次（按照测量的精确程度，从低到高依次为定类、定序、定距、定比测量）。

例如，"生活质量"可以被定义为对人们客观生活条件的综合反映，以及人们对它的主观评价，但这个抽象概念是无法被直接测量的。因此，从操作化的角度，先将该概念划分为两个主要维度：分别代表客观物质条件和主观生活感知，前者又可以划分出衣、食、住、行等反映生活条件的次级维度及其具体指标（如居民平均拥有的住房面积、家用电器

---

① 实验方法，特别是传统的实验室实验，因其更注重内部效度而非外部效度，一般达不到较高的样本量，也很少采取严格的随机抽样（但需要对样本进行随机化分组）。

数量、是否拥有轿车等），后者则可以操作化为居民感知的生活质量、生活满意度或主观幸福感等次级维度。前者可以通过直接观察、统计资料、自我报告等方式进行测量，后者主要通过自我报告（如访谈提问、调查问卷）的方式进行测量。

测量需要符合质量标准，否则会影响研究的内部效度。例如，我们不能用家庭是否拥有轿车代表"住房"方面的生活质量，也不能用个人收入水平代表"主观幸福感"。评估测量质量主要依赖两个标准：信度和效度。

所谓信度，指的是测量的可靠性和稳定性，即在相同或类似条件下（意味着没有实际变化），运用某个测量工具能够得出相同的结果。最简单的例子是体温计或体重秤，在一分钟内测量体温或体重，结果应该相同，如果不断变化，说明该体温计或体重秤可能坏了，不再具有信度。量化研究中评估测量信度可以运用再测法（对同一组人在实际情况不变的条件下再次实施测量）、次总体分析（检查测量对总体中的子群体是否均具有稳定的信度）、多重指标法（如计算运用一组多个问题测量同一个概念时的 Cronbach's α 信度系数）等。质化研究中评估信度则不采用量化研究的具体技术，而主要从原则上把握测量的可靠性和一致性，例如当所观察的现象本身不变时，观察的结果应该是一致的。

所谓效度，指的是测量指标与希望测量的概念之间的吻合程度，即对概念的操作化和测量在多大程度上"真实"地反映了概念。接着上面那个例子来说，如果体重秤质量良好，用它来测量"体重"的信度和效度均能得到保证（体重秤测量得到的数据能够"真实"地反映人的体重），但如果用它来测量"身高"，其测量信度依然得到保证（每次测量都得到同样的数据），但就没有效度了——体重秤获得的数据不是对"身高"的"真实"反映。量化研究中评估测量效度主要有四个具体标准：表面效度，指根据大家的判断，某个测量指标的确能反映测量的概念；内容效度，评估测量是否包括了概念的所有维度和内涵；效标效度，评估测量是否与其他同时发生、或未来发生的可作为检验标准的结果一致；以及建构效度，包括趋同效度——指对概念的多个测量工具应产生相同或相似结果，区别效度——指对某个概念的测量应与和它相近但有差异的概念产生不同的结果。质化研究的效度评估主要强调以下原则：对社会生活做出如实分析，理论构想应当具有经验材料的坚实支撑，不能为了理论剪裁事实、扭曲事实等。

测量的信度和效度要求提醒数据新闻工作者：在采集数据或制作报道时，应当注意所运用的测量工具、指标是否真实、可靠地反映了希望测量的"概念"，所收集的数据能否表达希望表达的"问题"。对于数据新闻而言，具有信度和效度的测量，是新闻真实性的重要保障。

第三节 数据的生成逻辑：研究方法

本部分主要介绍质化、量化与计算研究的具体方法，从而帮助数据新闻工作者采取规范的方法收集数据，增强对采用相关方法收集的二手数据的质量进行评估、核查的能力。

一、主要的质化方法

主要的质化方法包括观察（Field Observation）和访谈（Interview）等。[①]

1. 观察法

观察，是通过（通常是在自然情境下）观看、倾听和感受来认识周围世界（包括物理空间、环境和人的活动）的数据收集方法。成功的观察取决于两个主要因素：一是理论准备，你能不能观察到眼前的现象取决于你运用什么样的理论，理论决定着你到底能观察到什么，另一个则是观察者的敏锐性、领悟力、解释力。我们在第一章讲到的数据可视化早期案例"伦敦霍乱地图"实际上就体现出观察的智慧，约翰·斯诺从观察病患与水源位置的关系推测疫情传播的原因。在复旦大学"数据分析与信息可视化"课程教学中，也有同学通过现场观察上海居民小区健身场所的分布和大小、健康器材的使用，以及商业区盲道分布和被占用情况等采集数据，对全民健身、盲人设施等问题进行数据报道。

观察的具体类型可以分为：实验室观察 vs. 自然环境下的观察；线下观察（如在"相亲角"实地观察）vs. 在线观察（如网上观察直播中的互动行为）；参与观察（指观察者与被观察者一起工作、生活，在密切的相互接触和直接体验中倾听和观察他们的言行）vs. 非参与观察（指观察者置身于被观察者的世界之外，作为旁观者了解被观察者的行为和事情动态）；结构型观察（事先预设统一的观察记录格式，允许进行量化统计，如观察"相亲角"现场有多少人是父亲多少人是母亲）vs. 无结构型观察（事先不预设统一的观察记录格式）；静态观察（观察者位置固定不变）vs. 动态观察（观察者位置移动）；直接观察（身临其境，直接观察人物及其活动）vs. 间接观察（根据物化了的社会现象，如留痕，做间接观察）等。

采用观察法收集数据主要包括三个阶段：首先是准备阶段。主要是确定观察问题、制订观察计划（提纲）。观察计划应包括下列要素：设置观察的内容、对象、范围，观察的地点，观察的时间、频次，观察的方式、手段（如参与/非参与、公开/隐蔽、录音/笔记等）。还要考虑测量效度问题，即如何保证观察结果能够反映"真实"，也就是防止作假的问题；以及伦理、安全问题等，做好应对突发状况的预案。

其次是实施阶段。其中值得注意的环节或要素包括：进入现场，有的比较容易，有的则需要处理关系、取得同意；观察可以由泛到精、逐渐确定重点，即先做开放式观察、了解现场格局，再逐步聚焦、选择重点深入观察（可以理解为空间抽样的过程）；在方位上可以动静结合，往返于不同的空间位置，或选择不同的时间点进行观察，以充分获得数据；此外，还需要处理观察过程中与被观察者的互动，可能需要回答提问、进行反问，或适度参与（相当于"参与式观察"）。

最后是记录。这一步其实可以视为实施过程的一部分，但值得单独强调。记录是获取、保存观察数据的核心环节。记录的内容主要围绕观察目的和观察提纲。记录的方式包括：记忆、笔记、画图（空间、地图）、录音/录像/拍照、收集实物等。记录的原则主要

[①]　本部分内容主要参考陈向明：《质的研究方法与社会科学研究》，教育科学出版社 2000 年版。

有两点：一是及时，以避免遗忘；二是尽可能详尽，记录的语言要具体、清晰，多用数字（如记录某个小区傍晚有 15 位居民在使用健身器材就比记录"人很多"更清晰），避免过于文学化。记录时，应注意区分客观（观察到的事实，如盲道上停放了多少辆自行车）与主观（观察者的感受、评价或解释，如记录自身尝试作为盲人行走在盲道上的心理感受）。

　　经过上述步骤，就可以完成观察数据的采集。实际上，观察数据的采集过程也可以和分析过程相结合，如在一个具有一定长度的观察周期中，每天及时整理观察记录，对数据之间的联系和反映出的内涵加以归纳总结，既构成后续分析的一部分，也有利于后续不断优化观察的操作，提升数据的采集效果。

2. 访谈法

　　访谈是通过有目的的访问与谈话去收集资料。访谈简单易行，对于深度理解人物的生活、心理、态度等具有重要价值。访谈不仅可以用于数据新闻，加深读者对新闻故事的理解，访谈本身也可以通过文本挖掘的方法加以分析。

　　访谈按研究者对访谈结构的控制程度，可分为结构型访谈（严格基于固定的问题结构和顺序）vs. 无结构型、半结构型（开放式提问或按照基本提纲结合开放式提问）；按照正式程度可分为正规型访谈（深入、细致）vs. 非正规型访谈（贴切、自然，如观察中的访谈）；按照接触方式可分为直接访谈（面对面，同步、丰富）vs. 间接访谈（如电话/网络访谈，可起到补充作用）；按照访谈人数可分为个别访谈（深入、隐私）vs. 集体访谈（如焦点小组访谈，可引起讨论、共鸣）。

　　访谈的主要步骤包括：

　　第一步，准备。包括：确定研究问题，设计访谈提纲；抽样并联系访谈对象——如前所述，主要采取目的抽样等非概率抽样方式，根据理论饱和度决定样本量（常见在 5 ～ 30 之间），如果是焦点小组访谈，则要考虑根据类型分组，并将相同或相似背景的被访者安排在同一组以利于交谈和讨论；确定访谈的时间、地点——应根据受访者方便（体现尊重、隐私）、舒适、放松、安静等原则选择地点，每场访谈时间以 1 ～ 2 小时为宜；访谈前还需要与被访者协商相关事宜，包括知情同意的伦理要求，以及是否允许录音，录音能够解放提问者，便于事后详细整理，有时也让被访者感觉受到重视，但也要防止引发被访者紧张或"表演"的风险）。

　　第二步，实施。主要有三个环节需要重视：提问（或追问）、倾听（或回应）、记录。提问是访谈成功的关键。在事先围绕访谈目标设计访谈提纲的基础上，应注意做好开场（通过寒暄、自我介绍等建立信任），把握合适的顺序（一般应由浅入深、由简到繁）。问题类型分为开放型与封闭型问题，访谈中应以开放型问题（关于"是什么、为什么"等问题）为主、封闭型问题（给定选择项）为辅，以最大限度地让被访者敞开心扉，讲述细节。访谈中针对被访者回答不清晰或不到位的地方，应及时进行追问。提问的同时，倾听也非常重要。倾听包括行为层面积极地听（身体前倾、眼神交流、积极反应）、认知层面接受和建构地听（"悬置"自己判断，主动接受和捕捉受访者发出的信息），以及情感层面共情地听（目光、语气的回应，情感共振、心的理解，达到理想的交流）。倾听中的回应应以不打断被访者的思路为前提，可以采取认可和鼓励表达、进行重复、重组和总结、适当的自我披露等形式，要避免论说型回应（喧宾夺主）、评价型回应（先入为主）。对于多人焦点小组访谈，主持人还需要组织好讨论，可以打破固定的发言次序，鼓励并探索不同的意见，并及时处理"有问题的被访者"（如畅谈不止型、害羞不说型、处处反驳型、反问主持人型等），特别是不能让个别或少数几个人垄断发言或干扰访谈方向与进程。最后就是记录，尽管访谈往往会通过录音或录像设备加以完整的记录供事后整理，但提问者或主持人适当记录关键回答，既能体现对被访者表达的尊重，也有助于及时调整、优化访谈问题，还有利于访谈结束后的数据分析（提供访谈临场的思路与灵感）。

二、主要的量化方法

主要的量化方法包括问卷调查法、内容分析法、控制实验法以及档案资料和统计数据二手分析法。它们在数据新闻中经常被应用（实验法运用相对较少）。

1. 问卷调查法

如前文介绍，问卷调查法是数据新闻常见的数据生成方法，其科学、规范的设计和执行对数据质量至为关键。特别是对于二手调查数据，需要仔细鉴别、核查其操作过程与数据质量，不能简单地将任何调查都视为科学、可信的数据来源。

问卷调查是通过严格的抽样、问卷设计、调查执行等科学程序获取公众（主要是个体，也可以是机构）属性、行为、态度、意见等数据的量化方法，对于描述现象（报告分布、比例等）、解释现象（特别是在相关关系的层面上）具有重要价值。问卷调查包括三个核心环节：第一是抽样，第二是问卷设计，第三是调查执行。这三者都有着严格的质量控制标准。

抽样的核心标准是随机（概率）抽样，在上文我们已经介绍了随机与非随机抽样的区别，以及随机抽样的主要方法。问卷调查必须严格按照随机抽样的方法进行抽样，才能使调查结果具有代表性。

这里值得补充讨论的是网络调查的抽样问题。随着互联网的普及，网络调查因其方便、经济成为经常被使用的调查方式，但需要警惕，大量的网络调查并没有满足随机抽样的要求，因此其调查结果的意义大打折扣。很多网络调查仅仅是通过网上链接或在朋友圈、微信群招募被访者，美其名曰"随机抽样"，实际上根据上一节的介绍这充其量只是"方便样本"或"志愿者样本"，完全不符合给予总体中每个个体同等概率被抽中的要求，因此，务必高度重视网络调查的抽样问题。比较理想的方式是将网络调查的执行与抽样程序分开，即首先通过随机方式进行抽样，然后通过网络渠道发放问卷给这些通过随机方式抽取的被访者。即便退而求其次，也要采取分层配额抽样加随机抽样的方式。通常，网络调查平台企业拥有各自的"样本池"，这些"样本池"基本不是随机生成的，但因其数量巨大，可以认为在一定程度上弥补了一些非随机的"先天"缺陷。利用这个"样本池"，我们可以先采取分层配额的形式，例如根据总体的背景构成结构划分出若干子层并给予相应配额，然后在"样本池"中进行随机抽样（发放问卷）。这样的抽样方式尽管不是严格意义上的随机抽样，但比一般的网络发放的随意抽样方式，其随机程度已经有所提高。

　　问卷设计就是概念操作化和测量的过程，需要经过信度和效度的严格检验。测量应建立在充分的概念分析、文献研究的基础上。有些概念变量相对简单，仅用单条目测量就足够，如性别、年龄等；有的则相对复杂，如生活满意度、主观幸福感等，需要通过文献检索经过前人研究检验过信度和效度的测量量表，不能随心所欲编制。有些变量只能定类测量，如性别（分男女两类），有的则需要选择测量的层次，原则是在不影响被访者回答配合度的前提下选择精确程度高的，如年龄，应优先采用定比测量（询问被访者出生于哪一年或多少周岁）而非定序测量（询问年龄段）。问卷设计中应注意"互斥"（选项之间不能有重叠、交叉）和"穷尽"（选项不能遗漏可能性）原则。问卷措辞应避免一些"陷阱"，例如：模棱两可或含糊不清，如"你上网课吗"就不如"你在过去一年中通过腾讯、Zoom 会议或其他直播形式参加过网课吗"更具体和清晰；双重负载或一题多问，如"你喜欢用微博微信吗"；具有诱导性，如"现在的人都感觉生活很幸福，你幸福吗"；错误预设前提，如"你家的私家车什么时候买的"；超出被访者的回答能力，如"你家有多少套衣服"等。问卷设计还应注意格式，一般而言，开头应有开场白（说明调查目的、填写规则等）、筛选题（通过问题甄别筛选合格的被访者），然后才是问卷的主体，最后应有致谢。问卷设计应该经过小样本的试调查，根据结果修订完善问卷，才能开始正式调查。

　　问卷调查执行的方式主要包括电话调查、现场面访、网络调查、邮寄问卷等。电话调查主要由访员提问，适用于问卷较短、时间较紧的场合，但抽样随机性受到电话（或手机）普及率和抽样方法的影响；现场面访可以由访员提问，也可以由被访者自填问卷，允许执行相对较长的问卷，但周期和成本较高；网络调查和邮寄问卷均为被访者自填形式，其中网络调查的抽样注意点已在前面论及。无论采取何种调查方式，均须严格保证调查质量，包括在问卷设计阶段确保问题、措辞表述以及填写指示的清晰，制定清晰统一的访问规则，加强访员培训和管理、对问卷进行抽检和回访核实等。问卷回收应尽可能提高回应率。

　　只有在抽样、问卷设计和调查执行三个环节都严格遵循科学标准，才能采集到高质量的数据作为数据新闻的有效数据源。

2. 内容分析法

　　与问卷调查不同，内容分析法的目标对象是文本内容（包括文章、图片、影音作品等）。它在对内容进行随机抽样后，再根据设计的编码表（Codebook）进行人工编码记录，从而生成数据。内容分析主要用于描述文本内容状况，包括涉及的主体、对象，报道的主题、基调，引用的来源，呈现的形象等，是数据新闻常见的数据生成方法。例如，前面提到的《谁是"中国人民的老朋友"》就是基于对《人民日报》历史内容的分析；中国人民大学的学生媒体"RUC 新闻坊"在疫情期间发布的《2286 篇肺炎报道观察：谁在新闻里发声？》[①]也是基于对媒体内容分析的数据报道。内容分析的数据采集过程主要包括两大环节：抽样和编码。

---

　　① 微信公众号"RUC 新闻坊"，2020 年 2 月 11 日。

内容分析的抽样同样需要符合上文阐述的随机抽样原则。在具体执行中，首先要根据研究计划确定分析单位——如是针对媒体还是文章（或视频、音频等），然后根据抽样框的拥有情况采取简单/系统随机、分层随机、整群随机等不同的抽样方式，例如可以先根据媒体层级（如中央级媒体、省市级媒体、县级媒体等）分层，然后在每一层中分别采取随机数方式抽取媒体（作为整群被抽出）以及媒体内部的文章。

编码包括两个环节：制订编码表和实施编码。制订编码表是概念操作化的过程。内容分析的编码表主要包括显性编码和隐性编码两类。前者指可以直观获取的内容（如版面位置、字数等），后者指需要编码员根据阅读理解进行判断的内容（如新闻报道中的发声主体、报道基调是正面还是负面等）。显性编码的信度和效度通常较高，隐性编码的高信度和效度则不易达到。编码表应对指标的操作化给出明确的界定和示例。加强对编码员的培训也十分重要。内容分析重要的信度检验标准是编码员间信度，即不同编码员对同一个编码对象（文本）根据编码表进行编码所得结果的一致程度，可以采用 Krippendorf's alpha、Cohen's kappa 等指标计算。由于内容分析通常包括较多数量的文本，因此需要两位或以上的编码员（即便只有一位编码员，其编码员信度也需得到检验），如果不同编码员的编码结果不一致，其结果无疑是不可信的。所以，在制订编码表的过程中，必须经过编码员试编码的阶段，如果编码员间信度不合格，则需要进一步明晰操作化并修订编码表，或组织编码员进行讨论形成共识，如此反复，直到编码员间信度达到可接受的程度。在编码表制订完善，编码员间信度达标后，就可以进入正式实施编码的阶段，完成内容分析数据的采集。

3. 控制实验法

控制实验法在数据新闻中尽管不常使用，但在特定情况下也不失为一种独特的通过数据解释现象、给出决策建议的方法，如前面举例的《［何同学］这视频能让你戒手机》。相对于问卷调查法强大的描述能力，实验法不具备很强的外部效度（样本量不大，且多在实验室条件下），但对于理解因果关系、给出决策建议具有独特价值。因为实验法的核心思路就是控制住其他干扰性变量，通过建立实验刺激（实验者感兴趣的自变量）与实验结果（因变量）之间的关系，确定因果关系。

控制实验法的主要环节包括：确定测量方案、对被试（实验对象）进行随机分组、开展实验（主要包括实验前测、实施刺激即实验处理、实验后测）。

首先，与其他研究方法一样，实验法也需要根据概念的操作化确定测量方案。测量的因变量往往需要先后用于前测和后测，自变量则是给予实验组的刺激处理（Treatment）。选择合适的实验刺激至关重要，它应当是对自变量的有效测量，在实验前应通过理论分析、文献研究、访谈、测试等方式提高实验变量的效度。在实验研究中可以通过操纵检验（Manipulation Check）的方法来检验被试对实验刺激的感知和评估。

其次，实验法需要对被试进行随机分组，需要分为对照组/控制组（以排除其他条件的影响）和实验组（可以是一组，也可以根据给予刺激的不同类型包括多个组）。社会科学实验的对象一般选择学生，以保证相似性。分组的关键是随机化，即将被试按照同等的概率分配到对照组和实验组，可以将被试编号，然后采用随机数表或者奇偶数分组的方法。实验者可以采取前测问卷方法检验随机化分组的效果，即两组在背景分布和因变量基准方面没有显著差异。

当实验测量方案和随机化分组都完成后，就可以进入实际的实验过程。经典的实验设计包括对对照组和实验组的前测与后测，主要测量因变量。当前测完成后，对实验组进行实验刺激（如前述作品中给予实验组不同的"戒"手机的方法），而对对照组则不施加实验刺激。在实施实验刺激后，再分别对对照组和实验组进行后测，比较后测与前测以及实验组与对照组之间的结果差异，从而检验实验刺激是否对因变量产生了预期的影响。

4. 档案资料和统计数据二手分析法

此方法虽然在学术研究中并不处于核心地位，但对于数据新闻生产非常重要，它是对已经存在的历史档案、统计资料等进行收集整理和统计分析。档案资料和统计数据等是由政府部门、学术机构、企事业单位、社会机构等通过行政管理、学术项目、商业活动等方式采集和积累的数据，如政府部门发动下级机关上报的经济、社会等相关统计数据，学术机构开展的实地调研、问卷调查等学术研究生成的数据，企事业单位拥有的统计数据等，它们都在数据新闻报道中占据相当大的比例。但要注意，除了学术机构收集的问卷调查数据，政府部门、企事业机构等收集和公布的档案与统计数据，主要是集合层面的数据（如城市、地区、国家层面），而较少是个体层面的数据，这是该类数据区别于其他类型数据的一个特征。因此，档案资料和统计数据主要用于描述集合层面上社会总体的变化趋势或区域差别。

档案资料和统计数据的质量主要取决于数据生产单位和个人的操作，但应该根据透明开放原则披露数据生产过程，并接受社会的监督。对学术研究数据的生成，前面已经做了较多介绍；对于统计数据，也同样需要注意数据测量的信度和效度——即某项统计指标是否真实、可靠地反映了所测量的概念，以及数据统计的口径与标准是否清晰、一致、稳定，数据统计过程中是否避免了人为干扰因素（如数据造假）和技术性误差（如数据遗漏）等。数据新闻创作者除了选择高可信度的数据来源，还要基于本节所讨论的研究设计的主要思想和规范标准（如样本质量、测量信度和效度），对二手数据展开仔细的检验和核查，包括对多个数据源进行比较、甄别和校验，从而保障数据质量。

三、主要的计算方法

在互联网、大数据、人工智能快速发展的背景下，计算方法也日渐成为重要的数据生成方法，主要包括：用户分析法、文本挖掘法、在线实验法以及在线档案和统计数据分析法。这四种方法在某种意义上可以类比量化研究的四种主要方法，但在数据生成方式上体现出从人工到机器（自动化）生成的趋势，以及相应带来的海（全）量性、多时点、网络化等数据特征。[①]

---

① 祝建华、黄煜、张昕之：《对谈计算传播学：起源、理论、方法与研究问题》，《传播与社会学刊》2018 年总第 44 期。

1. 用户分析法

用户分析可类比量化方法的问卷调查，它们都是采集有关公众属性和行为数据的方法。但区别是：用户分析无须进行介入式的自我报告数据收集，数据来源于用户自发产生的行为日志（如登录、下载、浏览、购买的记录等）或属性记录（如用户画像、兴趣描述等），从而可以直接从服务器后台提取，或通过爬虫技术抓取、API 权限获取。研究者也可以直接向数据拥有方购买或申请合作。

用户行为数据代表着人类使用数字媒体时被记录下来的自然"数字足迹"，测量信度与效度比问卷调查更高，因此可以有效刻画用户活动、日常生活及用户关系等。上一节举到的"新一线城市"数据报道就是运用用户行为数据的案例，当然其中的数据是基于城市集合层面的，如果能获取个体层面的行为数据，则可以进行更加深入的分析。

2. 文本挖掘法

文本挖掘可类比量化方法的内容分析，即它们都是对文本内容进行的采集、处理和分析，但区别是：文本挖掘无须进行人工内容编码，而是基于网络采集的文本数据进行自动化的文本挖掘，含词频分析、主题分析、情感分析等（具体分析方法可参见本书第六章）。

传统内容分析方法基于人工阅读、理解、编码的过程来生成数据，不仅速度慢，并且其信度往往也不能得到保证。文本挖掘利用计算机辅助的方法自动从文本中提取相关的特征信息，大大减少了人工花费的时间，也有利于保证特征提取的信度和效度。但需注意的是，在文本挖掘过程中的有监督机器学习中，需要通过人工编码的方式形成一部分训练样本用于模型训练，这一人工编码的过程类似于传统量化内容分析，需要随机抽取一定数量的样本，并基于编码表、在达到较高的编码员间信度后进行人工编码。另外一种"自下而上"的无监督文本特征发现方法（如主题模型分析），则不需要经过人工编码的过程。最新的生成式人工智能或大语言模型（LLM）也被认为提供了对文本内容进行自动编码的可能性，但其信度与效度还需得到深入研究的检验。

3. 在线实验法

在线实验可类比量化方法的控制实验，但区别是：第一，在线实验法中，用户的行为反应无需进行介入式的自我报告收集。传统实验常常需要通过问卷调查的方式让被试自我报告态度和行为，在线实验则主要依赖自发产生的行为数据的自动化记录，因此实验参与者甚至可能对实验完全无意识（注意其中可能隐含伦理问题）。第二，相较于传统实验方法的小样本实验，在线实验所能采集的参与样本更多，甚至可达到百万、千万以上的数据量级，因而显著提升了传统实验欠缺的外部效度。第三，在线实验基于互联网环境，在实验成本、实施便利性以及长期跟踪的时间自由度上也有较大的优势。

4. 在线档案和统计数据分析法

在线档案和统计数据分析可类比量化方法的档案资料分析。实际上，数据新闻如今使用的档案资料、统计数据或二手数据，很多以在线形式存在，也即属于在线文档。除了数据形态的差异，在线档案与传统档案的主要区别是：第一，相对于传统档案，在线档案由数字化格式处理和存储，数据覆盖时间往往更长，例如谷歌图书大数据项目（Google

Ngram）包含持续数百年的数据，构成了人类文明发展史的重要档案；第二，与传统档案和统计数据主要源自机构、部门统计的生成逻辑不同，在线档案和统计数据包括更多用户自发产生的数据，如谷歌趋势、百度指数等，它们与传统的机构统计数据一起，共同构成对社会总体变化趋势和区域差异的记录。

思考与练习

1. 假设现在你需要制作主题为"大学毕业季"的数据新闻，你计划从哪里获取数据？
2. 请尝试申请一次政府公开数据，并记录过程与经验。
3. 请选择新闻媒体上的一则数据新闻，从本章介绍的多元维度评估其数据质量。

参考答案

第三章

网络数据获取

　　数据获取是数据新闻实践至关重要的一步，它关系到数据质量，并最终影响数据呈现。第二章中我们已介绍了通过公开数据、第三方数据、自建数据库、众包等方式获取数据，本章聚焦于网络数据的自行获取与采集。网络数据主要指存储于网络服务器并呈现于网页上的数据，这些数据通常是非结构化的、未经过预先处理的，也包括大量由用户自主生产的数据，比如社交媒体平台数据。随着互联网的发展和数据开放的推进，网络数据成为数据生态中日益重要的组成部分，也是数据新闻生产的重要原材料。

案例档案卡 3-1

- 刊发媒体：英国《卫报》（*The Guardian*）
- 案例名称：《骚乱谣言如何在推特上传播》（*How riot rumors spread on Twitter*）
- 案例作者：《卫报》互动团队，罗伯·普罗克特（Rob Procter）、法里达·维斯（Farida Vis）、埃里克斯·沃斯（Alex Voss）

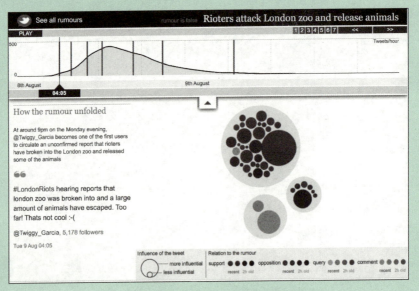

《骚乱谣言如何在推特上传播》示例

● **案例特点**：这则新闻通过获取社交媒体平台数据，分析了社交媒体平台信息传播的特点，提供了仅靠采访无法获得的洞见。2011 年英国南部爆发骚乱，警方指责推特和脸书等社交媒体平台散播谣言，助长了骚乱的蔓延，一度考虑关闭社交媒体平台。为此《卫报》抓取了推特上的257 万条推文，与学者合作，分析其中几条典型谣言的传播过程。分析发现，随时间流逝，谣言热度降低，社交媒体平台上亦有大量推文澄清谣言，有助于信息的净化。

扫码播放节选

　　上述案例是新闻生产中运用社交媒体平台大数据的一次早期尝试。如第一章所述，大数据不仅意味着数据量大，而且主要强调两层更重要的含义：首先，它是数字时代人类生活留下的电子脚印，是日常生活的副产品[1]，即这些数据是伴随着日常生活产生的，借由这些数据可以分析人类的群体性行为[2]。比如交通卡刷卡数据可分析人群流动的规律，以更有效地调配交通资源。其次，大数据打破了数据的垄断和封闭。以往数据大多由政府部门或社会机构采集，比如政府会定期进行人口普查获取人口构成数据，医院进行临床实验自行记录实验结果数据，这些数据往往不为普通人所知，如果不是采用内部合作的方式，很难获取这些数据用于新闻报道。而数字时代人类的行为被电子化，人们的网络发言留下了文本记录，购买商品留下了点击记录，出行活动留下了出行轨迹等记录，这些记录数量巨大，并以电子化的形式存储于网络服务器，从而可被获取。同时，随着互联网的发展以及开放数据运动的推动，也有越来越多的政府部门或社会机构通过网络发布数据，这些数据也需要通过技术方式获取。

　　网络数据的获取方式主要有三种：一是通过网络高级搜索，快速高效锁定所需数据；二是通过工具软件进行抓取，比如使用八爪鱼、后羿采集器等；三是通过编程语言编写程序抓取。这些数据可能存储于某个数据库中，也可能存储在网络服务器上，并显示在网页中。无论使用何种方式，首先都需要理解网页的数据交互方式。这是因为网络数据的展示和存储是分开的，我们通常访问的网页实际是前端展示部分，这些内容以数据的形式存储于后台服务器。要获取这些数据，就需要认识网页结构，理解网页前端如何展示；随后通过访问、解析网址，对网页提出请求来调用接口，获取后台数据。

第一节　认识网页结构

　　网页是构成网站的基本要素，前端网页呈现与后端数据存储共同构成了网站。网页是指适用于万维网，能够被浏览器识别的文件，通常由超文本标记语言（HTML，Hyper-text

---

① 《专访谢宇教授（上）：大数据的重要价值不是"大"》，微信公众号"严肃的人口学八卦"，2018 年 8 月 24 日。

② ［英］维克托·迈尔－舍恩伯格、肯尼迪·库克耶：《大数据时代：生活、工作与思维的大变革》，周涛等译，浙江人民出版社 2013 年版。

Markup Language）创建。网页上包含文本数据、图像数据、超链接等元素。除了 HTML 语言，如需构建样式丰富、功能多样的网页，还要借助 CSS 级联样式表以及 JavaScript 脚本语言。形象地说：HTML 语言搭建起网页基本结构，确立了网页的"骨架"；CSS 级联样式表定义了网页的样式，也即装饰了网页的"皮肤"；JavaScript 脚本规定了网页的行为方式，也即构建了网页的"肌肉"。

这些编程语言共同写就了网页的源代码（Source Code），即一系列人类可读的计算机语言指令。读取源代码，可以获知数据的存储路径，进而通过不同方式获取网络数据。源代码中最核心的是 HTML 代码，形象地说，它比普通文本文件高级，高级之处即在于可对文本文件里的文字进行标记（Markup），比如标记其中一段为列表，另外一段为超链接，这些对普通文本的修饰构成了一套规则，这套规则就是 HTML。[①] 读取源代码有三个步骤：调阅、探索和认识，下面依次介绍。

一、调阅源代码

调阅源代码的方式有以下几种，不同浏览器略有不同。源代码显示后的视图如图 3-1，左侧为原始网页，右侧为源代码显示页。

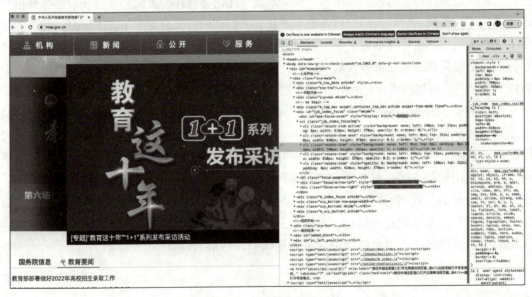

图 3-1　显示源代码视图

第一，在网页空白处点击鼠标右键，在弹出的对话框中点击"显示网页源代码"或"检查"条目。

第二，点击浏览器菜单栏"视图"，选择"开发者"，随后进入"显示源代码"条目。

第三，点击浏览器隐藏菜单按钮，选择"更多工具"下的"开发者工具"条目。

显示代码后，可根据需要调整源代码区域的布局方式。本章随后的小节中，我们将调

---

① 陈宇、巩晓波、高杨等：《给产品经理讲技术》，电子工业出版社 2019 年版，第 16—17 页。

用 Python 语言中的 Selenium 库抓取网络数据，此时需要多个浏览器窗口并列同步操作，如此可以观察到代码对浏览器的操作执行过程。

🖥 小练习

请登录你所在学校的网站，查阅学校网站主页 logo 的源代码。

二、探索源代码

调阅成功后，便可开始探索网页源代码。点击源代码显示区域左上角的 按钮，图标变为蓝色后，可进行响应式调阅，快速锁定数据对应的代码（见图 3-2）。此时挪动鼠标，网页左侧鼠标悬停区域变为阴影，相应的源代码则显示在右侧，并以阴影标示（见图 3-3）。

图 3-2　响应式调阅按钮

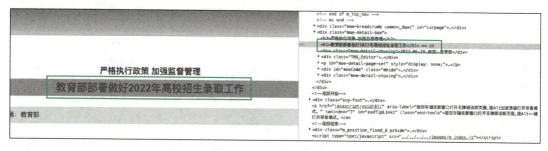

图 3-3　响应式调阅视图

三、认识源代码

通过探索源代码进行响应式调阅后，可锁定需要抓取的内容，确定所用代码。还需要理解这些源代码的含义，才能对其提出请求以获取数据。

这些源代码由 HTML 标记语言构建。简要地说，HTML 标记语言包含标签与元素两部分。标签由尖括号（< >）标识，总是成对出现，分为起始标签和结束标签。通常情况下，起始标签与结束标签内容一致，但需注意结束标签以反斜杠（/）标识。例如，<body> 为起始标签，</body> 为结束标签，如忽略反斜杠则会影响网页兼容性。HTML 语言对大小写不敏感，<BODY> 等同于 <body>，但推荐使用小写。元素指起始标签和结束标签之间的全部代码。比如，<body> 这是一段文字 </body>，两个标签中间的"这是一段文字"部分即为元素。浏览器能够读取 HTML 文档，并以网页的形式呈现。

表 3-1 列出了 HTML 语言常用的标签和元素，理解这些标签和元素的含义有助于认识网页结构，这也是获取网络数据的基础。

表 3-1　HTML 语言常用标签及含义

开始标签	元素内容 / 描述	结束标签
<!DOCTYPE>	声明文档类型，以便浏览器识别	无
<html>	定义 HTML 文档	</html>
<head>	定义文档头部	</head>
<title>	定义文档标题	</title>
<body>	定义文档主体内容	</body>
<h1><h2><h3> <h4><h5><h6>	定义 6 个层级的标题	</h1></h2></h3> </h4></h5></h6>
<p>	定义段落	</p>
<!--……-->	插入注释	无
<img src=＂网址＂/>	向网页中嵌入图像网址	无
<a href=＂网址＂>	定义超链接	</a>
<link>	定义文档与外部资源的链接	无
<ul>	定义无序列表	</ul>
<ol>	定义有序列表	</ol>
<li>	定义列表项目	</li>
<table>	定义 HTML 表格	</table>
<td>	定义单元格内容	</td>
<tr>	定义表格行	</tr>
<th>	定义表头	</th>
<div>	定义文档中一个分隔区域	</div>
<span>	组合文档中的行内元素，以便进行样式设定	</span>
<script>	定义客户端脚本	</script>

学习 HTML 语言最好的方式是实践，一些网站或编辑器可以编辑代码并实时生成网页（见图 3-4，左边为代码，右边为根据代码生成的网页），读者可自行探索。[①]

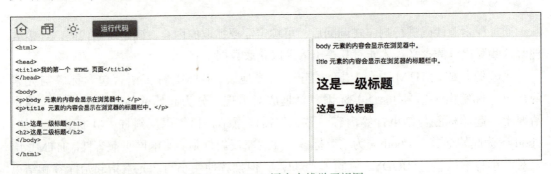

图 3-4　HTML 语言在线学习视图

---

① 示例网站为 w3school，这是一个在线学习编程语言的网站。

了解了 HTML 语言，接下来我们便可以开始学习网络数据的获取了。

第二节　网络高级搜索

本节我们聚焦于网络数据采集的第一种方式——网络高级搜索。如本书第二章介绍，使用搜索引擎查找是获取数据来源的重要方式。但搜索引擎常返回海量的搜索结果，去粗取精耗时劳神，使用网络高级搜索的方法，添加搜索限定条件则可优化搜索结果，快速锁定数据，极大节省时间。

一、理解网址结构

在了解网页结构的基础上，还需要进一步了解网址的结构，由此才能提出搜索限定条件。网页地址的英文是 Uniform Resource Locator（URL），直译为统一资源定位符，简称网址，是因特网上标准资源的地址，如同网络上的地址牌。一个标准的 URL 网址的构成如下：

[协议]://[服务器地址]:[端口][文件路径][? 查询]

我们以下面一段网址为例做详细讲解。

https://movie.douban.com/celebrity/1047973/movies?sortby=time&format=pic

这段网址中开头的部分——"https://"为协议，它表示只能通过 HTTPS 这套规则访问页面资源。每一个 URL 地址都标识了一个资源，资源存放于服务器，协议规定了访问资源的规则。

示例网址的第二部分"movie.douban.com"是服务器地址，也可称作主机名。在高级搜索中，我们可将搜索范围限定于某个服务器。

端口可以理解为打开网络服务器的门。一般来说 HTTP 协议的端口为 80，HTTPS 协议的端口为 443。示例中没有显示端口，即默认为 443。可尝试将端口号补充于网址上，实际指向同一个网页（https://movie.douban.com:443/celebrity/1047973/movies?sortby=time&format=pic）。

其后到问号之前的部分，也就是示例网址中的"celebrity/1047973/movies"，指示的是最终文件所在的路径和文件名。

示例网址中问号到结尾的部分称作参数，也叫查询，即"?sortby=time&format=pic"部分，是向服务器传递信息的部分。

下面我们再来重新标注网址的结构（见图 3-5）：

图 3-5　网址结构

二、高级搜索命令

高级搜索是使用命令限定条件进行搜索的方式，需使用英文输入法下的标点符号键入命令。下面介绍常见的高级搜索命令，这些命令适用于不同的搜索引擎，本书以"必应"为例进行讲解。

需要注意的是，高级搜索命令的执行结果受到搜索引擎排名规则（如商业逻辑、排列顺序规则等）的影响。部分命令执行后返回较多广告网页，因此本书未提供相关搜索结果示例图，有的示例图遮挡了广告部分。

1. 加号（＋）

表示逻辑"与"或"并"，可连接两个及以上搜索条件。

示例：搜索同时含有"北京"和"上海"这两个关键词的网页。

命令：上海＋北京

说明：加号前后是否空格不影响搜索结果。

返回结果见图3-6。

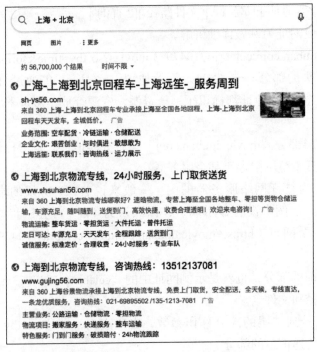

图3-6　使用"+"命令搜索结果

2. 减号（－）

表示逻辑"非"，排除特定搜索条件，即不含特定搜索结果。

示例：搜索含有关键词"番茄"但不含"鸡蛋"的网页。

命令：番茄　－鸡蛋

说明：在表示逻辑"非"时，减号前需空一格，减号后不含空格，否则会被视为连接符。

返回结果如图 3-7。

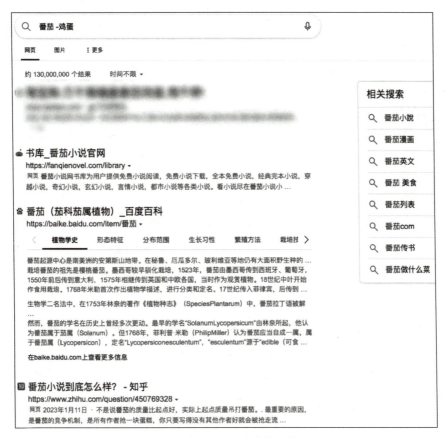

图 3-7　使用 "-" 命令搜索结果

3. 标题（intitle）：对网页的标题栏进行搜索

使用浏览器打开网页时，标题栏内容一般显示为标签，网页标题即源代码中 <title></title> 之间的部分，如图 3-8 标签上显示 "上海市人民政府"，其所对应的代码为 "<title> 上海市人民政府 </title>"。

网页设计时通常言简意赅地将网页主要内容写在标题栏中，由此只需查询标题栏便可找到与内容相关的网页。

示例：搜索网页标题栏中有关键词 "上海" 的网页。

命令：intitle: 上海

说明：命令与搜索词间是否存在空格不影响搜索结果。

4. 网站（site）

在使用数据时，需要辨别数据的可信程度。一般而言，从原始出处获得的数据较为可信，这就需要判断数据归属哪里，从原始出处入手寻找。比如研究教育政策时，出现在教育部官方网站上的数据会比出现在新闻网站或其他社会网站上的数据更可信，这就需要使用 "site" 命令，将搜索范围限定于教育部官方网站。

图 3-8　网页标题栏的显示及对应代码

示例：搜索教育部网站上有关开学日期的信息（开学日期最权威的发布方是教育部门，将搜索限定在教育部网站，可以较快地找到源数据，见图 3-9）。

命令：开学日期 site:www.moe.gov.cn

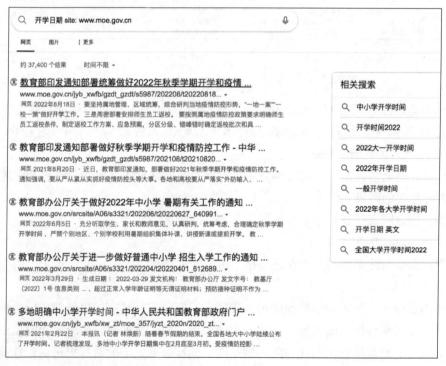

图 3-9　使用"site"命令搜索结果

5. 网址（inurl）

很多网站会把相同文件类型的资源汇总在同一个目录下，并体现在网址的文件路径部分中（参见前文网址结构介绍）。比如这段网址："https://mcchou.com/mp3/16323.html"，网址中含有"mp3"，指示了文件路径，说明网站将 mp3 类型的文件存储在一起。搜索时可以先找到同样类型文件资源的存储路径，接着按这一路径做进一步搜索。形象地说，inurl 提供了专题内容搜索，将搜索范围限定在 url 链接中，通过使用 inurl 命令先锁定某类属性的内容，进而在这类内容中做进一步搜索。

示例：搜索 mp3 格式的《明天会更好》。

命令：inurl:mp3 明天会更好

说明：这则命令只在部分搜索引擎上适用。

6. 文件类型（filetype）

一般来说，文件扩展名标示了文件的运行程序，通过搜索特定的文件扩展名可以找到特定类型的文件。

示例：搜索有关高等教育的 word 文档文件

命令：filetype:doc 高等教育

返回结果见图 3-10（结果受到搜索引擎商业逻辑与排序规则影响）。

图 3-10 使用"filetype"命令搜索结果

7. 精确匹配（" "）

在搜索时经常出现搜索词组分开出现在网页中的情况，如果希望词组组合在一起出现，就可使用引号标注。为搜索关键词加上双引号意为精确匹配，即搜索关键词完整地出现在网页中。比如输入搜索词"明天会更好"，返回结果中 5 个字会连在一起出现。

示例：搜索精确匹配数据新闻的网页

命令："数据新闻"

🗐 小练习

请使用搜索引擎查找 2022 年中国高等教育毛入学率具体数字。

在必应搜索引擎中输入"2022 年中国高等教育毛入学率"，共返回约数十万个结果，不少新闻网页都提到了毛入学率达到了 59.6%，但新闻生产必须找到数据原始出处或使用权威数据。这个数据的权威披露方应为教育部，使用高级搜索命令，将搜索网站限定为教育部官网。

命令："高等教育毛入学率"site: moe.gov.cn inurl:2022

加双引号意即这段文字完整地出现在网页中。	教育部是发布高等教育毛入学率的官方机构，所以限定在教育部网站搜索。	教育部网站网址命名包含时间要素，可引入 inurl 命令，将时间作为限定条件。同时本年度通常发布上一年度的统计数据，由此搜索网址中含有 2022 的网页，而非 2022。

返回结果如图 3-11：

图 3-11　小练习示例搜索

第三节　使用工具软件抓取网络数据

使用工具软件抓取网络数据简单易行，无须编程即可实现操作，适合初学者上手。但工具软件抓取较多应用于结构化网页，抓取结构复杂或存在较多交互设计的网页时就显得捉襟见肘，因此无法适用于多种多样的数据采集场景。本节简要介绍使用工具软件抓取数据的方法，但鼓励读者学习编程方法采集数据（第四节），以获得更大选择自由度。表 3-2 列出了主要的网络数据抓取软件，这些抓取工具功能大同小异，掌握一种便可触类旁通。

表 3-2　网络数据抓取工具介绍

工具名称	简介	系统适用情况
八爪鱼采集器	可以使用采集模板，也可以自定义采集任务。在一定程度上可应对防采集措施与复杂的网页结构，同时可实现云采集。	可在 Windows 系统和 Mac 系统中使用。
后羿采集器	操作简单，流程可视化，无须编程。采集和导出无数量限制，完全免费。可一次性批量抓取网页，后台运行，速度实时显示。	安装简便，可在 Windows、Mac、Linux 系统中使用。
火车采集器	可做抓取工具，也可以用于数据清洗、分析、挖掘、可视化等工作。可抓取网页上的文本、图片、压缩文件、视频等内容。	目前仅可在 Windows 系统下使用，Mac 系统无法使用。

下面以"后羿采集器"为例简介获取网络数据的过程，它只需四步：输入网址、选择模式、实施采集和导出数据。

第一步，打开后羿采集器页面，输入需要采集的网址，随后操作区将加载网页。

第二步，选择采集模式。后羿采集器提供了两种采集模式，一是适用于初阶操作的智能采集模式，这种模式无须采集者设定条件，就可以智能分析网页内容和分页，自动按字段进行采集；二是流程图模式，即自行设定采集规则。对较为规则的网页而言，采用智能模式即可。智能采集模式中采集器自动分析网页内容后，会将网页数据列在页面下方的表格中（见图 3-12）。

第三步，如需增加采集字段，在点击新的字段后，跟随光标选择需要采集的内容（见图 3-13），点击完成。

第四步，点击开始采集，随后便可导出数据。

如需进行网页翻页采集，则可以点击"设置采集范围"按钮。在弹出的对话框中，设置起始页和结束页（见图 3-14）。

接下来，页面会转至连续采集状态，结束后导出数据即可。

后羿采集器也可实现社交媒体平台数据的采集。下面我们以微博"保研超话"为例，展示后羿采集器采集社交媒体平台数据的过程。将"保研超话"的网址输入地址栏，后羿采集器便开始进行网页内容解析。采用智能采集模式可将"超话"下的跟帖内容悉数采集（见图 3-15），包含发帖者 ID、发帖时间、发帖内容及其点赞量等。

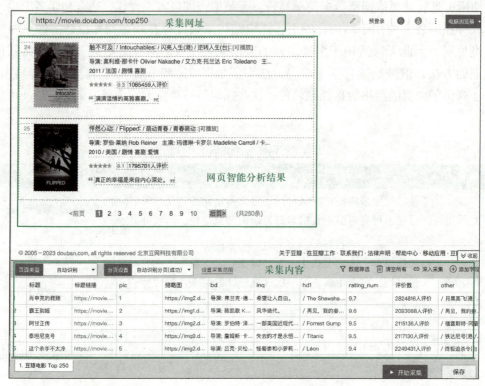

图 3-12　采集操作页面

图 3-13　增加采集字段

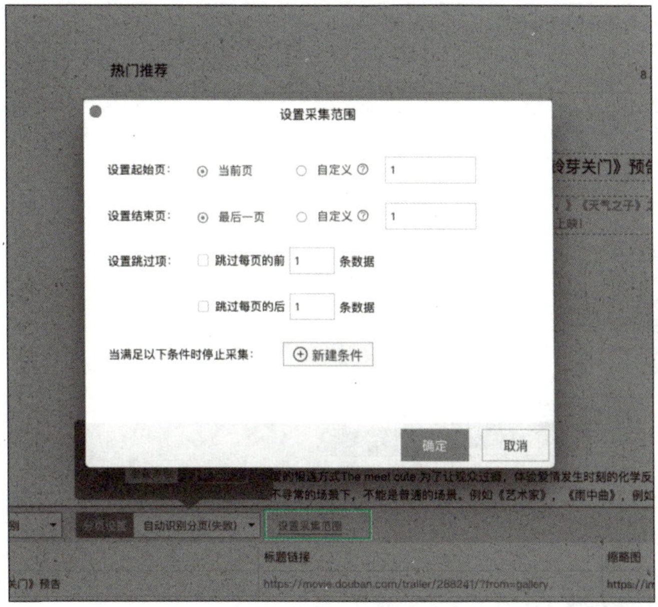

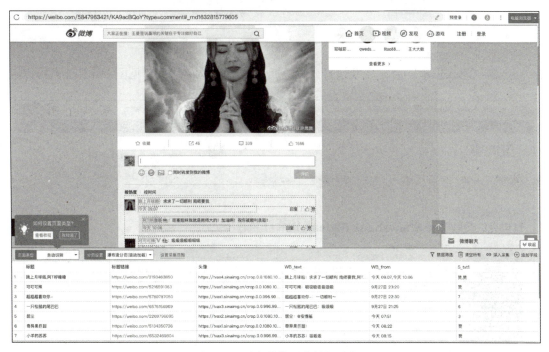

图 3-14 设置采集范围

图 3-15 社交媒体平台数据采集

　　如需提取链接中的数据，即采集详情页数据，可使用后羿采集器的"深入采集"功能。将网址载入后，后羿采集器会自动分析网页并提取出网页中的链接，如未能自动识别，可手动添加新字段，抓取链接地址，右键点击标签栏将其属性设置为"提取链接地址"，接着点选"深入采集"，就可以采集详情页数据了（见图 3-16）。

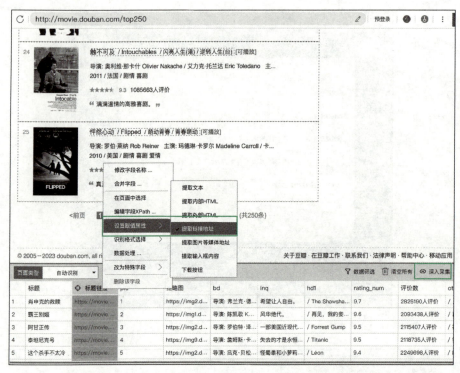

图 3-16　进入"深入采集"

点击"深入采集"后，会默认打开第一条链接对应的详情页（见图 3-17）。也可以点

图 3-17　深入采集详情页

击链接字段中的任意一条链接，都能够打开详情页。接着在新打开的页面中通过自动识别或"添加字段"设置采集规则，其他页面会自动依据规则进行采集。

第四节 使用 Python 编程语言抓取网络数据

使用编程语言编写程序抓取网络数据具有更广泛的适用性。不规则网页、网页弹出窗口或是具有较多交互设计的网页可能无法简单使用工具软件进行数据抓取，需要通过编程语言来实现抓取。此外，当下的信息环境日益受到不断涌现的新技术的冲击和影响，身处其中的新闻传播工作者需要具备跨学科的视野，掌握大数据时代所要求的复合传播技能，编程能力即是从事数据新闻工作的必备能力之一。

当然，对于从未接触过编程语言的新手来说，从零开始学习任何一门编程语言都是不易的。作为新闻传播专业的学生，可以采取拾级而上的学习策略。第一步，通过搭建编程语言运行环境和学习语法规则，做到看懂和理解编程语言；第二步，通过查阅相关代码示例，自己动手写一段简单的代码或者改写一段代码（在学习代码初期，拷贝与改写代码是重要和有效的学习策略）；第三步，在达到一定熟练程度之后，可以通过实际案例学习自行编写代码。本书鼓励初学者按照编程学习的阶梯循序渐进。万事开头难，要坚信熟能生巧、百炼成钢。

多款编程语言都可实现网络数据抓取，比如 Java 语言、PHP 语言及 Python 语言等，本章推荐使用 Python 语言[①]。首先，Python 语言功能强大，它有很多包和库，帮助使用者解决各种问题，适用范围较广，比如抓取数据的 Selenium 库和 Beautiful Soup 库，用来做数据分析的 Pandas 库，以及制作可视化的 Matplotlib 库等；其次，它是一款容易学习的语言，代码简洁明了、语法规则明晰；最后，Python 的集成开发环境有代码报错功能，如果代码编写有误，Python 会非常明确地提示错误位置和错误类型，初学者可拷贝错误提示进行网络搜索，寻找解决方案。

一、Python 语言基础简介[②]

1. Python 运行环境

Python 既可以在操作系统中直接运行，也可以安装集成开发环境运行。本书选择一种对初学者来说比较友好，且可以直接看到代码运行效果的方法，在 Python 开发环境——Anaconda 上运行。安装成功后，可使用 Anaconda 平台上集成的 Jupyter Notebook 运行Python。

---

① Python 是一款面向对象的、解释型程序设计语言。计算机程序语言一般可分为解释型语言和编译型语言，前者可一句一句直接运行代码，后者需要经过编译器编译为机器代码后再运行。Python 由出生于荷兰的工程师吉多·范·罗苏姆（Guido van Rossum）设计创造，第一版发布于 1991 年。它简便易用，是一款开源的程序设计语言，可在任何操作系统中运行。

② 更多 Python 语言在线学习资源可参见 RUNOOB 网。

Anaconda 的安装

1. 官网安装

第一步，进入 Anaconda 官方网站。

第二步，点击 Download 按钮。

注意选择最新发布的版本，并依据操作系统选择对应的安装包（Windows 系统有 32 位和 64 位之分）。

2. 清华大学开源软件镜像站下载安装（国内 IP 速度更快）

打开网址，选择最新发布的版本，选择相对应的安装包，MacOS 用户使用 .pkg 格式的安装包。

Jupyter Notebook 是一款开源网络应用程序，可用于创建和共享包含实时代码公式、可视化效果和文本的文档。使用它进行编程，可以直接通过浏览器运行代码，同时在代码块下方展示运行结果。

使用 Jupyter Notebook 运行 Python

第一步，打开"我的应用"，找到 Anaconda Navigator 图标（见图 3-18），双击运行。

图 3-18　Notebook 选择界面

第二步，在打开的 Anaconda 操作界面中找到 Jupyter Notebook，点击 Launch 按钮，此时电脑默认浏览器会弹出新窗口。

第三步，如果未能弹出新窗口，则会弹出一个新的终端界面（见图 3-19），打开其中的镜像网址（阴影标示部分）即可。

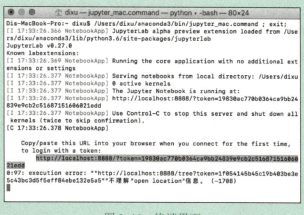

图 3-19　终端界面

2. Python 书写规范

书写规范规定了代码的编写格式，编写格式正确才能顺利运行。我们在 Jupyter Notebook 中右上角找到"New"按钮，点击新建一个页面以学习书写规范。Jupyter Notebook 的操作页面见图 3-20。

图 3-20　Notebook 操作页面

编写程序时经常要添加注释，对代码或输入内容作出解释，在 Notebook 中输入注释时，需要增加标注以与代码相区别，Notebook 提供了两种标注方式：使用井字符号"#"或是使用菜单选择栏中的标记。请注意代码中必须键入英文标点符号。键入内容后，可以选择标签栏上的"运行"（Run）按钮运行[①]，也可使用快捷键 Shift+Enter 运行。可尝试如下代码（本书所用的 Python 版本为 Python3）。

---

① 如未加或错加标注符号直接运行则会报错。

```
In [1]①: #" 输入 # 字符号，说明这是一条注释，字体相应变为绿色斜体。"
In [2]   "hello wolrd!"
# 也可在代码后面增加注释，只需键入 # 字符号。
Out [3]  'hello wolrd!'
```

3. Python 语法规则

学习编程语言，最重要的是学习它的语法规则，这是理解和读懂代码的基础。Python 语言的语法规则主要包括基本概念、数据类型以及函数、模块和库。本书还将介绍条件命令与循环命令，为数据抓取做铺垫。

（1）基本概念

① 输出

编写程序时，需要计算机对变量或常量进行输出，Python 使用内置的 print 函数实现输出——print（字符串 / 变量）。

```
print('Hello')
# 输出字符串 Hello
```

结果为：Hello

② 变量

在程序中总是完整地书写字符串和数值相对烦琐，为数据命名可以更方便地调用它们，这个名称叫作变量。变量有三个命名原则：首字符须为字母或下划线，其余标识符可以是字母、下划线或数字，大小写敏感。

```
T=(3)
# 设定变量 T（大写），赋值为数值 3。
print(T)
# 输出变量 T 的值。
```

结果为：3

```
t=(4)
# 设定变量 t（小写），赋值为数值 4。
print(t)
# 输出变量 t 的值。
print(T,t)
# 同时返回变量 T（大写）和 t（小写）的值。
```

结果为：3 4

③ 表达式

表达式是由运算符将不同类型的数据连接起来组成的。

---

① 代码前的英文单词 In 表示输入命令，Out 表示输出结果，后文将不再特地指明，# 字符号后是对代码含义的解释。

```
2+2
# 算术运算符连接的表达式。
```

结果为：4

```
2*2
# 算术运算符连接的表达式。
```

结果为：4

```
2>1
# 比较运算符连接的表达式。
```

结果为：True

④ 语句

语句是指完整地执行一项任务的代码。语句有多种类型，有赋值语句、逻辑运算语句等。语句与表达式的区别在于前者是要完成一项任务，而后者则是任务中的一个具体组成部分。

```
X = 3
# 为变量 X 赋值为 3。
Y = 2
# 为变量 Y 赋值为 2。
print(X + Y)
# 输出变量 X 与 Y 相加的结果。
```

结果为：5

语句的显示方式需要格外注意。Python 中的语句要正常显示需注意分行和缩排。通常以新起一行作为语句的结束标志。多条语句也可以在同一行输入，但需增加分隔符——分号（；）。一条语句也可分多行显示，需使用反斜杠作为标识（\）。

```
X = 3
Y = 2
print(X)
print(Y)
# 新起一行区分出两条语句。
```

结果为：3
　　　2

```
print(X);print(Y)
# 同一行中写两条语句则需要加分隔符（；）。
```

结果为：3
　　　2

```
total = X + \
        Y + \
        5
# 使用反斜杠（\）将一条语句分为多行显示。
```

```
print(total)
```
结果为：10

相较于其他编程语言，Python 语言的独特之处在于它使用缩进来控制代码模块，即不同级别的代码块之间通过缩进来分隔。编写代码时可用空格键或 Tab 键实施缩进，二者不可混用，在同一代码块中使用两种缩进方式将会报错。使用空格键进行缩进时，空格的数量可变，两个或四个空格均可，但同一代码块中空格数量必须一致。

```
X = 3
# 将变量 X 赋值为 3。
if X == 3:
# 条件语句，意为如果 X 是 3，返回 True，否则返回 False。
    print(True)
else:
    print(False)
```
结果为：True

上面这段代码是一个条件语句，两个等号连写"=="，意为如果条件成立。if 语句与 print 语句为同一个代码块，print 前面缩进了四个空格或一个制表符位置。同理，else 语句与 print 语句也是同一个代码块，也要缩进四个空格或一个制表符位置。需要注意的是，如果第一个缩进使用了空格键作为缩进方式，则第二个也要使用同样方式。图 3-21 中列出了因缩进产生的错误，并对错误提示给出解释。

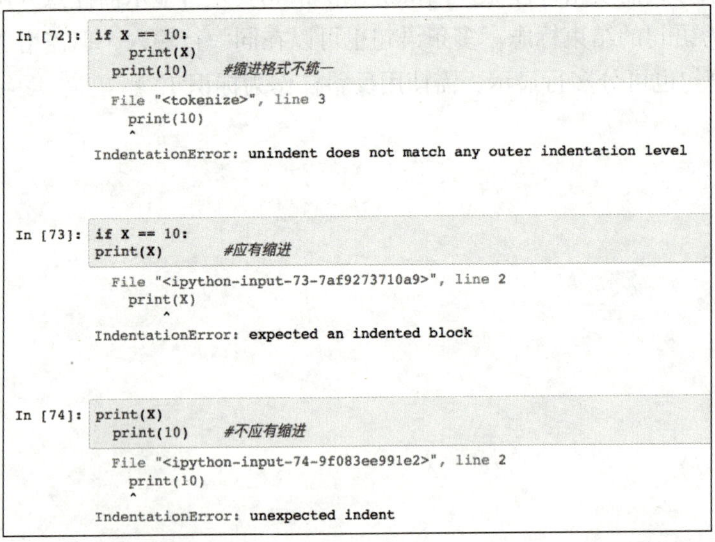

图 3-21 缩进错误类型

（2）数据类型

Python 中有多种数据类型服务于数据抓取，我们主要介绍五种数据类型：数值与布尔型、字符串、元组、列表和字典。抓取数据时，需要理解和灵活使用这些数据类型。

① 数值与布尔型

Python 可以进行多种数学运算，它提供了多种可用的数值类型，主要有整型（即整数）、浮点型和复数，可以使用 type 函数查阅不同数值的类型。

布尔型是一种特殊的数据类型，通常用于比较和判断，只有 True 和 False 两个值，注意首字母必须大写。

```
type(1.0)
# 返回 1.0 的数据类型，1.0 带有小数点，float 意为浮点型。
```
结果为：float

```
type(1111)
# 返回 1111 的数据类型，1111 为整数，int 是 integer 的缩写，意为整型。
```
结果为：int

```
type(True)
# 返回 True 的数据类型，bool 为布尔型。
```
结果为：bool

```
3 == 3
# 判断数值 3 等于 3，返回结果为 True，即正确。
```
结果为：True

```
3 == 5
# 判断数值 3 等于 5，返回结果为 False，即错误。
```
结果为：False

② 字符串

字符串是由任意字符构成的数据类型。输入字符串时要以引号开始并以引号结束，在 Jupyter Notebook 中字符串显示颜色会发生改变。使用单引号（ ' ）、双引号（ " ）或三引号（ "" ）均可，单引号较为简便，但需注意的是，Python 中要使用英文输入法键入命令。

```
'You can do it!'
```
结果为：'You can do it!'

```
"You can do it!"
```
结果为：'You can do it!'

```
"'You can do it!'"
```
结果为：'You can do it!'

可以看出，当使用不同的引号时，Python 都将其识别为字符串并返回同样的结果。有时也可以使用引号嵌套来陈述一段引语。

```
'I said, "You can do it!"'
# 单引号嵌套双引号，双引号中是一句引语。
```
结果为：'I said, "You can do it!" '

```
"I said, 'You can do it!'"
# 双引号嵌套单引号。
```

结果为："I said, 'You can do it!' "

但在以下示例中，引号带来了麻烦（见图 3-22）。

```
'I'm working on it.'
#I'm 是英文缩写，Python 无法识别缩略符号（'），会将其识别为字符串结束的标志。
```

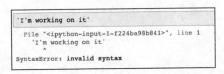

图 3-22　字符串输入错误提示

上述错误提示表明 Python 无法识别这个句子，因此需要加入转义符号——反斜杠（\），将缩写符号转为字符串。

```
'I\'m working on it.'
# 加入转义符号（\）后，可以正确识别缩略符号，将其识别为字符。
```

结果为：'I'm working on it.'

使用三引号可以输出多行文本，它适用于为字符串换行，也可以使用转义符号（\n）分行输出文本。

```
print('''You can do it!
Python is not that difficult.
You just need to be more confident.''')
# 使用三引号，实现换行输出。
```

结果为：

You can do it!

Python is not that difficult.

You just need to be more confident.

```
print('You can do it!\n Python is not that difficult.\n You just need to
be more confident.')
# 使用转义符号（\n）实现换行输出。
```

结果为：

You can do it!

Python is not that difficult.

You just need to be more confident.

③ 元组（tuple）

Python 中内置了多种数据类型，包括序列类型、集合类型和映射类型等。序列是最基本的数据结构，序列中包含元素，每个元素对应一个位置或索引，第一个位置或索引是 0，第二个是 1，依此类推。常见的序列类型有元组和列表。

元组是有序的、不可更改的数据序列，使用小括号"( )"创建。元组中的元素使用逗号区隔，既可以是数值也可以是字符串等。元素的值不可更改，元组中元素的位置从 0 开始。

```
tuple = (1,'Emma', 2,'Mike')
# 创建了一个元组，包含四个元素，使用逗号隔开。
print(tuple)
# 输出元组中的值。
```
结果为：(1, 'Emma', 2, 'Mike')

```
tuple[1]
# 返回元组中第二个元素的值，此处要注意，元组中元素的位置从 0 开始。
```
结果为：'Emma'

```
tuple[0] ='2'
# 将元组中第一个元素的值改为 2，返回错误提示，因为 Python 中元组对象不支持赋值操作。
```

④ 列表

列表是有序的、可更改的数据序列，使用方括号"[]"创建，列表中的元素同样使用逗号区隔。列表可以通过从 0 开始的整数进行索引，使用索引可以查找特定的元素，也可以修改更新现有元素。应用于数据抓取时我们可以通过索引来访问特定数据。

```
list1 = ['Emma', 1, 'Mike', 2, 'Cobi', 3]
# 创建 list1，包含六个元素，用逗号隔开
print(list1)
# 输出列表中的值
```
结果为：['Emma', 1, 'Mike', 2, 'Cobi', 3]

```
list1[0]
# 输出列表中第一个元素的值，0 表示列表中第一个元素
```
结果为：'Emma'

```
list1[1:]
# 从列表中第二个元素开始输出直至列表结束
```
结果为：[1, 'Mike', 2, 'Cobi', 3]

如果要为列表添加新元素，可使用 append 函数或是 extend 函数。前者表示将新元素看作一个对象整体打包添加到列表中；后者则是将新元素看作一个序列，将其与列表中的序列合并，放在后面。

```
list1 = ['Emma', 1, 'Mike', 2, 'Cobi', 3]
list2 = ['Sophie', 4, 'Lily', 5]
list1.append(list2)
list1
```

 # 创建列表 list1 和 list2，使用 append 函数将 list2 打包作为整体加入 list1，list2 成为 list1 中的一个元素。

结果为：['Emma', 1, 'Mike', 2, 'Cobi', 3, ['Sophie', 4, 'Lily', 5]]

如果要直接增加多个元素则要使用 extend( ) 函数。

```
list1 = ['Emma', 1, 'Mike', 2, 'Cobi', 3]
list2 = ['Sophie', 4, 'Lily', 5]
list1.extend(list2)
list1
```
 # 将 list2 作为元素添加至 list1 末尾。

结果为：['Emma', 1, 'Mike', 2, 'Cobi', 3, 'Sophie', 4, 'Lily', 5]

⑤ 字典

字典是映射类型的数据，使用花括号"{}"创建，包含一系列键，每个键对应一个值，键和对应的值之间用冒号"："连接。字典中键一般是唯一的，值不需要唯一。字典是可变的、无序的数据组合，不可以进行按位置截取等操作，但可以添加或移除数据项。

```
dict = {1:'Emma', 2:'Cobi', 3:6, 4:'Monna'}
```
 # 创建一个字典变量 dict，每个键对应一个值，键和对应的值用冒号连接。值既可以是数字也可以是字符串。

```
print(dict.keys())
```
 # 输出字典变量 dict 的全部键。

结果为：dict_keys([1, 2, 3, 4])

```
dict.values()
```
 # 输出字典变量 dict 的全部值。

结果为：dict_values(['Emma', 'Cobi', 6, 'Monna'])

（3）函数、模块和库

编程过程中，我们会经常调用相同或者类似的操作，这些操作由同一段代码完成。函数可以帮助我们避免重复编写这段代码，它是指可以重复使用的、用来实现一定功能的代码块。Python 中内置了一些函数，比如前面使用到的 print 函数以及 type 函数，使用者也可自行创建函数。

模块将代码依据一定的逻辑组织在一起，模块内包含函数、变量等。而多个具有相关功能的模块集合在一起便称作库或是包。库或包，包含着模块，模块包含着代码。

Python 的强大之处就在于它内置了多个标准库，还有大量第三方库以及自定义模块，比如 Pandas 和 Selenium 都是第三方库，前者可用于数据分析，后者可用于抓取网络数据。调用库之后，便可使用库中的函数来实现不同操作。导入模块或者库使用 import 语句，示例如下。

```
import pandas as pd
```
 # 导入第三方库 pandas，并将其简写为 pd（简写方便调用，无须每次写全称）。

```
pd.read_csv('1')
```

 # 导入后使用 pandas 库中的函数 read_csv 读取名为 1 的 .csv 文件。pd 是 pandas 的简写，表明调用的是 pandas 库中的函数。

（4）条件命令

条件命令指通过一条或多条语句来控制程序执行的代码块，常见的条件命令语句为 if 语句。执行过程如图 3-23 所示，先输入判断条件，如符合条件则执行代码，返回代码结果。如不符合判断条件，则直接返回结果。

在条件命令书写格式中，判断条件即要执行的条件命令的内容。执行语句与判断语句为同一个代码块，需缩进。书写格式如下：

```
if 判断条件：
    执行语句
else：
    执行语句
```

下面是一则简单的条件命令，分别设置了是和否两个选项。

```
X = 10
if X == 10:
    print(X)
else:
    print('否')
```

结果为：10

图 3-23　条件命令图示

这段代码意为为变量 X 赋值 10，如果 X 等于 10，则返回 X。下面是不符合执行条件的案例。

```
X = 9
if X == 10:
    print(X)
else:
    print('否')
```

结果为：否

10 不等于 9，不符合条件判断，所以执行 else 语句，返回字符串"否"。

（5）循环命令

循环命令允许多次执行一条或多条语句，执行过程如图 3-24 所示。当符合条件时，执行循环命令，不符合条件即返回其他结果。

常见的循环命令有 for 语句和 while 语句。

① for 语句

使用 for 语句可以遍历序列中全部元素。

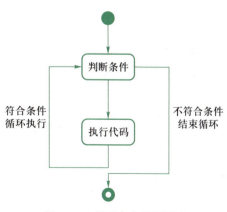

图 3-24　循环命令执行图示

for 语句的语法格式如下：

```
for 重复出现的变量 in 序列数据：
    执行命令
```

下面是一则实例。

```
X = [2, 4, 6, 8, 10]
for number in (X):
    print (number)
```

结果为：

2

4

6

8

10

上面代码表示创建一个列表 X，列表为序列数据。对于序列来说，数字是重复出现的变量，使用 for 语句遍历列表中的全部数字。

for 语句常与 else 语句连用，表示在结束循环后执行 else 语句。

```
X = [2, 4, 6, 8, 10]
for number in (X):
# 遍历列表 X 中的全部数据。
    if number < 5:
        print(number, '小于 5')
    else:
        print(number, '大于或等于 5')
# 如果数据小于 5 则执行循环，如果大于或等于 5，则执行 else 语句。
```

结果为：

2 小于 5

4 小于 5

6 大于或等于 5

8 大于或等于 5

10 大于或等于 5

② while 语句

while 语句用于执行循环程序，处理需要重复执行的任务。while 语句的格式如下：

```
while 判断条件：
    执行语句
else:
    执行语句
```

while 语句和 for 语句等循环语句可以用来实现网页的循环抓取，例如当网页需要翻页时，就需要使用循环语句。下面是 while 语句的实例：

```
X = 0
# 赋值语句。
    while X < 9:
# 判断条件为 X 小于 9
    print(X, '小于 9')
# 符合条件则执行输出语句。
    X = X+1
# 循环命令。
else:
# 不符合条件则结束循环。
    print(X, '大于或等于 9')
# 如果变量 X 小于 9 就输出 X 小于 9，否则输出大于或等于 9。
```

结果为：

0 小于 9

1 小于 9

2 小于 9

3 小于 9

4 小于 9

5 小于 9

6 小于 9

7 小于 9

8 小于 9

9 大于或等于 9

二、使用 Selenium 库抓取数据

Python 抓取
数据教学视频

Python 语言中有多个库可以实现网络数据抓取，我们推荐非计算机专业的初学者使用 Selenium 库，它通过控制浏览器执行操作，每一步代码执行的动作都可以实时呈现，这种所见即所抓的方式能够帮助初学者理解代码的意义。但相较于其他库，Selenium 亦有不便之处，比如运行速度略慢、安装烦琐等。

学有余力的读者，可进一步学习使用 Beautiful Soup 库抓取数据。在本节实际操作环节，我们首先学习使用 Selenium 库编写程序抓取网络数据，同时提供使用 Beautiful Soup 库抓取同样数据的全部代码，方便读者比较和学习。

1. 安装 Selenium 库

安装 Selenium 库过程略为烦琐，安装过程可视作编程学习中的一个挑战，完成这个挑战可以增进对代码的理解。

安装 Selenium 库

第一步，导入 Selenium 库。

Mac 系统：新建一个 Jupyter Notebook 文件，键入安装命令 "!conda install -y -c conda-forge selenium"，完成后显示如图 3-25 所示：

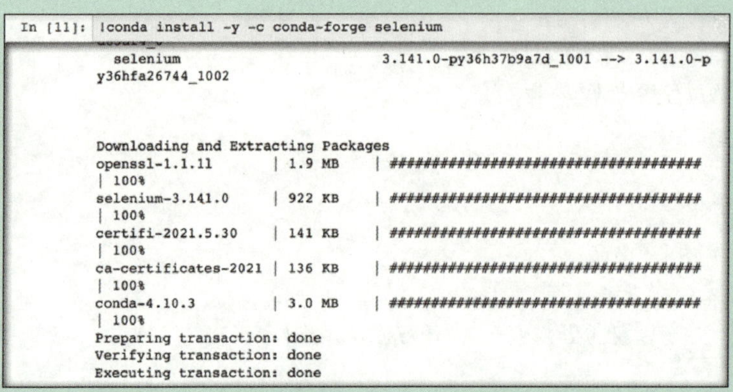

图 3-25 Mac 系统 Selenium 库安装示意图

Windows 系统：在应用程序中打开 Anaconda Prompt。

在新弹出的窗口中键入安装命令 "conda install -y -c conda-forge selenium"，回车，如图 3-26 所示。

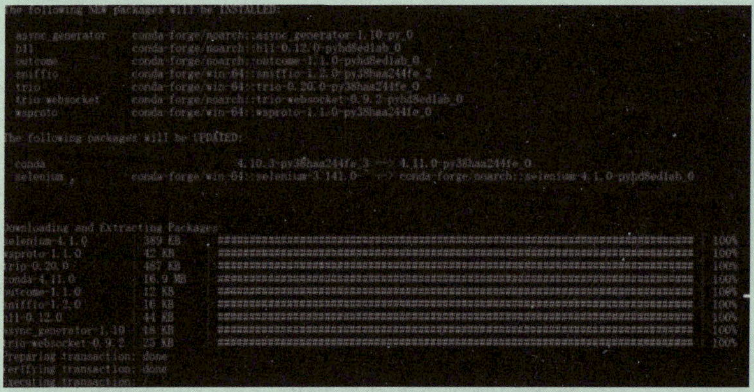

图 3-26 Windows 系统 Selenium 库安装图示意

第二步，声明调用的浏览器。在此步骤中，Mac 系统和 Windows 系统操作方法相同。

Selenium 支持调用多个浏览器，它通过向浏览器发出命令来抓取数据，需要声明所调用的浏览器。我们以 Chrome 浏览器作为默认浏览器，也可用同样命令调用其他浏览器。

键入如下命令，意为引入网页驱动，将 Chrome 设置为受控制的浏览器：

```
from selenium import webdriver
driver = webdriver.Chrome()
```

执行成功后会自动弹出新的浏览器窗口，并显示为 Chrome 正受到自动测试软件的控制，如图 3-27 所示。

图 3-27　Selenium 库安装成功示意图

第三步，安装浏览器驱动。如无法成功弹出窗口，通常需安装 Chrome 浏览器驱动。首先查询 Chrome 版本，点击 Chrome 浏览器右上角的三个圆点，找到"关于"。接着找到对应的驱动版本，下载与 Chrome 版本对应的驱动。

Mac 系统：下载后将驱动解压至 usr/bin 文件夹，不同电脑路径可能不同。

Windows 系统：下载后将驱动解压至 Anaconda 文件夹中 Scripts 目录（不同电脑路径可能不同）。

安装成功后，回到 Jupyter Notebook，再次键入调用浏览器命令，实现控制。

电脑一直报错，怎么办？

执行了上述步骤，仍然无法运行代码，怎么办？

在学习数据抓取的过程中，一定会遭遇许多"崩溃时刻"——无论如何尝试，电脑始终无法正常显示。无须着急，每台电脑各有不同，运行环境也不同，当无法在书本上找到解决方案时，不妨求助网络。将报错信息贴至搜索引擎，看看有没有"过来人"提供解决方案，每一次解决问题都意味着技能的增长。

2. 访问网页

成功安装后，我们可以通过 driver.get(" 网址 ") 代码控制浏览器访问页面。代码运行后，受控制的浏览器会登录该网址，编写者可以看到代码运行对浏览器产生的具体结果。

```
from selenium import webdriver
driver = webdriver.Chrome()
driver.get("http://movie.douban.com/top250")
```

🗐 小练习

请运用 Selenium 编写一行代码，控制浏览器访问你的学校主页。

3. 查找元素

在实施抓取之前，首先要解析网页源代码，确定数据所对应的代码，随后通过查找元素命令锁定这些数据进行抓取。在新版 Selenium 中需要引入 By 模块来定位元素，引入的代码为 "from selenium.webdriver.common.by import By"，名称、标识符和属性名称等都可以用来锁定数据。命令中 element 在使用时需要区分单复数，单数时只查找一个数据，复数则查找全部数据。

以豆瓣电影 Top250 网页为例，查阅源代码可知电影的豆瓣评分即是通过属性名称（class）来标识的，要获取评分数据就需使用 "driver.find_elements(By.CLASS_NAME)" 命令。

4. 抓取示例

接下来我们使用 Selenium 库编写程序抓取豆瓣电影 Top250 网址中全部电影名称及其豆瓣评分，可分解为四步：解析网页源代码、查找元素、抓取首页内容和实现循环抓取。

（1）解析网页源代码

确定抓取字段后，解析网页源代码，确定数据字段所对应的代码。调阅源代码发现，每条电影信息都是一个列表，表示为 "<li>_</li>"；电影名称对应的源代码为 "class="title""，评分则对应 "class="rating_num""（见图 3-28）。

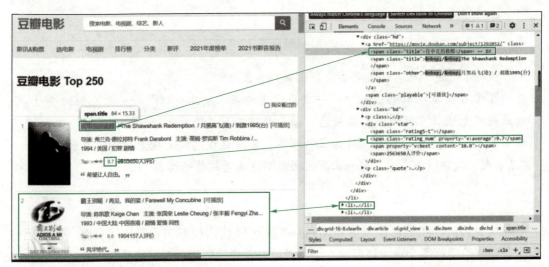

图 3-28　解析源代码

（2）查找元素

电影名称与评分都是依据属性名称来标识的，抓取时使用查找元素命令按属性找到元素，提取 title 和 rating_num 标识的数据。

```
titles =driver.find_elements(By.CLASS_NAME, "title")
for title in titles:
```

```
    print(title.text)
```

 # 解析网页中电影名称的源代码，电影名称代码为 "class="title"。设置变量 titles，控制浏览器以属性名称为标识查找元素，将查找到的全部元素存放在变量 titles 中。遍历变量 titles 中的所有元素，输出每个元素所对应的电影名称数据，即文本（text）。

运行代码后可看到浏览器由上到下滚动操作，返回了 Top250 电影名称的数据。这些数据由 title 所标识，可以看到其中含有不规则符号和电影的外文名称，这也是网络数据抓取的特点——带有噪音，即不需要的数据内容或不规则的符号，随后需通过 Excel 或 Open Refine 等工具进行数据清洗（参见第四章）。

接下来，可尝试修改代码，获取电影评分的数据：

```
ratings =driver.find_elements(By.CLASS_NAME, "rating_num")
for rating in ratings:
    print(rating.text)
```

（3）抓取首页内容

获取电影名称和评分数据之后，需要把两个数据对应起来，这时就要用到字典这种数据类型。

```
elements = driver.find_elements(By.TAG_NAME,"Li")
movies = []
for element in elements:
    try:
        title = element.find_element(By.CLASS_NAME, "title").text
        rating = element.find_element(By.CLASS_NAME, "rating_num").text
        movie = {"title": title, "rating": rating}
        movies.append(movie)
    except:
        pass
```

 # 设置变量 elements（变量名称也可自行设定），控制浏览器以标签（tag）为标识查找元素，分析网页源代码可见每一部电影被标识为一个列表（li），需在列表内抓取数据。设置空列表 movies，尝试抓取电影名称文本和评分文本，存入变量 title 和 rating 中。创建 movie 字典数据，花括号内包含键以及对应的值。键和值构成了一个项，title 和 rating 为键，分别对应 title 和 rating 值。随后将 movie 字典数据添加至 movies 空列表后。

在这段代码中，我们引入了 Python 处理异常的 try/except 语句，这个语句适合初学者使用。try 语句后连接一段执行代码，如果代码有误发生异常，则执行 except 语句后的代码。有时 except 语句后还会连接 else 语句，表示如果没有异常则执行 else 语句后的命令。上面一段代码中结尾为 pass 语句，它没有实际含义，仅作占位使用。执行完毕后可通过输出命令检查抓取结果 print(movies)。

```
try:
    执行代码
```

```
except:
    发生异常时执行代码
else:
    没有异常时执行代码
```

（4）实现循环抓取

成功抓取首页内容后，便可引入循环条件实现循环抓取。简单的循环条件设置方式如下：

```
i = 0
while i<10:
    代码块
i = i+1
```

以豆瓣电影 Top250 网页为例，每页有 25 条数据，共有 10 页，如果手动翻页，需要翻 9 次。所以设置循环次数为 9 次，也就是 i<10，i=i+1 即为循环条件，从 0 开启循环。代码如下：

```
movies = []
i = 0
while i<10:
    movies_list = driver.find_elements(By.TAG_NAME, "li")
    for element in movies_list:
        try:
            title = element.find_element(By.CLASS_NAME, "title").text
            rating = element.find_element(By.CLASS_NAME, "rating_num").text
            movie = {"title": title, "rating": rating}
            movies.append(movie)
        except:
            pass
    driver.find_element(By.CLASS_NAME, "next").click()
    driver.switch_to.window(driver.window_handles[0])
    i=i+1
else:
    print(movies)
```

仔细观察上面代码，对比抓取首页的代码，可发现除了循环条件，还多了两行代码：

```
driver.find_element(By.CLASS_NAME, "next").click()
driver.switch_to.window(driver.window_handles[0])
```

这两行代码恰好体现了用 Selenium 库抓取的特点——所见即所爬，运行代码后会看到受控的浏览器不断进行翻页操作。试想使用鼠标翻页，需要点击网页上的"后页"按钮，而要用代码控制，就需要找到"后页"按钮的源代码。解析网页发现"后页"代码为"class="next""，使用查找元素命令 find_element(By.CLASS_NAME, "next")，接着控制浏览器进行点击操作 "click( )"。这句代码 driver.find_element(By.CLASS_NAME, "next"). click( ) 意为控制浏览器进行翻页操作。

所见即所爬，顾名思义首先要"见到"，受控浏览器进行点击"后页"操作后打开了新的页面，这时需要转到新的页面进行控制，这句代码 driver.switch_to.window(driver. window_handles[0]) 表示转到新的页面进行控制。

实现循环抓取的方法不止一种，同样使用 Selenium 库，无须进行翻页操作，通过巧妙设置网址也可实现循环抓取。

以豆瓣电影 Top250 网页为例，观察每一页的网址结构可以发现，只有"start="后面的数字发生变化，其他内容均未变，数字部分以 25 为倍数增长，查看网页内容可知每个页面记录了 25 条电影数据。网址变化颇有规则，可通过引入 str( ) 函数来登录网址。str( ) 函数意为提取字符串，将网址中变化的部分用 str(i*25) 函数替代得到下面一行代码：

```
https://movie.douban.com/top250?start="+str(i*25)
```

同样使用循环命令，加入引用了函数的网址，代码变得更为简洁。

```
movies = []
    i = 0
    while i<10:
        driver.get("https://movie.douban.com/top250?start="+str(i*25))
        movies_list = driver.find_elements(By.TAG_NAME, "li")
        for element in movies_list:
            try:
                title = element.find_element(By.CLASS_NAME, "title").text
                rating = element.find_element(By.CLASS_NAME, "rating_num").text
                movie = {"title": title, "rating": rating}
                movies.append(movie)
            except:
                pass
        i=i+1
else:
    print(movies)
```

三、使用 Beautiful Soup 库进行抓取

使用 Selenium 抓取数据可以看到代码的实时运行效果，但正如前文所说，Selenium 安装烦琐，运转速度略慢。掌握了 Selenium 抓取方法后，我们进一步学习一种一键安装、抓取效率更高、速度更快的方法，即配合使用 Request 和 Beautiful Soup 库。这种方法无法做到所见即所爬，要求编写者具备一定代码基础，一气呵成写就代码进行抓取。我们以豆瓣读书 Top250 网页为例进行说明。

Request 模块的工作原理是向目标站点发起请求，也就是发送一个 Request，请求通常包含额外的题头（header）等信息，等待服务器响应。如果服务器能正常响应，发起者

会得到一个回应（response），回应的内容便是所要获取的页面内容，类型可以是 HTML、json 字符串、二进制数据（图片或者视频）等。得到响应之后，使用 Beautiful Soup 库对网页源代码进行解析，解析之后便可以通过标签名称、标识符和属性名称来查找元素并抓取。具体操作如下：

1. 安装和导入

使用 pip 函数安装这两个模块。

```
! pip install requests
! pip install beautifulsoup4
```

成功安装后使用 import 语句将其导入 Python 代码中。

```
import requests
from bs4 import BeautifulSoup
```

2. 发起请求，获取回应

Request 模块最重要的函数就是 get 函数，即向目标站点发出请求。其中的参数包括目标站点的网址、请求题头和超时时间（timeout），即本次访问在规定时间内未收到回应则终止。

```
res = requests.get('https://book.douban.com/top250', headers=headers, timeout=10)
```

其中比较难理解的是题头参数，header 是 HTTP 协议规定的一块数据区域，用来存储请求访问的客户端的基础信息。在爬虫当中，header 中的关键信息就是 User-Agent 参数和 Host 参数，Host 参数表示目标站点的域名。一般来说，上网时向服务器请求数据都是通过浏览器完成的，User-Agent 参数就表示浏览器的版本信息，当服务器收到浏览器的请求后会经过一系列处理，向浏览器返回一个数据包。但是，当我们用 Python 而不是浏览器请求信息时，网站很可能会因为请求者不是浏览器而拒绝发送数据，这就需要我们"装扮身份"，模拟成浏览器请求数据，由此需要改变 User-Agent 参数。这段参数因每个电脑设置而有所不同。

```
headers = {
    'user-agent': 'Mozilla/5.0 (Macintosh; Intel Mac OS X 10_14_4) AppleWebKit/
537.36 (KHTML, like Gecko) Chrome/80.0.3987.122 Safari/537.36',
    'Host': 'book.douban.com'
}
```

如何获取 User-Agent 参数呢？如果使用的是 Chrome 浏览器，可以尝试以下操作：

首先，右键点击网页进入"检查"。接着，在检查窗口顶部导航栏找到 Network 并点击。随后，任意点击网页，可以看到 Network 界面发生了变化，与服务器通信的数据包出现，显示在 Name 这一栏内。继而任意打开一个数据包，查看导航栏 Headers 下的信息，鼠标滚动下拉找到"Request Headers"栏下的"User-Agent"，这里就是当前浏览器的信息（见图 3-29）。

图 3-29 查找 User-Agent 参数

收到服务器返回的回应之后，使用 Beautiful Soup 进行解码，具体使用的是 lxml 解析器，将解析后的数据存储到变量 Soup 中。

```
soup = BeautifulSoup(res.text, "lxml")
```

3. 数据抓取

接下来，要根据网页 DOM 结构进行数据抓取，也就是找到数据存储的具体标签。打开豆瓣读书 Top250 网页，可以看到所需抓取的每一条图书信息对应着一个属性名为"item"的"tr"标签（见图 3-30），也就是说一本书是表格中的一个单元格。

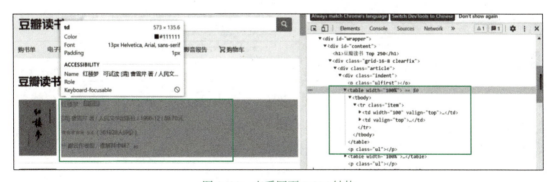

图 3-30 查看网页 DOM 结构

接着使用 find_all 函数，将 Soup 中所有属性名为"item"的"tr"找到，将所有结果以列表的形式存到变量"books_list"中。

```
books_list = soup.find_all('tr', class_='item')
```

接着键入变量名称——book_list，返回列表内容，如图 3-31 所示：

```
In [10]:  books_list
```

```
Out[10]: [<tr class="item">
         <td valign="top" width="100">
         <a class="nbg" href="https://book.douban.com/subject/1007305/" onclick="moreurl(this,{i:'0'})">
         <img src="https://img1.doubanio.com/view/subject/s/public/s1070959.jpg" width="90"/>
         </a>
         </td>
         <td valign="top">
         <div class="pl2">
         <a href="https://book.douban.com/subject/1007305/" onclick="&quot;moreurl(this,{i:'0'})&quot;" title="红楼梦">
                 红楼梦

             </a>

                 <img alt="可试读" src="https://img3.doubanio.com/pics/read.gif" title="可试读"/>
         </div>
         <p class="pl">[清] 曹雪芹 著 / 人民文学出版社 / 1996-12 / 59.70元</p>
```

图 3-31   得到 "books_list" 列表

上一步已抓取了每个单元格的内容，下一步是提取单元格中特定的字段，我们想要抓取的是书名和评分。分析网页源代码，可以看到书名对应的代码为 div class="pl2"，评分对应的代码为 span class="rating_nums"（见图 3-32）。

图 3-32   书名和评分对应的代码

遍历 "books_list" 的所有单元格，找到每个单元格内的书名和评分，将其存成 "book" 对象，将 "book" 对象使用 append 函数添加到 "books" 列表中。

```
books = []
for element in books_list:
    title = element.find('div', class_='pl2').a.text
    title = title.replace("\n","").replace(" ","")
rating = element.find('span', class_='rating_nums').text
book = {
        "title": title,
        "rating": rating
```

```
        }
books.append(book)
```

上述代码中，replace 函数表示替换数据中的元素，它的书写逻辑为 replace（"被替换元素"，"替换后的元素"）。运行代码后，即可看到这一页的书名和评分信息都被抓取下来（见图 3-33）。

```
In [15]: books

Out[15]: [{'title': '红楼梦', 'rating': '9.6'},
          {'title': '活着', 'rating': '9.4'},
          {'title': '百年孤独', 'rating': '9.3'},
          {'title': '1984', 'rating': '9.4'},
          {'title': '飘', 'rating': '9.3'},
          {'title': '三体全集:地球往事三部曲', 'rating': '9.4'},
          {'title': '三国演义（全二册）', 'rating': '9.3'},
          {'title': '白夜行', 'rating': '9.1'},
          {'title': '房思琪的初恋乐园', 'rating': '9.2'},
          {'title': '福尔摩斯探案全集（上中下）', 'rating': '9.3'},
          {'title': '小王子', 'rating': '9.0'},
          {'title': '动物农场', 'rating': '9.3'},
          {'title': '撒哈拉的故事', 'rating': '9.2'},
          {'title': '天龙八部', 'rating': '9.1'},
          {'title': '安徒生童话故事集', 'rating': '9.2'},
          {'title': '平凡的世界（全三部）', 'rating': '9.0'},
          {'title': '围城', 'rating': '8.9'},
          {'title': '局外人', 'rating': '9.0'},
          {'title': '霍乱时期的爱情', 'rating': '9.0'},
```

图 3-33　抓取书名和评分信息

目前已经实现抓取第一页的书单信息，如果想要抓取后面几页，就需要进行翻页。用 Request 和 Beautiful Soup 的方式抓取数据与 Selenium 不同，不能通过 DOM 结构找到翻页按钮的标签，然后点击进行翻页。Request 模块抓取数据时要通过构建 url 的方式进行翻页。点击按钮翻页，本质上就是跳转了一个链接，只不过有的链接打开新页面，有的在同一页面展示新数据。观察豆瓣读书 Top250 不同页码地址可以发现，url 整体结构没有变化，只有"start="后面的数字变了，第一页对应"start=0"，第二页对应"start=25"，第三页对应"start=50"，以此类推。因此我们只需要通过拼接的方式，构建出每一页的网址链接，再通过 request.get 函数发送请求至网址，即可完成数据抓取。具体 Python 代码如下：使用 for 语句循环遍历第 1 页到第 10 页，用"+"号拼接字符串形成网址，逐一对每一页的内容进行抓取，全部存到 books 列表中。最后展示 books 列表的长度，结果为 250，说明成功抓取了 Top250 的全部书单信息。

```
books = []
for i in range(0, 10):
    res = requests.get('https://book.douban.com/top250?start=' + str(i *
25), headers=headers, timeout=10)
    soup = BeautifulSoup(res.text, "lxml")
    movies_list = soup.find_all('tr', class_='item')
    for element in movies_list:
        title = element.find('div', class_='pl2').a.text
        title = title.replace("\n","").replace(" ","")
        rating = element.find('span', class_='rating_nums').text
        book = {
```

```
      "title": title,
      "rating": rating
          }
    books.append(book)
```

```
len(books)
```

结果为：250

上述代码中引入了两个 Python 自带的函数——range 和 len。函数 range 一般与 for 语句连用，表示创建一个整数列表，用于 for 循环中。上面例子中 range(0,10) 表示选取 0 到 10 之间的整数，但不包含 10，也就是选取 "0、1、2、3、4、5、6、7、8、9"。函数 len 意为返回对象的长度或项目个数，示例中返回了 books 列表的项目个数。

四、向浏览器发送信息获取特定数据

在网络数据抓取时偶尔需要输入内容以获取特定数据，这就需要编写代码向浏览器发送数据。

复旦大学新闻学院 "数据分析与信息可视化" 课程中曾有学生做了一幅上海夏季小龙虾吃货地图，需要抓取大众点评网站上海地区小龙虾餐厅的信息。如果手动检索就需要在搜索框中输入 "小龙虾" 三个字，并点击搜索按钮；如果使用代码控制浏览器进行操作，只需找到搜索框的源代码，向该区域发送信息即可，具体代码如下：

```
driver.find_element(By.CLASS_NAME, 'J-search-input').send_keys('小龙虾')
```

分析网页源代码发现搜索框的源代码为 class="J-search-input"，通过查找元素锁定搜索框，随后向搜索框输入信息，使用 "send_keys( )" 代码。

随后控制浏览器进行点击操作，找到 "搜索" 按钮对应的代码 "class= "J-all-btn""，使用 "click( )" 命令使浏览器进行搜索操作。

```
driver.find_element(By.CLASS_NAME, 'J-all-btn').click()
```

特别需要注意的是，当使用查找元素引用源代码时，必须与源代码完全一致，最好使用拷贝操作，如出现偏差则会导致代码无法正常运行。

思考与练习

1. 使用后羿采集器获取微博热搜页面的热搜议题。

2. 使用 Python 编程语言的 Selenium 库编写代码抓取豆瓣读书 Top250 网站中全部书籍的书名以及评分。

3. 使用 Python 编程语言 Beautiful Soup 库抓取豆瓣电影 Top250 网址中全部电影的名称以及评分。

4. 2017 年 5 月 2 日新华社发布如下信息，请依据文中信息找到起火点的地理位置数据。

内蒙古大兴安岭毕拉河北大河林场发生森林火灾

2017-05-02 17:41:27 来源：中国林业网

中国林业网 5 月 2 日 16 时 56 分讯 据国家森林防火指挥部办公室消息，接内蒙古自治区森防指办公室报告：

5 月 2 日 12 时 15 分，内蒙古大兴安岭毕拉河北大河林场发生森林火灾。经飞机观察，火场有五个火头，火势较强，面积约 500 公顷。目前，内蒙古大兴安岭森防指共调集 1385 名扑救人员（森警 455 人）赶赴火场，其中已有 100 名专业扑火队员进入火场开始扑救。国家森防指紧急调派 4 架直升机（M-26、K-32、EC-225、AS-350 各 1 架）参加扑救。

国家森防指副总指挥、国家林业局副局长李树铭，内蒙古自治区副主席张华，武警森林指挥部副司令员郭建雄等领导正赶赴内蒙古大兴安岭毕拉河林业局北大河林场火场，协调指导火灾扑救工作。

国家森防指、国家林业局要求内蒙古森防指高度重视，重兵投入，尽快扑灭火灾；加强值班调度和火情报送工作。（防火办）

参考答案

第四章

数据清理

    获取数据之后，很多用户会迫不及待地直接投入数据分析，殊不知打开数据文件后常会大失所望：通篇乱码、符号错误、无法识别、未做分列，甚至文件无法打开等情况都有可能发生。这是因为通过网络等途径获取的数据通常带有"噪音"。噪音是一个形象的比喻，指的是数据中的错误或异常值，可能是乱码、无关字符或文本等，干扰数据分析的无效数据也可归入噪音。进行去噪处理的过程即是数据清洗和整理的过程。

    如果把生产数据新闻的过程视作准备一顿丰盛的"大餐"，那么第一步，确定"菜单"、选定"菜系"相当于确立选题的过程；第二步，"买菜"相当于收集、获取数据的过程，原材料质量直接影响口味，有准确、可靠的数据源才会有高质量的数据新闻；第三步，"洗菜""择菜"相当于数据清理，洗掉"泥污"才能进入下一步；第四步，"切菜""配菜"好似在做数据分析，将菜品按颜色、味道搭配得当，更能衬托出食物的美味，就如同挖掘出数据中的关联、找到数据中的意义，才能得到有价值的报道；第五步，"炒菜"相当于数据可视化，使用合适的调味料提鲜增味好比运用恰当的可视化形式来突出呈现数据发现。可见，数据清理是做好一盘"数据新闻大餐"的关键步骤之一。

    "错进，错出"（Garbage In，Garbage Out）是计算机编程领域的一句箴言，原指无效的输入导致无效的输出。此句也可同样警示数据新闻工作者，有瑕疵的数据输入也必定导致有问题的数据分析。本章第一节将介绍数据清理的必要性，同时介绍数据清理的分类；第二节主要讲授如何释放 PDF 文件中的数据；第三节讲授使用 Excel 清理数据；第四节讲授使用 OpenRefine 软件清理数据；最后一节聚焦通过 Python 编程清理数据。

第一节　数据清理的必要性与分类

    本节我们将通过实际案例，展现数据清理的必要性及大致流程，随后介绍一些有关数据存储格式的基础知识，以便读者更好地理解后续清理操作。

一、数据清理的必要性

    从网络抓取到的数据，难免带有较多"噪音"，有的存在数据缺失，有的字符无法识别，甚至有的全篇都是乱码。《纽约时报》曾将数据清理喻为"守门人"的工作，因为干净的数据输入是高质量数据分析的前提。

2014 年，阿根廷《民族报》计划推出一款新闻应用，意在为公众提供更便捷的方式监督议员的花销[①]。项目缘于阿根廷参议院公开了包括议员报销清单在内的 3.3 万余份文件，还包括行政决议、行政命令、会计文件、总统法令等。然而这些文件都是用 PDF 格式存储的，PDF 是令数据工作者头疼的文件类型之一，因为通过扫描生成的 PDF 文件无法被计算机直接读取，需要额外进行格式转换。更麻烦的是，这些文件设有密码保护，无法直接查阅。数据清理需要逐一解决这些问题。

《民族报》清理工作的第一步就是使用特定软件去除文件的密码（见图 4-1）。

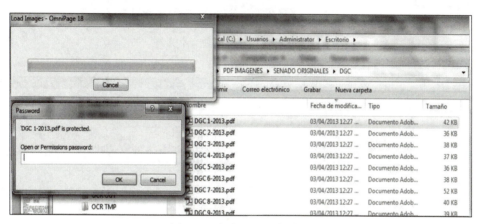

图 4-1　去除 PDF 文件密码

去除密码保护后，打开文件，发现仍无法对其编辑或修改，也无法查询文件内容，因为这些文件是扫描生成的，内容被存储为图片，因此数据清理的下一步，是使用 OCR 软件将文件转化为计算机可读的文本文件。OCR 是 Optical Character Recognition 的缩写，意为光学字符识别，它借助光学方法识别文件中的文字，并将文字转换成文本，以便进一步编辑处理。经 OCR 软件读取后，PDF 文件可转换成文本文件，如图 4-2 所示。

PDF 文件转换为文本文件后，就图 4-2 的示例而言，文字清晰、格式工整，包含人物、报销项目、发生时间及款项金额等重要信息。但在另一些情况下，干净的文本对数据新闻工作者来说可能是种奢望。

如图 4-3 所示，该 PDF 文件是带有大量"噪音"的文件，扫描中留下墨迹造成文件着色不均、格式欠工整、文字倾斜排列等，经光学字符识别后，多余的墨迹被识别成标记，部分文字则未能正确识别。

---

① 阿根廷《民族报》数据团队对项目制作过程提供了详尽说明，包括数据处理和清理过程，参见 blogs. lanacion 网。本节中的图片也源自该说明文件。

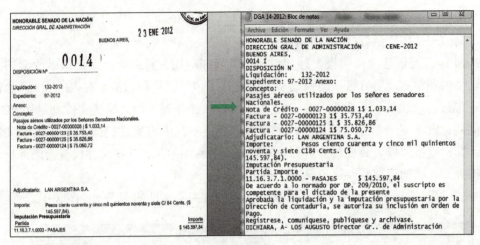

图 4-2　PDF 文件转换为文本文件

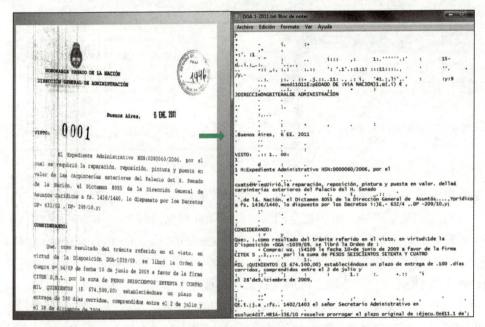

图 4-3　带有"噪音"的文本文件

因此，数据新闻工作者需要继续处理这部分带有"噪音"的文本文件。处理途径主要有二：一是通过计算机软件或编程语言实现批量去除"噪音"；二是手动"去噪"，即完全通过人工清理数据。当数据中的"噪音"具有明显的规律时，可选用第一种方案；其他情况则只能如本例一样选第二种——人工清理。

经过上述步骤，PDF 文件全部转成为干净的文本文件。接下来，将文本文件导入 Excel 或其他数据统计分析软件时还需要进一步整理。《民族报》的数据团队将 3 万多份文本文件全部导入 Excel，通过分行、分列确立数据字段，初步建立起分析维度（见图 4-4）。我们将在第三节介绍将文本文件导入 Excel 并进行数据整理的过程。

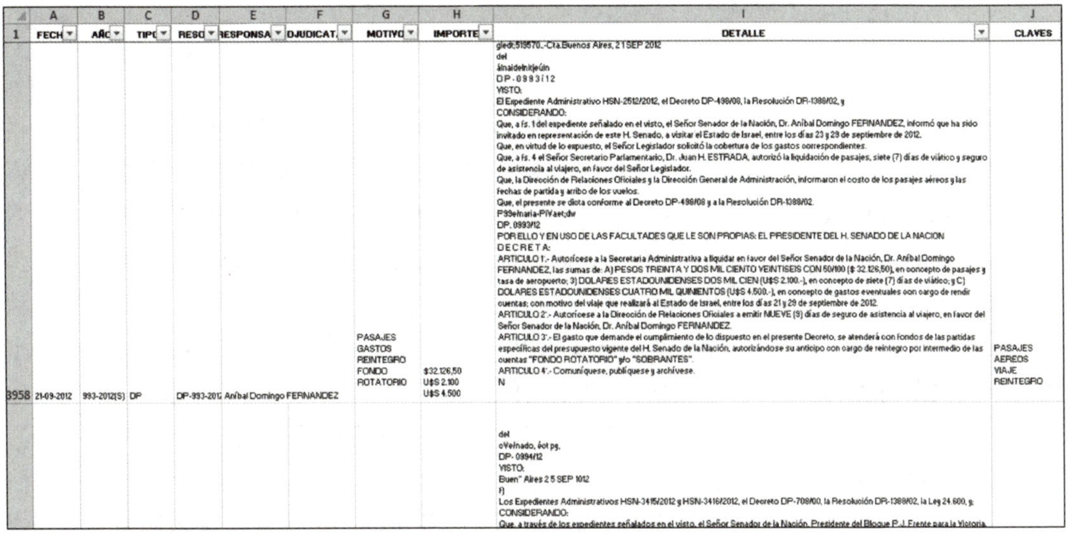

图 4-4　文本文件导入 Excel

存储于 Excel 中的文件更方便分析，但受限于功能，Excel 无法对数据做深度清理，比如查找拼写错误。于是《民族报》数据团队启用了 OpenRefine 软件（见图 4-5），这是一款专门用于数据清理的工具，我们将在第四节进行讲解。

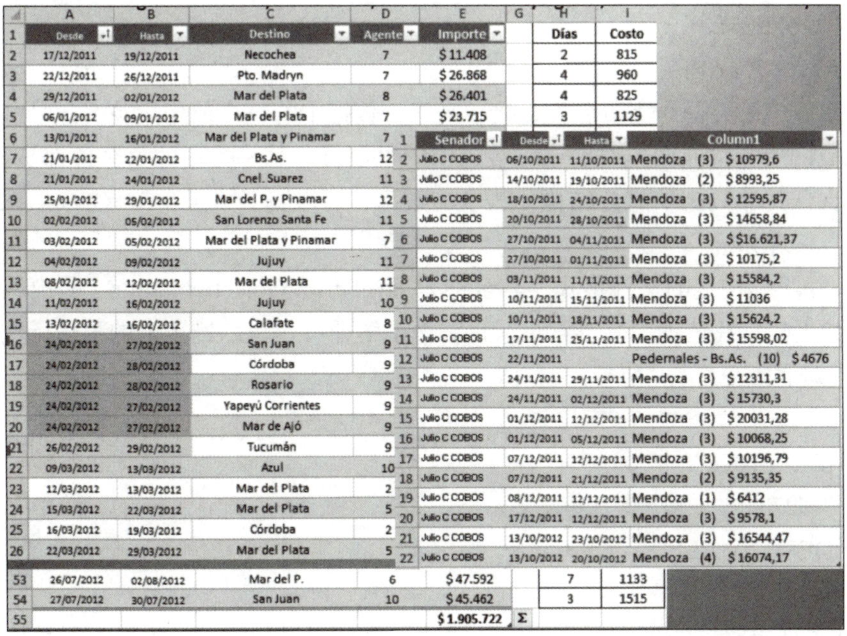

	A	B	C	D	E	F	G	H		
1	Desde	Hasta	Destino	Agente	Importe	Senador	Desde	Hasta	Dias	Costo	Column1
2	17/12/2011	19/12/2011	Necochea	7	$11.408		06/10/2011	11/10/2011	2	815	Mendoza (3) $10979,6
3	22/12/2011	26/12/2011	Pto. Madryn	4	$26.868		14/10/2011	19/10/2011	4	960	Mendoza (2) $8993,25
4	29/12/2011	02/01/2012	Mar del Plata	8	$26.401		18/10/2011	24/10/2011	4	825	Mendoza (3) $12595,87
5	06/01/2012	09/01/2012	Mar del Plata	7	$23.715		20/10/2011	28/10/2011	3	1129	Mendoza (3) $14658,84
6	16/01/2012	16/01/2012	Mar del Plata y Pinamar	7		1	27/10/2011	01/11/2011			Mendoza (3) $16.621,37
7	21/01/2012		Bs.As.	12		2	27/10/2011	11/11/2011			Mendoza (3) $10175,2
8	21/01/2012	24/01/2012	Cnel. Suarez	11	3		03/11/2011	11/11/2011			Mendoza (3) $15584,2
9	25/01/2012	29/01/2012	Mar del P. y Pinamar	12	4		10/11/2011	15/11/2011			Mendoza (3) $11036
10	02/02/2012	05/02/2012	San Lorenzo Santa Fe	15	5		03/11/2011	18/11/2011			Mendoza (3) $15624,2
11	03/02/2012	05/02/2012	Mar del Plata y Pinamar	7	6		17/11/2011	25/11/2011			Mendoza (3) $15598,02
12	04/02/2012	09/02/2012	Jujuy	11	7		22/11/2011				Pedernales - Bs.As. (10) $4676
13	06/02/2012	12/02/2012	Jujuy	9	11		24/11/2011	29/11/2011			Mendoza (3) $12311,31
14	11/02/2012	16/02/2012	Jujuy	10	12		01/12/2011	02/12/2011			Mendoza (3) $15730,3
15	13/02/2012	16/02/2012	Calafate	8	13		01/12/2011	12/12/2011			Mendoza (3) $20031,28
16	24/02/2012	27/02/2012	San Juan	9	14		01/12/2011	05/12/2011			Mendoza (3) $10068,25
17	24/02/2012	28/02/2012	Córdoba	9	15		07/12/2011	12/12/2011			Mendoza (3) $10196,79
18	24/02/2012	28/02/2012	Rosario	9	16		07/12/2011	21/12/2011			Mendoza (3) $9135,35
19	24/02/2012	27/02/2012	Yapeyú Corrientes	9	17		08/12/2011	12/12/2011			Mendoza (1) $6412
20	24/02/2012	27/02/2012	Mar de Ajó	9	18		17/12/2011	12/12/2011			Mendoza (3) $9578,1
21	26/02/2012	13/03/2012	Tucumán	10	19		13/10/2012	23/10/2012			Mendoza (3) $16544,47
22	09/03/2012	13/03/2012	Azul	2	20		13/10/2012	20/10/2012			Mendoza (4) $16074,17
23	12/03/2012	13/03/2012	Mar del Plata	5	21						
24	15/03/2012	22/03/2012	Córdoba	20	22						
25	16/03/2012	29/03/2012	Mar del Plata	5							
26	22/03/2012		Mar del Plata	6	$47.592						
53	26/07/2012	02/08/2012	Mar del P.	6	$45.462	10			3	1133	
54	27/07/2012	30/07/2012	San Juan	10	$1.905.722	Σ				1515	
55											

图 4-5　OpenRefine 操作界面

这则真实案例明表明数据清理是数据新闻生产中必不可少的步骤。那么哪些数据需要清理？数据清理分为何种类型？回答这些问题之前，我们需要先储备一些基本知识，了解计算机中的数据存储方式和类型，并据此确定清理方式。

二、文件格式与数据类型

1. 文件格式

广义上，计算机系统中存在着两种文件类型：文本文件和二进制文件。文本文件中的字节是以纯粹的字符形式保存的，比如字母和数字等文本字符，或者回车、制表符等控制字符，文本文件可以被文本编辑器读取和编辑。而二进制文件中的字节并不是人类可读的字符，它只能被特定的应用程序读取和编辑。但某些应用程序具有兼容性，所以一个文件也可能被多个程序读取。我们通常通过文件扩展名识别文件类型，并用相应程序读取，比如 .xlsx、.xls 为 Excel 文件，.doc 和 .docx 为 Word 文件，.txt 与 .rtf 为纯文本文件。本节我们聚焦数据清理的主要目标对象——文本文件。

文本文件主要有三种格式：分隔格式、JSON 格式及 HTML 格式。这三种格式布局方式不同，内容呈现方式也不同。

分隔格式的文本文件使用分隔符区分行数据与列数据，分隔符通常为制表符（TAB 键）或英文逗号，使用英文逗号分隔的文件称为 CSV（Comma Separated Values）文件，是方便数据新闻工作者处理和分析的文件类型之一，其数据的结构化程度很高。

示例 1：

NAME, AGE, GENDER

MIKE, 27, MALE

EMMA, 6, FEMALE

JULIA, 7, FEMALE

上面示例中第一行为字段名称，接下来三行数据中的每个值都用英文逗号区分，每行行末有隐藏的换行符或回车符。这种数据中的每一行、每一行中的每个值都是相区隔的，同时不包含任何非数据信息，结构化程度非常高，可顺畅导入 Excel、OpenRefine 等软件进行进一步整理分析。

JSON 是半结构化的文件格式，其全称为 JavaScript Object Notation，是由属性和值对应构成的数据集，在清理中并不常见，仅略做了解即可。将示例 1 中的第一行数据修改为 JSON 格式如下：

{

"NAME": "MIKE",

"AGE": "27",

"GENDER": "MALE"

}

JSON 数据集整体使用大括号封闭，属性和值分列冒号两边，需用双引号标示，每个属性间用英文逗号分隔。

第三种格式为 HTML 格式，也可称作网页文件，实际是经过标记的文本文件，第三章已做过介绍。使用文本编辑器可读取 HTML 文件，但可能会发现文件格式混乱，带有大量冗余数据，这是因为它是无结构的文本文件。

如图 4-6 所示，将网页中的列表粘贴至文本编辑器，生成大量空格，还有无法识别的字符，这就需要大量的清理工作，HTML 格式文件的清理可通过 Python 编程完成。

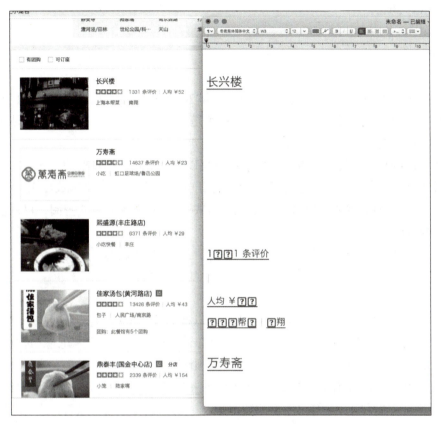

图 4-6 将网页列表粘贴至文本编辑器

2. 数据类型

接下来我们了解一些常见的数据类型，并学习如何识别字符的编码。计算机系统中常见的数据类型包括数字类型数据、日期与时间数据、字符串数据等。

（1）数字类型数据

数字类型数据一般为整数或小数格式，在处理过程中涉及运算操作，需注意在表格工具中将其标示为"数字格式"。对于有标识符号的数字还要注意区分小数点和千分位分隔符。有些情况下，电话号码、地址或邮编也会存储为数字，为避免错误操作，应将其调整为"文本格式"。

（2）日期与时间数据

处理日期与时间数据需关注其显示格式，完整的格式包括年、月、日、具体时间几个部分，但不同地区日期与时间的书写习惯略有不同。下面列出了日期的几种不同写法。

示例 2：

2022/3/6

2022-3-6

2022-03-06

06-03-2022

06 MAR. 2022

MARCH 06, 2022

MAR. 06, 22

……

示例 2 中的不同书写方法都指向同一天，即 2022 年 3 月 6 日，但有两处会引发混淆：一是月份与日期，在第四行中，需要确认到底是 3 月 6 日还是 6 月 3 日；二是年份的确定，最后一行日期中，到底是 1922 年还是 2022 年。

虽然日期的写法不同，但电子表格内部都是以数字格式存储日期的，无论写法如何变化，软件内部存储的数字并不会发生变化。打开电子表格软件，如 Excel，用不同写法输入 2022 年 3 月 6 日，接着右键选择"单元格格式"，以"常规"格式查阅，可以发现数字始终为"44626"。

正因为软件内部存储的数字始终不变，我们可以对日期做切分、转换格式或加减乘除等处理，第三节将集中介绍。

（3）字符串数据

字符串是由一组连续的字符构成的数据，可以是字母、数字、标点符号、空格或特殊符号等。计算机使用二进制来存储信息，字符存储于计算机中需经过编码处理，即将字符转化为二进制数字。而字符要正确呈现出来，还需要被解码，也就是从二进制数字再还原为正确的字符。但世界上的文字有成百上千种，让计算机正确地编码、解码每一种文字颇具挑战。

在计算机发展早期，字符串类型的数据是通过 128 个符号来标记的，这套编码系统被称作美国标准信息交换代码（ASCII），它是基于拉丁字母的一套编码系统，对英语的编码、解码较为顺畅，其扩展版本也适用于部分西欧语言。

为了让计算机能正确编码、解码中文，以 GB 命名的中文编码系统应运而生。随着计算机在全世界范围内的普及，编码系统日益增多且各行其道，导致打开网页或读写文件时可能出现乱码。于是，20 世纪 90 年代，能够适用于多个语言系统的万国码，或称统一码（UNICODE）诞生了，它的编码规则被称为 UTF-8，可以容纳更多自然语言符号和数学符号，为未来更多编码变化提供了可能。

在数据清理中经常会遇到字符串无法正确识别的情形，我们将在第三节和第四节介绍如何解决字符串乱码问题。

三、数据清理的分类

数据清理涉及统一数据格式、导入数据等操作，最为常见的问题数据主要有缺失数据、重复数据和错误数据。

1. 缺失数据

缺失数据是指不完整的数据。处理缺失数据，需先确定数据缺失的原因，主要有两种:(1)数据采集过程中出现人为疏忽或网络运行卡顿。(2)数据不存在。在数据采集过程中,某些变量可能无法获取或在逻辑上不存在,例如儿童的工作单位,类似数据只能做空缺处理,应表达为"NULL"。

在数据清理中需注意区分空缺、留白和空格。留白也可称作留空,它表示"没有",但"没有"并不等于"零":零是一个值,而"没有"是一种状态。在分隔文件中,留白表达为两个紧挨着的双引号""。例如询问儿童的英文名称,如果儿童没有英文名,则记录为留白,而不是零,如记录为零,则表示儿童英文名为"零"。空格是指两个双引号中间夹着一个空格字符" ",空格不等同于没有,在数据分析过程中,空格有时会被计算在内。下面示例中英文名为留白,表示儿童没有英文名,工作单位为 NULL,意为不存在工作单位这个数据。

示例 3:

姓名,年龄,英文名,工作单位

"木美","6","","NULL"

因网络运行卡顿等原因造成的数据缺失应尽可能予以补全,可重新运行程序再次抓取数据,并检查数据完整性;由人为疏忽造成的数据缺失应重新录入。因数据不存在造成的缺失可标记为 NULL,在变量统计中排除,但也要同时考虑数据的特性。无论对数据做何种处理都需做出说明,并时刻警惕清洗处理可能对数据及其分析结果产生的影响。

2. 重复数据

序号不同的数据,但其属性和值都一致,很可能是重复数据(属性指的是数据字段,值是数据的内容)。

处理重复数据一般采用合并或清除的方法,并报告处理操作。

3. 错误数据

错误数据也可称作无效数据,格式不正确、包含非正规字符或逻辑错误都属于错误数据。如年龄属性上的值出现小数即为逻辑错误。处理错误数据应依据错误的类型进行人工清理。

四、数据清理日志

数据清理是数据分析与可视化过程中的一个环节,这一步进行的操作需要向整个数据工作团队传达,此时需要建立数据清理日志。尤其须注意的是,在进行清理之前一定要保留一份源文件的副本,如果操作有误的话,还可以重新找回源文件。

数据清理日志无须太长,但应包括每一步的操作说明和屏幕截图,最好能复制粘贴运行过的每一条命令,阐述为何执行这步操作。下面提供了一个样例:

2022 年 4 月 12 日

(1)执行命令 VALUE.REPLACE("/"," ")

附上截图

原始数据中有多余字符"/",使用 REPLACE 函数将"/"去掉。

(2)执行命令,全部转换为数字

附上截图

原始数据中年龄一列应为数字格式。

第二节　释放 PDF 文件中的数据

很多用户可能都有类似经历，用不同电脑查阅同一个 Word 文件，格式可能不一致，文件中的特殊字体、表格和图片有时无法正确呈现。而 PDF 文件则不存在此类问题，它不受操作系统和应用程序的限制，无论在何种操作环境中，都能够忠实地还原文件，所以也成为广为流行的文件存储格式。PDF 是 Portable Document Format 的简写，意为"可移植文件格式"，由 Adobe Systems 公司开发。PDF 文件是一种二进制格式的文件，能够内嵌字体、图片等内容，但从 PDF 文件中获取数据存在不少困难。

第一，有些 PDF 文件无法复制文字以供直接粘贴，有时是因为这些文件是扫描生成的，文件内容以图片的形式存储。

第二，另有一些 PDF 文件无法正确提取文件内容。如图 4-7 所示，可以选取文件中的表格，但将表格粘贴至 Excel 时，单元格无法正确识别，所有数据挤在一个单元格内，表格完全失去了秩序。将其粘贴至文本编辑器则发现，所有数据按从左至右、从上到下的顺序排列，原始表格内行和列的秩序不复存在。

表 5　2020.12-2021.12 各类互联网应用用户规模和网民使用率

应用	2020.12		2021.12		增长率
	用户规模(万)	网民使用率	用户规模(万)	网民使用率	
即时通信	98111	99.2%	100666	97.5%	2.6%
网络视频(含短视频)	92677	93.7%	97471	94.5%	5.2%
短视频	87335	88.3%	93415	90.5%	7.0%
网络支付	85434	86.4%	90363	87.6%	5.8%
网络购物	78241	79.1%	84210	81.6%	7.6%
搜索引擎	76977	77.8%	82884	80.3%	7.7%
网络新闻	74274	75.1%	77109	74.7%	3.8%
网络音乐	65825	66.6%	72946	70.7%	10.8%
网络直播	61685	62.4%	70337	68.2%	14.0%
网络游戏	51793	52.4%	55354	53.6%	6.9%
网络文学	46013	46.5%	50159	48.6%	9.0%
网上外卖	41883	42.3%	54416	52.7%	29.9%
网约车	36528	36.9%	45261	43.9%	23.9%
在线办公	34560	34.9%	46884	45.4%	35.7%
在线旅行预订	34244	34.6%	39710	38.5%	16.0%
在线医疗	21480	21.7%	29788	28.9%	38.7%
互联网理财	16988	17.2%	19427	18.8%	14.4%

第 49 次中国互联网络发展状况统计报告

原始文档

粘贴至文本编辑器

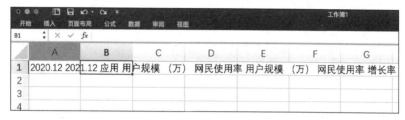

粘贴至 Excel

图 4-7　无法正确提取内容的 PDF 文件

接下来我们讲授如何"破解"PDF 文件以获取数据。

一、使用 OCR 软件进行格式转换

对于无法直接选取文字的 PDF 文件，可通过 OCR 软件读取文件中的数据内容。OCR 软件种类繁多，如 PDF OCR X 等，大多数都可免费使用，用户可自行搜索下载。导入文件后，可选择输出类型，如纯文本文件或可搜索的 PDF 文件。

二、使用 Tabula 获取 PDF 文件中的表格

如需直接获取 PDF 文件中的表格，可使用 Tabula，它是一款基于 Java 的程序，能够自动识别 PDF 文件中的表格，并提取表格内容。该软件使用免费，适用于不同操作环境。[1]

下载安装并启动 Tabula 后，默认浏览器会自动在新窗口中弹出操作界面。[2] 随后上传 PDF 文件。我们使用案例文件——"第 49 次《中国互联网络发展状况统计报告》"，这是前文图 4-7 中展示过的图表。

点击"浏览"（Browse）按钮选择文件，接着点"导入"（Import）上传（见图 4-8）。如果 PDF 文件较大，需要等待一段时间。对于较大的文件，建议先切割文件，再选择有数据表格的页码上传。

---

[1] 用户可至 tabula.tecnology 网站下载安装。

[2] 有的系统需先下载安装 Java。

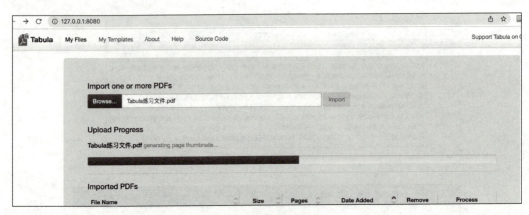

图 4-8　上传 PDF 文件

上传成功后会转入操作界面，接下来就可以提取表格中的数据了。左边栏显示文件缩略图，右边为文件详情。操作界面顶端可选择自动识别（Autodetect Tables）文件中的表格，需注意此项操作较为费时。我们使用手动选择表格的方式。将鼠标悬停在右侧文件区域，可发现鼠标变为十字选择框，框定表格区域，被选择区域会高亮显示。如框选有误，可点击上方"清除选择"（Clear All Selections）按钮。

确定框选无误后，点击右上角"预览与导出提取的数据"（Preview & Export Extracted Data）（见图 4-9）。

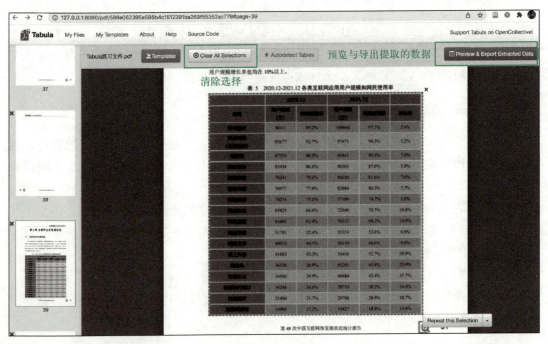

图 4-9　导出数据

随后进入导出界面，确定导出文件的格式（Export Format），点击导出（Export）按钮，可将文件存储在本地（见图 4-10）。从预览中可发现，原始表格中的列未能全部有效识别，有的数据未做分列合在了一起，接下来还需要使用 Excel 软件进行清理。

	2020.12		2021.12		
	用户规模		用户规模		
应用	网民使用率		网民使用率		增长率
	(万)		(万)		
即时通信	98111 99.2%		100666 97.5%		2.6%
网络视频					
	92677 93.7%		97471 94.5%		5.2%
(含短视频)					
短视频	87335 88.3%		93415 90.5%		7.0%
网络支付	85434 86.4%		90363 87.6%		5.8%
网络购物	78241 79.1%		84210 81.6%		7.6%
搜索引擎	76977 77.8%		82884 80.3%		7.7%
网络新闻	74274 75.1%		77109 74.7%		3.8%
网络音乐	65825 66.6%		72946 70.7%		10.8%
网络直播	61685 62.4%		70337 68.2%		14.0%
网络游戏	51793 52.4%		55354 53.6%		6.9%

图 4-10　存储数据

第三节　使用 Excel 清理数据

Excel 是数据新闻工作者最常使用的工具，它应用场景广泛，既可做数据分析，也可做数据清理，还可实现数据类型的转换、字符串的整理和清洗等操作。

一、导入数据

数据有不同的存储格式，有的格式无法被 Excel 直接读取，需要使用向导导入数据。下面我们以 TXT 文档为例，演示文件导入功能[①]。

TXT 文档中的数据通常无法直接通过复制、粘贴的方式导入 Excel 文件而不损失原有行列秩序，这时需要使用文件导入向导。

第一步，开启导入对话框。首先，打开 Excel 空白表格，点击菜单栏上的"文件"标签，选择"导入"。选定需要导入的文件，在弹出的对话框中，选择"文本文件"，按下"导入"按钮（见图 4-11）。

①　本部分内容以 Mac 系统下的 Excel 为例加以讲解，Windows 系统下的 Excel 中可在"数据"—"获取数据"中找到此功能。

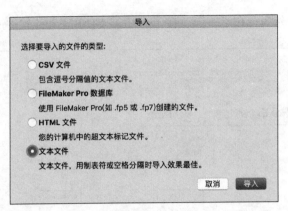

图 4-11　导入对话框

　　第二步，执行导入操作。进入导入向导后，分三步导入。首先，选择导入方式，Excel 会自动判断导入文件的格式，如下图所示，文本分列向导判定数据具有固定宽度，由此选择按"固定宽度"导入，点击下一步按钮（见图 4-12）。如为 CSV 文档，则选择依据"分隔符号"导入的方式。

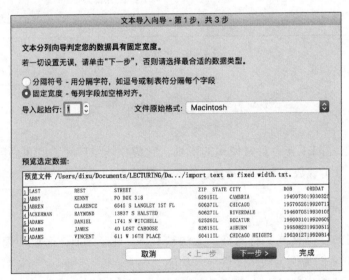

图 4-12　确定导入方式

　　随后，设置字段的宽度，即为文件分列。预览选定数据区域可发现一条标尺，标尺上标示了数字刻度。文本导入向导已自动为数据分列，但有的列未能有效识别出来，可进行手动分列。点击标尺上的相应位置，会生成一条线，这条线便是分列线。（见图 4-13）观察数据可见最右侧是两列时间数据，但 Excel 未能识别，点击标尺上刻度 97 的位置，即能将数据分为两列。使用同样的方法可将邮编（ZIP）一列与州（STATE）一列区分开来。如果分列误操作，双击分列线，可将其移除，按住鼠标也可左右移动分列线。

　　第三步，设置每一列的数据格式。点击每一列数据，可选定数据格式，也可以跳过这一步，在 Excel 单元格格式中进行设定。

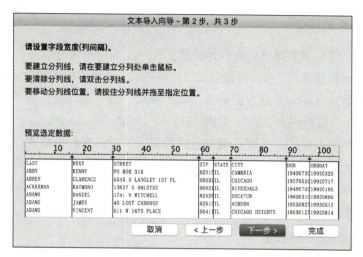

图 4-13　手动分列

操作完成如图 4-14 所示，数据完整地导入了 Excel 中，每一列划分规整。

	A	B	C	D	E	F	G	H
1	LAST	REST	STREET	ZIP	STATE	CITY	DOB	ORDDAT
2	ABBY	KENNY	PO BOX 318	62915	IL	CAMBRIA	19490730	19930325
3	ABREN	CLARENCE	6545 S LANGLEY 1ST FL	60637	IL	CHICAGO	19570526	19920717
4	ACKERMAN	RAYMOND	13837 S HALSTED	60627	IL	RIVERDALE	19460705	19930105
5	ADAMS	DANIEL	1741 N WITCHELL	62526	IL	DECATUR	19600310	19920609
6	ADAMS	JAMES	40 LOST CABOOSE	62615	IL	AUBURN	19550823	19930512
7	ADAMS	VINCENT	611 W 16TH PLACE	60411	IL	CHICAGO HEIGHTS	19630127	19920814
8	AGNEW	WILLIAM	HILL CORR. CENTER	61401	IL	GALESBURG	19580714	19920602
9	AIDEN	MILLAID	913 MAIN ST	60202	IL	EVANSTON	19621112	19921023
10	ALBARRAN	ALBERTICO	144 WASHINGTON PK	60085	IL	WAUKEGAN	19650919	19911101
11	ALDRIDGE	DENNIS	1207 CLEVELAND	61832	IL	DANVLE	19670629	19920803
12	ALEXANDER	MICKEY	6253 S MICHIGAN APT2007	60637	IL	CHICAGO	19570209	19921026
13	ALFORD	ALBERT	806 E SEMINARY	61832	IL	DANVLE	19510102	19930427
14	ALLEN	DANNY JR	RR 1 P O BOX 235	61858	IL	OAKWOOD	19680510	19930526
15	ALLEN	JAMES	1050 LINCOLN PK DR	62522	IL	DECATUR	19600605	19921102
16	ALLEN	ROBERT	422 N PEAR #9	62863	IL	MOUNT CARMEL	19630406	19920611
17	ALLISON	EARL	1727 N MC VICKER	60639	IL	CHICAGO	19540225	19930204
18	ALSTON	BIRCHARD	827 N LAKE	60607	IL	AURORA	19591205	19930331
19	ALVARADO	FRANCISCO	660 MAY ST	60120	IL	ELGIN	19440628	19921218
20	ALVERIO	JAIME	1231 N ARTESIAN	60622	IL	CHICAGO	19660119	19920914
21	AMOS	LLOYD	9038 S DANTE	60619	IL	CHICAGO	19690114	19930108
22	ANDERSON	CHARLES	730 GLIDDEN AVE	60115	IL	DEKALB	19530613	19921029
23	ANDERSON	GLEN	11400 SO NORMAL	60628	IL	CHICAGO	19601126	19921001
24	ANDERSON	MICHAEL	8828 S EMERALD	60620	IL	CHICAGO	19531103	19920906
25	ANDERSON	WARREN	1005 BLACK AVE	62702	IL	SPRINGFIELD		19930322
26	ANDREWS	SCOTT	5194 S RT 45-52 D8 BOX 77	60922	IL	CHEBANSE	19590708	19920602
27	ANWEILER	CALVIN	14116 KENNETH CT	60445	IL	CRESTWOOD	19480926	19921001
28	ARANGO	ORLANDO	2315 W FULLERTON	60647	IL	CHICAGO	19481217	19930218
29	ARMFIELD	CALVIN	4521 SOUTH LECLAIRE	60638	IL	CHICAGO	19000821	19930401
30	ARMSTRONG	JACKIE	5715 W OHIO	60644	IL	CHICAGO	19610322	19930311
31	ARNOLD	KENNETH	102 SNOWHITE	62018	IL	COTTAGE HLS	19720326	19920428
32	ARROYO	LUIS	816 PIONEER APT 8	60085	IL	WAUKEGAN	19460410	19930514
33	ASH	JOSEPH	801 S KEDVALE AVE	60624	IL	CHICAGO	19570410	19901017
34	ASKEW	ARTHUR	3930 WEST CONGRESS	60624	IL	CHICAGO	19620505	19921214
35	ATKINSON	DESHAUN	CENTRALIA CORR. CENTER	62801	IL	CENTRALIA	19710811	19920813
36	AUSTIN	DONALD	511 E 4TH ST	62088	IL	STAUNTON	19410314	19930331
37	AUTMAN	PHILLIP	1431 GARLAND CT	60432	IL	JOLIET	19651228	19930119
38	AVILA	JOSEPH	245 LAKESHORE LANE	60108	IL	BLOOMINGDALE	19390511	19920911
39	AZIZEH	TAWFIEK	2211 W KETTELLE	61605	IL	PEORIA	19450403	19920910
40	BAEZ	JUANA	3607 W WRIGHTWOOD ST	60647	IL	CHICAGO	19560812	19921016

图 4-14　数据完整导入

　　Excel 软件也可以读取 HTML 文档，并直接获取网页中的表格。在 Mac 系统中，可直接拷贝网页上的表格，粘贴至 Excel 表单中即可。如是 Windows 系统，需要从"数据"标签中找到从网页获取的选项并输入网址。Excel 软件可以自动识别网页中的表格。

二、数据格式转换

导入数据后，需要对数据格式进行转换使其统一，为分析做好准备。

第一步，查阅数据格式。可以右键查阅单元格格式，也可以使用 ISTEXT 或 ISNUMBER 等函数获取数据格式。前者考察数据是否为文本格式，后者查询数据是否为数字格式，如是则返回 TRUE，否则返回 FALSE（见图 4-15）。

第二步，转换数据格式。处理日期类型的数据时，常需要转换格式。转换格式也有多种途径，可通过单元格格式设置，也可通过 TEXT 函数将数据转换为需要的格式。见图 4-16 中，将日期格式从年 / 月 / 日改为年 – 月 – 日，使用 TEXT 函数，选定单元格，在括号内键入希望转换的格式。

年月日	日期
20100401	=ISTEXT(A2)
20100402	TRUE
20100403	TRUE
20100404	TRUE
20100405	TRUE
20100406	TRUE
20100407	TRUE

图 4-15　通过函数查询数据格式

日期	转换
1985/7/2	=TEXT(F2,"yyyy-mm-dd")
1986/11/14	1986-11-14
1988/2/25	1988-02-25
1985/3/21	1985-03-21

图 4-16　使用函数转换日期格式

数据分析常会遇到更复杂的格式转换，比如日期拆分：获取年份、月份或日期的单独数据。通常情况下，日期数据中年、月、日会通过分隔符加以标识，借助 Excel 软件中的分列工具，可通过分隔符为数据分列。

在菜单栏"数据"标签下找到"分列"选项，进入文本分列向导（见图 4-17）。

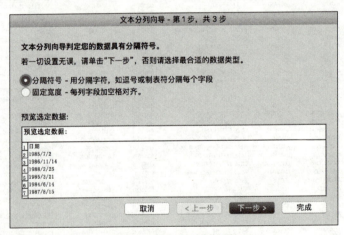

图 4-17　文本分列向导界面

在分列向导界面选择通过"分隔符号"分列。常见的分隔符有制表符、分号、逗号等，本例中使用的是斜杠，选择"其他"，在空格中键入斜杠"/"（见图 4-18），为分列后的数据选择空白单元格作为目标区域后即可完成。

如果原始数据中没有分隔符，转化数据格式时可启用 Excel 自带的函数。YEAR、MONTH、DAY、WEEKDAY 四个函数可分别提取日期中的年、月、日以及一周中第几天的数据。

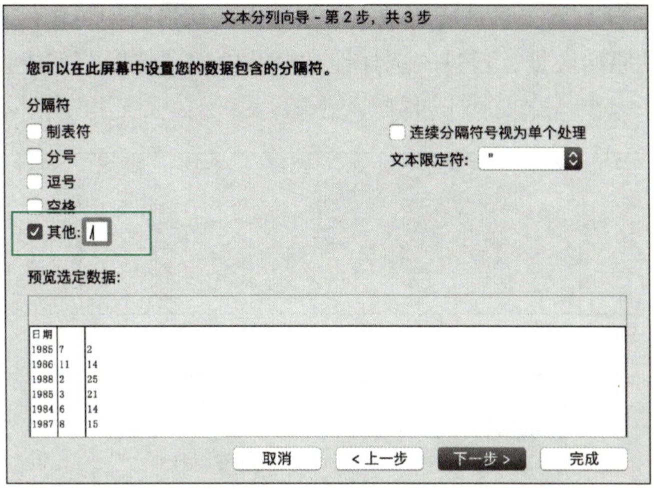

图 4-18 填写分隔符

提取年、月、日时，键入函数，在括号中填入单元格即可。提取一周中第几天的函数则需要同时键入单元格和数据显示的格式代码（见图 4-19）。格式代码由数字 0 到 7 限定，1 代表一周的日期从星期日开始计算一直到星期六，2 代表从星期一开始计算到星期日，以此类推。

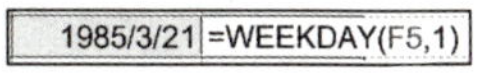

| 1985/3/21 | =WEEKDAY(F5,1) |

图 4-19 使用 WEEKDAY 函数

将日期转换为星期的格式也可使用设置单元格格式选项，选择"自定义"格式，在"类型"输入框中键入"ddd"或"dddd"，前者可返回星期数据的缩写，后者返回全称（见图 4-20）。

图 4-20 日期转换为星期格式

Excel 也提供了便利的工具进行行数据与列数据的转换。如将年份从行数据调整为列数据，就可以拷贝原始数据，通过"选择性粘贴"中的"转置"完成行与列的转换（见图 4-21）。

指标	2020年	2019年	2018年	2017年	2016年	2015年	2014年	2013年	2012年
地级区划数(个)	333	333	333	334	334	334	333	333	333
地级市数(个)	293	293	293	294	293	291	288	286	285
县级区划数(个)	2844	2846	2851	2851	2851	2850	2854	2853	2852
市辖区数(个)	973	965	970	962	954	921	897	872	860
县级市数(个)	388	387	375	363	360	361	361	368	368
县数(个)	1312	1323	1335	1355	1366	1397	1425	1442	1453
自治县数(个)	117	117	117	117	117	117	117	117	117

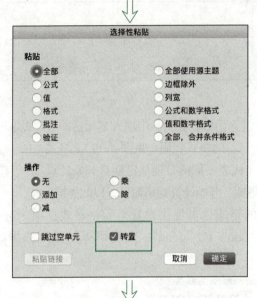

指标	地级区划数	地级市数(个	县级区划数	市辖区数(个	县级市数(个	县数(个)	自治县数(个)
2020年	333	293	2844	973	388	1312	117
2019年	333	293	2846	965	387	1323	117
2018年	333	293	2851	970	375	1335	117
2017年	334	294	2851	962	363	1355	117
2016年	334	293	2851	954	360	1366	117
2015年	334	291	2850	921	361	1397	117
2014年	333	288	2854	897	361	1425	117
2013年	333	286	2853	872	368	1442	117
2012年	333	285	2852	860	368	1453	117

图 4-21　行与列数据转换

三、字符串清理

Excel 也可以进行简便的数据清理操作，去除冗余数据。如字符串前面有额外的空格就可以使用 TRIM 函数加以去除。

为有效分析，有时需要将不同单元格内的数据拼接在一起，联结生成一个新的单元格。下例中我们使用 CONCATENATE 函数合并 F2、G2 和 H2 单元格，每个单元格序号间用逗号分隔，双引号之间为空格，如此数据联结后以空格作为分隔符（见图 4-22）。

年	月	日	合并
1985	7	2	=CONCATENATE(F2," ",G2," ",H2)
1986	11	14	CONCATENATE(text1, [text2], [text3], [text4], [text5], [text6], ...)
1988	2	25	1988 2 25
1985	3	21	1985 3 21

图 4-22　使用函数合并单元格

第四节　使用 OpenRefine 清理数据

在清理数据时，Excel 简便易用，但很容易发生误操作，比如使用公式时点错单元格，只能重新输入或删除，无法退回上一步。在查找相似数据时，Excel 也较为捉襟见肘。由谷歌公司开发的 Google Refine 可以弥补 Excel 的一些不足，也是数据新闻工作者常用的清理工具。2012 年，这款工具开放了全部源代码，并改名为 OpenRefine，可以免费下载安装，适用于任何操作系统。它在数据归类、格式转换和查找异常值方面尤为见长。

OpenRefine 的安装较为简便，登录官网在下载页面找到相应的版本，点击安装即可。安装成功后运行时，会在系统默认浏览器弹出操作页面，如果没有自动弹出，可在浏览器输入 127.0.0.1:3333，打开操作页面。如仍无法正常打开，请更新系统中的 Java，OpenRefine 需要在最新的 Java 环境中运行。

一、创建新项目

首先点击"选择文件"导入需要清理的文件，创建新项目。本书提供了一套真实的历史数据作为练习文件，内含泰坦尼克号上乘客的信息，包括舱位、姓名、年龄、性别、出发地和目的地等。

点击"下一步"，进入数据初步整理页面。在数据解析格式中，先确定字符编码，通常情况下字符编码定为 UTF-8 都能正常显示（见图 4-23）。随后根据数据特征选择分列方式，本例中使用逗号分隔，可以在预览区域

扫码获取数据

图 4-23　OpenRefine 初始页面

看到数据已能够正常显示。接着为数据做初步的格式设置，可勾选"将单元格中的文本解析为数字、日期"，便于后续处理。选定后，在预览区中可见数字格式的数据显示为绿色，文本格式显示为黑色。

设置完毕后，在页面右上角"项目名称"区键入项目名，并点击"新建项目"进入清理操作页面。

二、清理数据

以下我们将介绍通过 OpenRefine 处理缺失数据、重复数据和无效数据，以及如何进行数据转换。进入操作页面，左侧上方有两个标签，一是"归类 / 过滤器"（Facet/Filter），二是"撤销 / 重做"（Undo/Redo），前者罗列数据清理的步骤和每一步结果，后者相当于退回上一步的操作，如进行了误操作可点击这个标签撤销操作，这是 OpenRefine 相较 Excel 更为便利之处。

操作页面右侧显示了部分数据，这个数据集总共有 1309 行数据。通常情况下会自动显示 10 行数据，最多可显示 1000 行数据，在显示条目处点击数字可切换显示数额。

阅览数据可以发现，数据集存在不少"噪音"，比如年龄（age）一栏中有"NA"、"0.91670006"数值，来源地 / 目的地（home.dest）一栏中有空缺数值等。

1. 处理缺失数据

第一步，找到缺失值，可通过分类汇总，将缺失值汇总在一起。以来源地 / 目的地一栏为例，点击表头旁边的倒三角，打开下拉菜单，选择"文本归类"（Text Facet），页面左侧即显示归类后的数据汇总，共得到 368 类数据信息。

在最下方找到缺失值（blank）（见图 4-24），汇总后共 564 条。

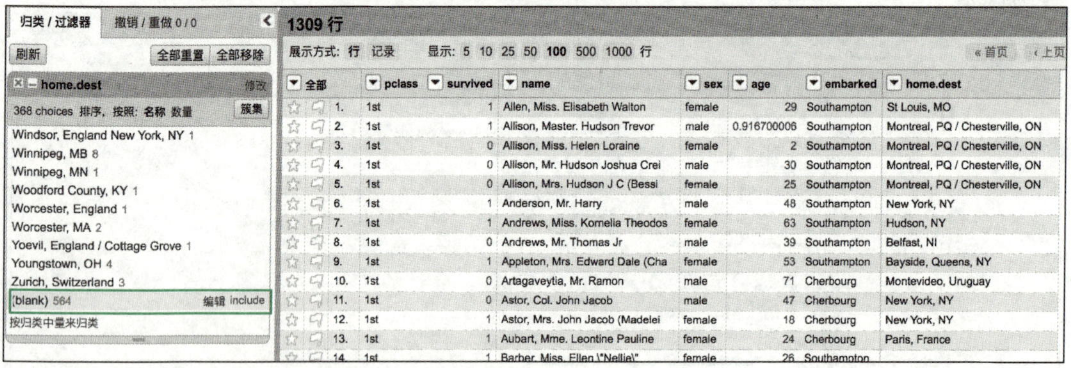

图 4-24   找到缺失值

第二步，处理缺失值。依据数据的实际情况，可对缺失值补全或舍弃。如需补全，点击缺失值归类条目右侧的"编辑"（edit），在新弹出的窗口中批量填写内容。也可先点击空缺标签（blank），此时右侧操作区域会显示相应的缺失条目，随后点击单元格上的"编辑"按钮填写内容，也可以将内容应用到所有相同单元格（见图 4-25）。

图 4-25　处理缺失值

2. 处理重复、相似数据

在数据录入过程中，经常出现相同数据按不同格式录入的情况，比如 "Shang hai" "SHANG HAI" "shang hai" 都指向同一个内容但写法有所不同，这样在进行分类统计时会产生错误。OpenRefine 提供了识别相似数据的功能，如果数据内容一致，只因增加了符号、空格或大小写不同而有所区别，OpenRefine 可将其统一为同一种写法。

第一步，分类汇总数据。仍以来源地/目的地一栏为例，先按文本进行数据归类。

第二步，合并相似数据。分类汇总后，选择分类条目右上角的 "簇集"（cluster）按钮在弹出窗口中，OpenRefine 提供了多种算法找出相似数据（如图 4-26）。

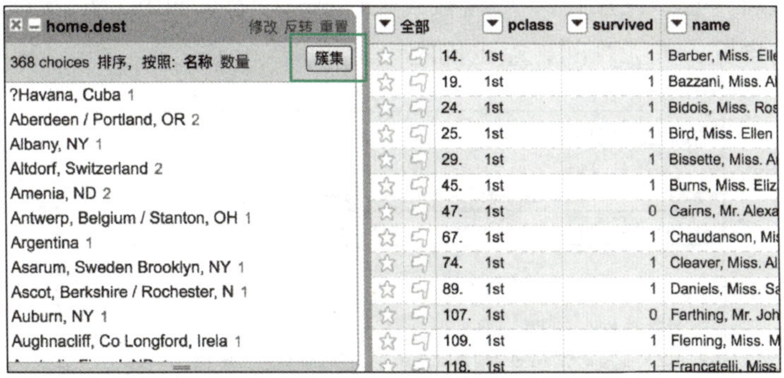

图 4-26　通过 "簇集" 找到相似数据

接着选用 "关键词碰接"（key collision）方法，使用 "指纹分类算法"（Finger-print），找到三类相似数据。如图 4-27 所示，其中 "London/New York，NY" 比 "London New York，NY" 多了一条斜杠，确认为相似数据后，勾中复选框（Merge？），在右侧 "新的格子值"（New cell value）将其统一为一种写法，最后点击 "合并选中 & 重新簇集"（Merge selected & re-cluster）。

3. 清除无效数据

数据中经常会带有一些不规则的符号，OpenRefine 提供了替换公式来去除这些 "噪音"。观察练习文件中 "姓名" 一列数据可以发现，其中包含了不少不规则符号，如引号、括号、反斜杠等，我们可以使用 OpenRefine 中的替换（replace）函数进行修正。

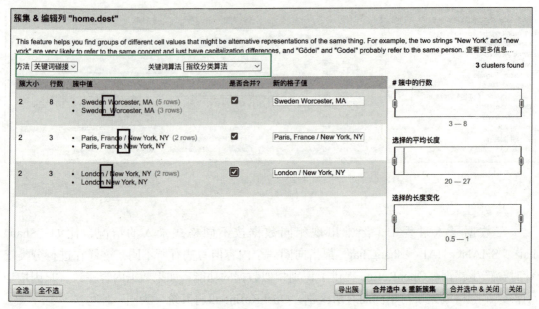

图 4-27　合并同类数据

replace 函数的写法为：value.replace（"需要被替换的值"，"替换后的值"）

在练习文件中，点击姓名一列的下拉菜单，在"编辑单元格"中找到"转换"，接着输入命令，函数可并置，使用"."号连接（见图 4-28）。页面下方左边为原始数据，右边提供了清理后的预览，如无疑问，点击确定。

图 4-28　使用替换函数清理数据

4. 进行数据转换

在 Excel 中进行数据转换须通过单元格格式设定，OpenRefine 提供了另一种便捷的数据转换方法。以年龄一栏为例，在下拉菜单中找到"编辑单元格"（Edit cells），接着点击"常用转换"（Common transforms），选择"数字化"（To number），这一列数据就统一转化为数字格式。在常用转换中，还可将数据统一转换为日期、文本，还可移除首尾空白或统一大小写。

接着对年龄一列按数值进行分类汇总（Numeric facet），得到 1046 个数值型数据和 263 个非数值型（non-numeric）数据。依据需要可对非数值型数据统一处理。

第五节　使用 Python 编程清理数据

在第三章获取数据中，我们已经掌握了使用 Python 语言编程的基础，还学会了通过 Selenium 和 BeautifulSoup 两个库抓取数据。本节我们继续学习使用 Python 语言清理数据，主要通过 Pandas 库实现。Pandas 是 Python 中应用较为广泛的库，它可以执行数据科学计算、数据分析和数据清理等操作。

一、查阅数据

Anaconda 平台已经集成了 Pandas 模块，只需声明便可直接调用。首先，引入 Pandas 模块，使用 Pandas 中的 read_csv 函数读取练习数据集"movie_metadata.csv"，将其存储为 data，并罗列 data 的列名（见图 4-29）。本节使用的练习数据集来自电影数据库网站——IMDB，其中包含演员、导演、预算、总收入、电影评分和上映时间等信息。

```
In [1]:  import pandas as pd
         data = pd.read_csv('movie_metadata.csv')      #读取数据
         data.columns                                   #显示列名

Out[1]:  Index(['color', 'director_name', 'num_critic_for_reviews', 'duration',
                'director_facebook_likes', 'actor_3_facebook_likes', 'actor_2_name',
                'actor_1_facebook_likes', 'gross', 'genres', 'actor_1_name',
                'movie_title', 'num_voted_users', 'cast_total_facebook_likes',
                'actor_3_name', 'facenumber_in_poster', 'plot_keywords',
                'movie_imdb_link', 'num_user_for_reviews', 'language', 'country',
                'content_rating', 'budget', 'title_year', 'actor_2_facebook_likes',
                'imdb_score', 'aspect_ratio', 'movie_facebook_likes'],
               dtype='object')
```

扫码获取数据

图 4-29　引入 Pandas 模块读取文件[①]

获取数据后，首先需要对数据进行全局审视，了解数据的规模、类型以及需要清理的内容等。Pandas 提供了多种函数查阅数据，describe 函数可呈现对数据的描述统计信息，也可以通过 head 函数输出数据集中的前五行数据（见图 4-30），以便对数据有初步的了解。在练习数据中，有的列存在数据缺失，有的列默认值是 0，还有的是"NaN"（Not a Number），意为不是数字，需要转换数据格式。

Pandas 模块中提供了一些对数据进行切片的方法（见表 4-1），我们可以通过这些函数查阅数据。

---

① 请注意，读取文件时需要将代码文档与数据文档存在同一个文件夹内，或在读取数据代码中引入数据文档的绝对路径。

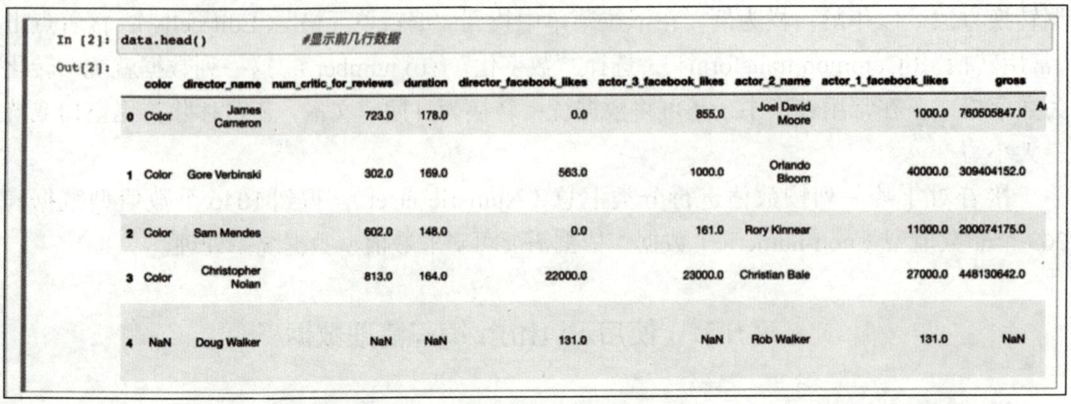

图 4-30 显示部分数据

表 4-1 Pandas 函数查阅数据

操作目的	函数表达
查看某列数据的基本统计信息	data[' 列名 '].describe( )
显示某一列数据	data[' 列名 ']
显示某一列的前几行数据	data[' 列名 '][: 行数]
一次显示多列	data[['column1','column2']]

查阅数据后，可对数据做初步的频数统计，下面我们使用 Counter 模块统计导演姓名一列的词频，降序排列后输出结果（见图 4-31），代码如下：

```
from collections import Counter
# 导入 Counter 模块。
freq = Counter(data['director_name'].tolist())
# 将导演姓名一列转换为列表，使用 Counter 统计词频。
sorted(list(freq.items()), key = lambda x:x[1], reverse= True)[:10]
# 降序排列输出结果，显示词频前十名的导演的姓名。
```

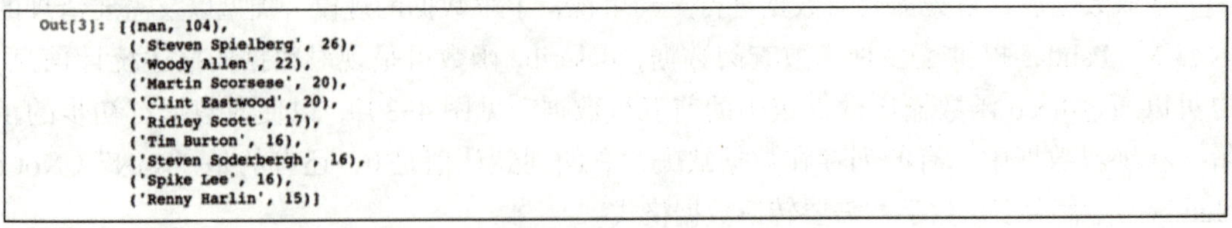

```
Out[3]: [(nan, 104),
         ('Steven Spielberg', 26),
         ('Woody Allen', 22),
         ('Martin Scorsese', 20),
         ('Clint Eastwood', 20),
         ('Ridley Scott', 17),
         ('Tim Burton', 16),
         ('Steven Soderbergh', 16),
         ('Spike Lee', 16),
         ('Renny Harlin', 15)]
```

图 4-31 词频统计

二、处理数据缺失

Pandas 中的 isnull 函数可查看数据是否存在缺失值，如果返回 True 表示存在缺失值，False 表示没有缺失值（见图 4-32）。

```
data.isnull()[:5]
# 查询前五行数据是否存在缺失值，是的话返回 True，不存在缺失返回 False。
```

Out[4]:		color	director_name	num_critic_for_reviews	duration	director_facebook_likes	actor_3_facebook_likes	actor_2_name	actor_1_facebook_likes	gross	genres
	0	False	False	False	False	False	False	False	False	False	False
	1	False	False	False	False	False	False	False	False	False	False
	2	False	False	False	False	False	False	False	False	False	False
	3	False	False	False	False	False	False	False	False	False	False
	4	True	False	True	True	False	True	False	False	True	False

图 4-32　查找缺失值

处理缺失值可采用补全、替换或删除操作。函数 fillna 可以补全缺失值，如果采用空字符串代替缺失值，就写为 fillna(' ')（见图 4-33），如果采用 0 代替缺失值就写为 fillna(0)。

```
data.director_name.fillna('')
# 在导演姓名一列进行补全操作，使用空字符串替代缺失值。
```

```
In [5]:  data.director_name.fillna('')        # 用空字符串替代缺失值

Out[5]:  0              James Cameron
         1              Gore Verbinski
         2              Sam Mendes
         3              Christopher Nolan
         4              Doug Walker
                        ...
         5038           Scott Smith
         5039
         5040           Benjamin Roberds
         5041           Daniel Hsia
         5042           Jon Gunn
         Name: director_name, Length: 5043, dtype: object
```

图 4-33　处理缺失值

处理缺失值也可以进行删除操作，在 Excel 中删除缺失值费时费力，Pandas 中的 dropna 函数可以快速锁定缺失值并删除含有缺失值的一整行。

```
data.dropna()[:5]
# 含有一个缺失值便删除一整行，返回前五行数据。
```

可以见到前面使用 isnull 函数检查到存在缺失值的第四行数据已被删除。

也可以选择整行都是缺失值才删除整行，采用的函数是 dropna(how='all')，这种方式较少使用。

在特定情况下，也可以通过设定门槛来处理缺失值。比如至少有 5 个是缺失值才删除一行，采用的函数是 dropna(thresh=5)，门槛设定的数值由数据具体情况决定。

有些时候，数据缺失会对分析结果产生较大影响，由此可引入 subset 参数检视特定的列，锁定此列上的缺失值，并删除缺失值所在的行。在练习文件中，电影名称和导演姓名通常是不可或缺的数据，通过 subset 参数锁定这两列数据，如果这两列数据中存在缺失值便执行删除整行操作。

```
data.dropna(subset=['director_name', 'title_year'])[:3]
```
 # 引入 subset 参数，检索 'director_name' 和 'title_year' 两列中的缺失值，删除缺失值所在的一整行，返回前三行数据。

处理缺失值，也可以通过填充补全的方式。练习数据中，电影时长数据有缺失，我们采用电影时长中位数来填充缺失。补全缺失值也可以使用其他维度的数据，比如最大值、最小值、平均值等，具体如何取值要依据数据集本身的特性。

```
data['duration']=data['duration'].fillna(data['duration'].mean())
```
 # 填充时长一列的缺失值，以全部电影时长的中位数替换。
```
data['duration'][:5]
```
 # 返回电影时长的前五行数据。

可以看到第四行 duration 一列原本空缺的 NaN 被补为 107.201074（见图 4-34）。

```
Out[10]: 0    178.000000
         1    169.000000
         2    148.000000
         3    164.000000
         4    107.201074
         Name: duration, dtype: float64
```

图 4-34　补全缺失值

三、转换数据类型

前面我们已经学习了使用 Excel 或 OpenRefine 转换数据类型。读取 CSV 文件中的一串数字的时候，数值类型的数据可能会被读成字符串类型的数据，字符串类型的数据也有可能被读成数值类型的数据。Pandas 中的 astype 函数可以进行数据类型转换：astype('int')可将字符串类型的一列数据转换为整数类型（见图 4-35）[1]，反之则可以使用 astype('str')。

```
data['duration']=data['duration'].astype('int')
```
 # 将电影时长一列数据设定为整数格式。
```
data['duration']
```
 # 返回时长一列数据。

```
Out[11]: 0       178
         1       169
         2       148
         3       164
         4       107
                ...
         5038     87
         5039     43
         5040     76
         5041    100
         5042     90
         Name: duration, Length: 5043, dtype: int64
```

图 4-35　转换数据格式

---

[1]　使用 astype（'int'）应先确保数据中无缺失值。

四、清理重复数据

从网络获得的数据集中可能有一些重复的数据，在数据清理阶段需要把这些数据删去，可以采用 Pandas 提供的 drop_duplicates 函数实现删除重复数据的操作。

```
data.drop_duplicates(['director_name'], inplace=True)
# 删除导演姓名一列的重复数据，inplace=True 意为直接对原始数据进行修改。
```

完成清洗后，可引入 to_csv 命令将清洗后的文件存为 CSV 文档，写法为"变量 .to_csv（"文件名称"，index=False)"，"index=False"表示不包含索引。

五、清理数据实战[①]

接下来我们以"patient_heart_rate.csv"数据集为例，实践数据清理的全流程操作。这个数据集记录了不同个体在不同时间的心跳信息，数据中的列包括姓名、年龄、体重和不同时间的心率。我们先读取数据（见图 4-36）。

扫码获取数据

```
import pandas as pd
df = pd.read_csv('patient_heart_rate.csv')
df.head()
# 导入 pandas 库，读取 csv 文件，显示前 5 行数据，df 是自定义的变量。
```

```
In [16]:  import pandas as pd
          df = pd.read_csv('patient_heart_rate.csv')
          df.head()
```

Out[16]:	1	Mickéy Mousé	56	70kgs	72	69	71	-	-.1	-.2
0	2.0	Donald Duck	34.0	154.89lbs	-	-	85	84	76	
1	3.0	Mini Mouse	16.0	NaN	-	-	65	69	72	
2	4.0	Scrooge McDuck	NaN	78kgs	78	79	72	-	-	
3	5.0	Pink Panther	54.0	198.658lbs	-	-	69	NaN	75	
4	6.0	Huey McDuck	52.0	189lbs	-	-	68	75	72	

图 4-36 练习数据集

浏览数据集，可发现数据集存在以下"噪音"：表头缺失、一列中有多个参数、数据单位不统一、存在缺失值、有空行、存在重复数据、存在非 ASCII 字符等。下面我们逐一清理这些"噪音"。

1. 添加表头

首先为数据集添加表头，Pandas 在读取 CSV 文件时提供了自定义表头的参数 names=column_names。下面的结果展示了自定义的表头（见图 4-37）。

```
column_names=['id', 'name', 'age', 'weight', 'm006', 'm0612', 'm1218',
'f006', 'f0612', 'f1218']
```

---

① 本部分主要参考王成军博客《使用 Pandas 进行数据清洗》。

```
# 创建新变量表头名称，为表头名称赋值。
df = pd.read_csv('patient_heart_rate.csv', names= column_names)
# 使用 names=column_names 函数确立表头名称。
df.head()
# 返回前五行。
```

Out[17]:		id	name	age	weight	m0006	m0612	m1218	f0006	f0612	f1218
	0	1.0	Mickéy Mousé	56.0	70kgs	72	69	71	-	-	-
	1	2.0	Donald Duck	34.0	154.89lbs	-	-	-	85	84	76
	2	3.0	Mini Mouse	16.0	NaN	-	-	-	65	69	72
	3	4.0	Scrooge McDuck	NaN	78kgs	78	79	72	-	-	-
	4	5.0	Pink Panther	54.0	198.658lbs	-	-	-	69	NaN	75

图 4-37　确定表头

2. 拆分列

在练习数据中，姓名（name）一列包含两个参数：名（firstname）和姓（lastname）。为使数据更整洁，可将姓名一列拆分成两列，姓和名各自单成一列。我们引入 split 函数完成拆分工作，再将原来的姓名列删除（见图 4-38）。

```
df[['first_name','last_name']] = df['name'].str.split(expand=True)
# 将姓名一列分拆为姓和名两列，参数 expand=True 表示将拆分的内容作为一列，expand =
False 则表示不需要 Pandas 为数据分列。
df.drop('name', axis=1, inplace= True)
# 删除原来的姓名一列，drop 函数默认删除行，增加参数 axis=1 意为删除列。
df.head()
# 返回前五行。
```

Out[23]:		id	age	weight	m0006	m0612	m1218	f0006	f0612	f1218	first_name	last_name
	0	1.0	56.0	70kgs	72	69	71	-	-	-	Mickéy	Mousé
	1	2.0	34.0	154.89lbs	-	-	-	85	84	76	Donald	Duck
	2	3.0	16.0	NaN	-	-	-	65	69	72	Mini	Mouse
	3	4.0	NaN	78kgs	78	79	72	-	-	-	Scrooge	McDuck
	4	5.0	54.0	198.658lbs	-	-	-	69	NaN	75	Pink	Panther

图 4-38　拆分列

3. 统一单位

仔细观察数据集可以发现体重（weight）一列的数据单位不统一，有的是千克（kgs），有的是磅（lbs），需要将数据单位统一，为数据分析做准备，这里统一将磅数转换成千克数。

```
rows_with_lbs=df['weight'].str.contains('lbs').fillna(False)
df[rows_with_lbs]
```

```
# 获取体重一列中含有单位为磅的数据。
for i, lbs_row in df[rows_with_lbs].iterrows():
    weight= int(float(lbs_row['weight'][:-3])/2.2)
    df.at[i, 'weight']= '{}kgs'.format(weight)
df.head()
```
 # 使用遍历函数 for，找到所有单位为磅的数据，通过数学计算将其转换为千克，将体重一列的数据单位全部设置为千克，返回数据前五行（见图 4-39）。

Out[27]:

	id	age	weight	m0006	m0612	m1218	f0006	f0612	f1218	first_name	last_name
0	1.0	56.0	70kgs	72	69	71	-	-	-	Mickéy	Mousé
1	2.0	34.0	31kgs	-	-	-	85	84	76	Donald	Duck
2	3.0	16.0	NaN	-	-	-	65	69	72	Mini	Mouse
3	4.0	NaN	78kgs	78	79	72	-	-	-	Scrooge	McDuck
4	5.0	54.0	40kgs	-	-	-	69	NaN	75	Pink	Panther

图 4-39　转换数据格式

4. 处理缺失值

数据集中年龄、体重和心率的部分数据是缺失的，可引入 dropna 函数处理缺失值，或者使用 fillna 函数补全。

仔细对比会发现练习数据中有一行空行，除了索引（index）之外，全部的值都是非数据（NaN）。Pandas 的 read_csv 函数中并没有可选参数来忽略空行，由此需要在数据被读入之后使用 dropna 函数进行处理，删除空行。

```
df.dropna(how= 'all', inplace= True)
# 删除全空的行。
```

5. 处理重复数据

首先需要校验一下是否存在重复记录。如果存在重复记录，就使用 Pandas 提供的 drop_duplicates 函数删除重复数据。

```
df.drop_duplicates(['first_name', 'last_name'], inplace= True)
# 删除重复的数据行。
```

6. 处理字符

数据集中姓与名两列的书写存在非 ASCII 字符，导致机器无法正常读取内容，可使用替换 replace 函数统一删除。

```
df['first_name'].replace({r'[^\x00-\x7F]+ ':''}, regex=True, inplace= True)
df['last_name'].replace({r'[^\x00-\x7F]+ ':''}, regex= True, inplace= True)
# 删除非 ASCII 字符
```

至此，练习数据集的清理工作就基本完成了。接下来可使用命令"df.to_csv（"文件名称"，index=False）存储。

扫码下载数据

思考与练习

1. 请仔细查阅练习数据集，写出数据集中需要清理的内容。

2. 请使用 OpenRefine 清洗数据集，将数据调整为统一格式。

3. 请依据第 2 题中的操作，撰写一份数据清理日志。

参考答案

## 第五章

数据分析：基础统计

第一节　新闻中的数据应用与统计逻辑

　　数据分析是每个数据新闻记者的必备技能。通过数据分析，我们得以从庞杂的数据与文本信息中识别出关系与模式，形成对社会现实与报道对象的洞见。数据分析是一个"做减法"的过程，它使我们收集到的复杂数据变得更具结构性、更加简单，并使埋藏其中的新闻故事渐渐浮现。数据分析是一个系统的知识领域，包含大量的数学运算和逻辑知识，这对文科学生或许是一个巨大的挑战。但同时我们应知道，数据分析不仅是一个技术难题，更是一种重要的思维方式与工作方法。通过学习数据分析，我们会对数据更加敏感和敏锐，更懂"聆听"数据的轻声细语，并最终将数据分析纳入新闻工作的流程，使数据为我们所用。本章就结合社会统计基础知识与相关软件的操作，帮助大家练成数据分析的"基本功"。

一、新闻报道为何需要数据分析

　　新闻记者属于文字工作者，为什么也需要掌握一定的数据分析知识呢？其实数据与统计的常识一直是新闻工作者不可缺少的（不仅限于数据新闻记者和编辑）。例如，在日常新闻写作中，记者会引用描述性数据来呈现新闻背景或事件，以增加报道的直观度、精准性与说服力；又如，新闻记者常常从数据中获取新闻线索，了解事件背景，厘清关系网络，挖掘更具深度的事实；再如，在很多专业报道领域（如财政金融、健康医疗、科学技术等），记者不可避免地会遇到以数值、算式或统计表达形式出现的信息，对记者而言，读懂数据形式的信息是理解、报道新闻事实的重要前提。下面的例子为一项公共卫生研究结果，其中包含很多常见的统计表达形式。

📇 案例档案卡 5-1

解读公共卫生研究中的统计信息

2011 年，知名医学杂志《柳叶刀》（*The Lancet*）上发表了一篇关于少量运动对降低死亡率和提高预期寿命影响的研究①。该研究追踪了 1996 年到 2008 年间中国台湾地区 416175 名参与者每周进行运动的情况，并分析他们的死亡风险率及预期寿命。研究发现如下：

"与不运动组（inactive group）的受访者相比，那些低运动量组（low-volume activity group）的受访者——即每周平均运动 92 分钟（95% CI 71-112）或每天运动 15 分钟（SD② 1.8）的全因死亡（all-cause mortality）风险降低 14%（0.86，0.81-0.91），他们的预期寿命（life expectancy）增加 3 年。在每天最低 15 分钟运动的基础上，如果能再多运动 15 分钟，则全因死亡风险进一步降低 4%（95% CI 2.5-7.0），所有原因癌症死亡率再降低 1%（0.3-4.5）。以上这些（低量运动的）好处对于各个年龄组、男女两性以及有心血管疾病风险的人群同样适用。"

其中出现了很多数值和统计表达，例如：

（1）预期寿命

（2）每周平均运动 92 分钟（95% CI 71-112）

（3）每天运动 15 分钟（SD 1.8）

（4）全因死亡风险降低 14%（0.86，0.81-0.91）

（5）运动的好处对不同人群适用

如果新闻记者不理解这些信息，就无法展开相关报道。

对新闻从业者而言，数据分析能力是应该掌握的核心能力之一。《数据新闻手册》（见第一章）对数据与新闻生产的关系进行了阐发：首先，数据反映了网络社会普遍的联系，分析数据可以帮助记者理解更复杂的因果机制。在信息爆炸的环境下，收集、筛选、归纳数据从而获得简洁有力的洞见尤其重要——这也成为新闻生产新的发展目标。其次，数据可以帮助新闻记者用全新的视角或手法来阐述复杂问题或经典议题。尤其当报道涉及的议题含有对普通受众来说较为抽象的概念时，数据可视化呈现可使受众理解起来更加轻松。在这个意义上，数据新闻延续了解释性报道的传统——在社会变迁与危机时代为受众提供解释与说明。进一步说，数据新闻不止于解释，更可为受众提供具有现实意义的帮助和指导。例如，数据新闻可以帮助人们了解新能源车与燃油汽车的技术和政策差异，从而形成购买决策；还可通过一系列互动设置，帮助受众了解自己的投资偏好和风险应对能力，从而使数据新闻成为一种"解决问题"的产品。此外，从新闻生产技术看，利用数据形成报道也具有优势。数据新闻报道有利于节约四处求证所需的资源和精力，在很大程度上减少了与不同信源沟通过程中的不确定性，记者可以通过筛选、分析数据形成证据链。最后，

---

① Wen, C. P., Wai, J. P. M. & Tsai, M. K.et al. (2011). Minimum Amount of Physical Activity for Reduced Mortality and Extended Life Expectancy: A prospective Cohort Study. *The Lancet*, 378(9798): 1244-1253.

② 此处 SD 为英文 Standardized Deviation 的缩写，中文统计符号中样本标准差一般记作 s，总体标准差则计作 σ。

就记者本身的职业发展来看，数据分析能力也非常可贵。在新闻行业转型浪潮中，各方愈发重视以数据为基础构建意义、形成叙事的能力，具有数据分析能力的新闻人才颇受欢迎。掌握数据分析能力也有助于记者拓展职业空间，在泛传播行业中不断适应新的需求。恰如万维网创始人蒂姆·伯纳斯－李（Tim Berers-Lee）所说："数据驱动的新闻代表着未来。新闻工作者需要精通数据。过去你可能通过在酒吧和人聊天获取新闻故事素材，尽管现在这种方式有时可能仍被采用，但目前你同样要钻研数据并借助数据工具进行分析和筛选出令人关注的信息，并对信息加以正确地处理，帮助人们真正看到它反映了什么，在这个国家正在发生什么。"[1]

　　总结而言，当今新闻传播专业的学生与从业者都亟须掌握一定的数据分析知识。只有通过系统而科学的数据分析，我们才能够从海量数据中发掘某数据独特的意义与全新的叙事角度，揭示数据中隐含的社会现实，最终形成兼具数据逻辑与新闻价值的报道。本章结合社会统计学知识，介绍数据分析的一些基本思路和方法。需要明确的是：尽管数据分析属于一项技术或技能，但我们提倡将其看作一种分析问题的思路或思维。数据分析涉及相对复杂的统计或计量模型以及繁复的软件操作，一个数据分析者不仅需要掌握过硬的技术，更需要建立数据分析的核心思维，掌握数据分析的根本理念。而统计工具的应用或统计软件操作，则是具体应用中的技术性问题。

二、数据分析的基本逻辑：统计推论与假设检验

　　在介绍具体的分析方法之前，有必要先对数据分析的基本逻辑进行讨论。在理想的情况下，我们希望得到关于总体（population）——所研究的全部个体之集合的数据。有了这样的数据，我们便可以对总体中的某些参数（parameters）进行描述（如集中趋势或离散趋势）或分析不同变量之间的关系。但在现实中，时间、经济、技术条件的局限使我们很难就某一现象获取总体数据，通常只能分析局部数据。在大数据时代，研究者和新闻记者得以通过新技术手段高效地获取大体量的数据，并用机器学习等方法对其进行分析。但需要注意的是，大数据不等同于整体数据，体量再大的数据也可能只是局部数据，未必能反映总体真实的情况（参见第一章）。

　　统计学的一个重要目标，就是通过研究一个相对较小体量的局部数据，来了解总体的情况。研究者从总体中通过某一机制选取出的观察对象的集合称为样本。我们如何通过样本来推论总体的情况呢？这就涉及社会统计学中一个非常重要的思维：统计推论（statistical inference）。统计推论的目的在于帮助我们通过有限的样本信息，来判断从样本中观察到的模式在总体中依然成立的可能性。尽管新的技术条件更新着数据获取的方法与范围，但基于抽样调查的传统社会统计方法依然是数据分析的重要手段。

　　接下来我们通过最简单的统计模型——平均数（又称均值）来说明如何通过统计推论实现从样本到总体的跨越。比如，我们想通过抽样的方法了解某大学的男生平均身高。我

---

[1] 《数据新闻手册》第二章第二节"为何记者要运用数据"。

们随机选择了 50 名该大学的男生，并对他们的身高进行统计，结果发现样本的平均身高为 176cm。这个样本所观测的平均身高能否反映该校男生真实的平均身高？要回答这个问题，我们必须进行一系列假想。现实中，我们通常只能做一次抽样，但在想象中，我们可以不计成本地增加抽样次数。我们可以继续想象，每次抽样样本所得的平均身高都不尽相同，如有的样本平均身高是 177cm，有的样本是 174cm，而个别样本会出现 171cm 或 180cm 这样的平均数。在随机抽样过程中，每个样本的统计值会出现一些自然的波动（这种误差被称为随机误差）。现在让我们在想象中对该校男生进行无限次抽样，然后求得这许多样本中每一个样本的平均数。根据中心极限定律[①]，当我们将这些样本的平均数排列在一起时，它们会形成一个完美的正态分布（如图 5-1）。这个正态分布中间高、两侧低、中心对称，分布的中心值恰恰就是总体的真实统计值（本例中为该校男生的真实平均身高）。这个正态分布就是我们从样本反推总体的重要理论工具。

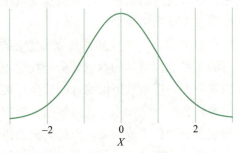

图 5-1   正态分布曲线

尽管我们得到了一个正态分布，但我们依然无法知晓该校男生的真实平均身高（我们把这个真实平均数记为 μ）。幸运的是，我们可以通过由无限多个样本的平均数组成的正态分布来获取一些信息。首先，这个假设中正态分布的标准差可以通过样本信息求得[②]。我们将这个样本平均数分布的标准差称为标准误（standard error），通常记作希腊字母 $\sigma_{\bar{x}}$，也可记作 SE。尽管我们不能确定真实平均数，但通过运算可以知道到某个样本平均数的概率范围。在由样本平均数构成的分布中，68% 的样本平均数会落在真实平均数正负 1 个标准误（$\mu \pm \sigma_{\bar{x}}$）的范围内，95% 的样本平均数会落在真实平均数正负 1.96 个标准误（$\mu \pm 1.96\sigma_{\bar{x}}$）的范围内，99% 的样本平均数会落在真实平均数正负 2.58 个标准误（$\mu \pm 2.58\sigma_{\bar{x}}$）的范围内（见图 5-1）。回到最初的例子，我们其实仅仅对某大学的男生进行了一次抽样，平均数为 176cm，就可以反推真实平均数所处的范围。我们有 95% 的信心认为该大学的男生真实的平均身高应该在 $176 \pm 1.96\sigma_{\bar{x}}$（cm）的范围内，有 99% 的信心认为该大学的男生真实的平均身高应该在 $176 \pm 2.58\sigma_{\bar{x}}$（cm）的范围内。

在上面的分析中，我们将推论所得的范围称为置信区间（confidence interval），将 95% 或 99% 这个百分比称为置信水平（level of confidence）。置信区间为我们推测真实统计值可能出现的范围。置信水平可以理解为一种概率，当我们以 99% 的置信水平计算一个置信区间时，意味着我们在 100 次推论中会有 1 次出错的可能。可以看出，当我们提高置信水平时，置信区间也相应变大；当降低置信水平时，置信区间也相应变小。现在我们

---

①   中心极限定律是一个经典的统计学理论，指出从任一分布总体中随机抽取出 n 个样本，当抽取的样本数量 n 足够多时，样本的平均数分布将趋近正态分布。

②   样本均值的标准误（$\sigma_{\bar{x}}$）的计算公式为 $\sigma_{\bar{x}} = \dfrac{S}{\sqrt{n}}$。其中 S 为样本的标准差，n 为样本量。

可以回到本章开始时提到的《柳叶刀》杂志的案例来理解报告中数据的含义。报告中提到"即每周平均运动 92 分钟（95% CI 71-112）……（其）全因死亡风险降低 14%（0.86，0.81-0.91）"。其中的 95% 就是研究者设定的置信水平，而 CI 71-112 就是置信区间。这意味着，样本所观察对象的运动时间的平均数是 92 分钟，但由于随机误差，真实的平均数有 95% 的可能性出现在 71～112 分钟的范围内。这些受访者的全因死亡风险可能性是不运动的受访者的 86%（降低 14%），但由于抽样误差，真实的概率可能出现在 81% 到 91% 这个区间内。

以上就是置信区间与置信水平的含义，它反映了统计推论的基本方法和思路。我们在有些国家的选举民调新闻中也会看到类似的概念，如边际误差（margin of error）。归根结底，民调也是一种抽样调查，其结论也必须进行统计推论。边际误差就是真实值可能偏离样本观察值的范围。例如，某一项民调结果显示候选人 A 的支持率为 43%，其对手候选人 B 的支持率为 41%，而在 95% 的置信水平下这项调查的边际误差为 3.1%。这意味着，两位候选人的真实支持率会在样本观察值的 ±3.1% 范围内波动。根据这个信息，我们可以知晓二者支持率的置信区间：候选人 A 的实际支持率在 39.9% 到 46.1% 之间，候选人 B 的真实支持率在 37.9% 到 44.1% 之间。当然，因为置信水平为 95%，这个论断依然有 5% 的可能是错误的。综合来看，两位候选人在这项调查中的置信区间有一定重合，我们不能判断谁暂时处于领先地位。

在统计推论中，置信区间可以直观地反映一个统计值因为随机误差出现的可能波动范围。但在阅读统计分析结论时，我们经常会遇到类似 $p<0.05$ 这种表达，该如何理解呢？p 值也是统计推论重要的信息，它与量化社会科学研究中非常重要的"假设验证"方法紧密相关。当研究者获得样本后，会对其数据进行各种各样的分析，得到一些解释数据关系的统计值。如果想知道在样本中观察到的关系在真实总体中是否成立，就要用到假设验证的方法。研究者会提出一对截然相反的假设。第一个假设被称为零假设（null hypothesis），假设样本呈现的数据关系在真实情况下并不存在。与之对应的为研究假设（research hypothesis），即肯定样本呈现的数据关系真实存在。

假设验证从零假设着手，根据一些符合理论分布的概率模型（常见的如 Z 分布、t 分布、F 分布）计算出零假设成立的情况下，获得当前样本统计值的概率[①]。这个通过计算得到的概率通常记作 p 值。接下来我们需要将这个 p 值与一些人为设定的标准进行比较。我们将这个标准称为显著性水平（significance level），通常记作 α。显著性水平与前面讲到的置信水平相关，置信水平 $=1-\alpha$。换言之，当置信水平设置为 95% 时，假设验证的显著性水平就是 $\alpha=0.05$；当置信水平为 99% 时，假设验证的显著性水平就是 $\alpha=0.01$。假设验证的判断依据就是将 p 值与规定的 α 进行比较。当 p 值小于 α 时，研究者一般倾向认为获得当下这个统计值的概率太小，不太可能由随机抽样的自然波动造成，因而具有统计显著

---

① 需要注意的是，p 值并不直接反映零假设或研究假设成立的概率。p 值的含义是，当零假设成立时，获得当前样本中某个统计值的概率，因而 p 值是随机抽样中观察到的当下样本数据模式的概率。这也是引发对以 p 值为核心的经典假设验证方法的批评原因之一。

的意义。换句话说，p 值通过数据间接反映了零假设成立的概率。当 p 值足够小的时候，研究者会根据经验拒绝零假设，而支持研究假设——即样本呈现的数据关系在真实总体中可能同样成立。

上文限于篇幅简要论述了假设验证的逻辑，可能会令读者产生一些困惑，感兴趣的读者可以参考基础社会统计教程来深入学习[①]。在此，我们提出一些结论性的观点，供读者参考。首先，p 值反映了一种统计分析的显著性程度，间接指向零假设成立的概率，因而 p 值越小，我们就越有把握拒绝零假设，接受研究假设。较小的 p 值，意味着更高的统计显著性。其次，p 值需要与事先设定的显著性水平 α 比对。当 $p<\alpha$ 的时候，我们获得了具有"统计显著性"的结果。需要注意的是，p 值所比照的 α 值并不是什么客观标准，而是社会研究者在长期实践中约定俗成的标准。研究者可以根据研究的具体情况设置一个显著性水平，如常见的 $\alpha=0.05$ 或 $\alpha=0.01$。研究者将 α 值设定得越低，其实是在提高研究的置信水平，为假设验证提出更高的标准。

在整个量化社会科学研究中，以 p 值为代表的频率论（frequentist）假设验证体系应用极其广泛，至今依然是主流的数据分析思路。当然，尽管应用广泛，但以 p 值为核心的假设验证体系也有很多局限和问题。对这套假设验证体系的批评和反思也从未停止：首先，假设验证的显著性水平是一种人为规定。在各项研究中，最常见的显著性水平设置为 $\alpha=0.05$，即研究者认为 $p<0.05$ 是一个足够小的概率。但只有 1/20 的概率发生的事件在日常生活中也时有发生。比如，我们一次掷两只骰子，出现两个六点的情况并不十分罕见，然而其概率为 1/36，远小于 $\alpha=0.05$ 的概率。可见以一个约定俗成的标准来验证统计显著性，还是有很大的可能犯错。我们将这类错误称为第一类错误（type I error），即错误地拒绝了本不该拒绝的零假设，统计分析出现了"假阳性"。其次，p 值对样本量很敏感。当我们分析的样本量增大时，将更加容易获得一个较小的 p 值。换言之，使用大样本更容易得到具有统计显著性的结果，即更容易犯第一类错误。再次，当 $p<\alpha$ 时，我们拒绝零假设，接受研究假设，获得统计上显著的结果。但当 $p>\alpha$ 时，我们却不能确证或接受零假设。换句话说，一个不显著的 p 值，并不能表示研究关注的统计效应一定不存在，而只能表明当下的分析和数据没能发现拒绝零假设的证据。因而，一个不显著的 p 值不能帮助我们形成任何具有判断性的结论。在学术研究中，各类刊物都倾向于发表具有统计显著性的研究结果，大量统计上"不显著"的研究结论没法获得发表的机会。如果研究者将显著性水平设置为 $\alpha=0.05$，按照 1/20 的概率，那么每 20 个研究会出现 1 个研究错误地发现具有统计显著性的模式。而这种犯了"第一类错误"的研究又恰恰最适合发表，那些没有取得

①　应用统计学入门读物推荐：［美］杰克·莱文、詹姆斯·艾伦·福克斯：《社会研究中的基础统计学》（第九版），王卫东译，中国人民大学出版社 2008 年版。

今井耕介：《量化社会科学导论》，祖梓文、徐轶青译，上海财经大学出版社 2020 年版。

贾俊平、何晓群、金勇进：《统计学》（第六版），中国人民大学出版社 2015 年版。

［美］戴维·萨尔斯伯格：《女士品茶 统计学如何变革了科学和生活》，刘清山译，江西人民出版社 2016 年版。

统计显著性的研究反而被当作没有价值的信息。也就是说，以 p 值为代表的假设验证体系可能存在一种系统性的偏差。

近年来，有不少学者提倡使用贝叶斯方法（Bayesian methods）来替代现有的假设验证体系。但 p 值依然是我们判断统计显著性的重要依据。考虑到 p 值的局限，数据分析时我们应该更加批判、谨慎地解读所得 p 值的含义。当所分析的样本具备高统计检验力（statistical power）时，我们应该使用更严苛的显著性水平。在理解所分析的统计结论时，除了 p 值，我们还可以考察置信区间、效果量等其他指标。

三、数据分析的注意事项

大量经验告诉我们，数据分析过程中存在不少干扰因素或迷惑性关系，不加甄别的话，数据分析者有时容易进入思维误区，以致形成谬误的结论。接下讨论一些数据分析中常见的误区和注意事项。

1. 追问样本来源

在分析数据时，我们要时刻留意数据的来源与获得样本的方法，因为样本的构成很可能会引入一系列偏差。例如，数据分析中存在一种常见的"幸存者偏差（survival bias）"——只观察那些通过了某些标准筛选之后的样本，而忽视了不符合这些标准的对象，并在此基础上形成结论。我们都非常熟悉这样的说法：猫在从很高的楼层坠落后可以存活甚至毫发无损。根据统计资料，确实有很多猫在坠楼后存活[1]。在相关研究中，统计数据还给出反直觉的结论，比如猫从较低楼层（六楼以下）坠落更容易受伤。但如果我们追问这些数据是如何获得的，就会对相关结论产生疑问。事实上，很多类似的统计数据都来自宠物医院的记录。而猫坠楼再被送到宠物医院本身就是一个"幸存"标准筛选的结果。有些从较高楼层坠落的猫可能直接殒命，并没有被送往宠物医院并记录在案；一些更低楼层坠落的猫并无大碍，也没有被送到宠物医院。此类研究观察的猫，是在某些楼层坠落后受伤侥幸尚可救治的群体，这并不能还原整个真相。我们或许有其他办法来考察猫是否具有某些能力或特性使其可以从高空坠落后幸存，而这些来自宠物医院的"幸存者偏差"数据显然并不能为我们提供有效的结论。这启示我们，在数据分析的过程中需要时刻关注数据的来源及其可能的偏差，才不会落入类似的误区。

2. 明确分析层级

数据分析需要格外注意变量的分析层级。分析中任何一种测量都指向某个特定的层级。有的变量测量层级为个体，如个人身高和体重是个体层级测量的变量。有的测量的层级指向更高的区群层次，如失业率、犯罪率则是区群层级测量的变量。当我们试图基于区群层级的数据推断低层级的测量变量（如家庭或个体）的关系时，就可能会犯"生态/区群谬误"（ecological fallacy）（亦可参见第二章）。举例而言，我们观察甲、乙两个城镇，

① Whitney, W. O. & Mehlhaff, C. J. (1987). High-rise syndrome in cats. *Journal of the American Veterinary Medical Association*, 191(11): 1399-1403.

甲城的 GDP 更高，但是甲城通过宽带接入互联网的户数却较少。相比之下，乙城的 GDP 较低，但乙城通过宽带接入互联网的户数却更多。通过这组数据，我们能否推论相对贫穷的家庭更有可能通过宽带接入互联网呢？这样的数据推论方法显然是有问题的。因为 GDP 与宽带接入户数都是在"城镇"这一级别进行观察得到的数据，而我们的结论则回到了"家庭"这一级别，二者错位。当我们错置观察数据与推论的层级时，就可能引入一些虚假关系。在前面的例子中，有可能甲城的中老年人口比例较高，而乙城的年轻人口较多，因而表现出对宽带互联网使用接受度的不同。当我们对家庭收入和家庭接入互联网情况分别进行分析时，也有可能得到完全不同的结论。

3. 数据分析的分组与合并

数据分析经常涉及围绕某个属性将数据集分组进行分析比较。但需要注意的是，分组统计的结果在数据合并之后并不一定成立。辛普森悖论（Simpson's paradox）指的就是这样一种数据分析中的状况：当我们对数据进行聚合的整体分析时，某些在分解分析中呈现的模式会失效甚至逆转。辛普森悖论最经典的案例是关于大学录取中性别歧视问题的。在《简单统计学》一书中，[①] 作者对这个案例有详细的描述："20 世纪 70 年代，有人指控加州大学伯克利分校研究生院歧视女性申请人。作为证据，他们提供了表 5-1 中的数据，指出男性申请人的录取率为 44%，而女性申请人的录取率只有 35%。"

表 5-1　男女整体的申请录取情况

	申请人	录取率
男性	8442	44%
女性	4321	35%

很明显，女性申请人的录取率低于男性，法院随即开展调查。然而，在按照不同专业方向对申请录取率进行分析后，原来的结论似乎发生了松动甚至逆转。表 5-2 呈现了最大的六个系的男女录取情况。事实上，在六个系别中只有两个系（C 和 E）的男性录取率高于女性。其中只有 A 系的录取存在统计上显著的性别差异，而女性的录取率是高于男性的。仔细检查表格，我们会发现女生其实更愿意申请录取率偏低的专业（如 C、D、E、F），却不太愿意申请录取率较高的 A 系和 B 系，这导致总和统计时女性的录取率较低。辛普森悖论提示我们，在数据分析时要避免仅仅从整体或分组的情况做推论。

表 5-2　男女在不同系别的申请录取情况

系别	男性		女性	
	申请人数	录取率	申请人数	录取率
A 系	825	62%	108	82%
B 系	560	63%	25	68%

---

① ［美］加里·史密斯：《简单统计学》，刘清山译，江西人民出版社 2018 年版，第 138—140 页。

续表

系别	男性		女性	
	申请人数	录取率	申请人数	录取率
C 系	325	37%	593	34%
D 系	417	33%	375	35%
E 系	191	28%	393	24%
F 系	373	6%	341	7%
总计	2691	45%	1835	30%

4. 排除干扰变量

在数据分析过程中，常可见两个变量之间存在显著的相关关系。有时候，我们会将这种相关关系错误地理解为"因果关系"。而实际上二者并非是彼此的原因或结果，其相关性产生的原因在于有第三个变量与二者同时相关；或者说，这看似相关的二者背后有一个共同的原因。在数据分析中，我们把这类关系称为虚假关系（spurious relationship）。毕竟在社会研究中，事物的（相关性）关联是非常普遍的，我们在理解这些相关性时，要注意不能轻易将其上升为"因果关系"。除了统计上的相关性，我们还应该从常识、理论、时间先后、控制变量等角度对事物之间的关系进行全面考察后再加以评估。数据只是数据，数据呈现出很多关系与模式，但理解数据离不开理论，离不开分析者的判断。尽管我们提倡数据驱动的新闻报道，但没有理论的数据分析是空泛和危险的。

5. 避免太过复杂的模型

数据分析中我们常常要面对很多选择。用统计值来描绘数据关系时，我们应该建构精细而复杂的模型，还是尽力提出清晰而简洁的解释？统计与数据分析的根本目的在于将复杂的数据对象逐步简化并最终提取出清晰的模式。从这个意义上，数据分析更鼓励发展简洁、高效的模型。奥卡姆剃刀（Occam's razor）就提供了关于数据分析简洁与繁复矛盾的哲学式表达。奥卡姆是中世纪的一名经院哲学家，他提出"如无必要，勿增实体"这一哲学原则。他指出，在其他条件不变的情况下，解决问题的简单方法比复杂方法更可取，因而奥卡姆剃刀也被称作简约法则（principle of parsimony）。奥卡姆剃刀慢慢被发展为科学分析中的一个重要原则，认为一个直接简单的解释要优于包含很多前提或假设的解释，旨在帮助研究者在竞争的理论、模型、假说中作出选择。在数据分析领域，奥卡姆剃刀也可以帮我们筛选统计模型。例如，假设模型 A 包含 3 个自变量，能够解释因变量中 75% 的方差（variance）；而模型 B 包含 5 个自变量，能够解释因变量中 82% 的方差。尽管模型 B 能作出更充分的解释，但解释的机制更复杂。按照奥卡姆剃刀原则，模型 A 更加理想，因为它的解释更有效率。又如，影响一个社会平均预期寿命的因素有很多，如气候、饮食习惯、科技发展水平、主要生产方式等。但当我们以国家为单位分析国民的平均预期寿命时，会发现经济水平和医疗条件这两个解释因素具有主导性的影响力。根据奥卡姆剃刀原则，我们就可以提出一个高效的解释预期寿命的方式。当然，奥卡姆剃刀只是实证研究中的一般性原则，并不见得适合所有的情况。有些变量尽管解释的效果量有限（统计显著性不高），但因为有较高的社会显著性，因而不能轻易忽视。总而言之，奥卡姆剃刀提醒我们，在其他条件不变的情况下，不应该执迷于复杂的模型，更应该追求简洁、高效的解释方式。

第二节　数据分析软件的种类与设置

一、主要数据分析软件

本节将介绍数据分析实践中必备的工具——数据分析电脑程序 / 语言。我们再次强调，数据分析的核心在于理念和思路，而统计方法和操作软件处于从属地位。但随着科技的发展及数据环境的改变，有些软件更能适应新的趋势，有助于提高数据工作的效率或拓展数据工作的边界。数据分析的初学者往往困惑于该学习哪种分析软件。其实各类数据分析软件没有绝对的优劣分别，明确自己的学习目的和工作目标，才能选择适合的工具。在数据化时代，技术发展异常迅猛，数据收集与阐释能力成为新的生产力，但这一趋势也给新闻工作者带来了技术上的巨大挑战。面对多元技术空间与复杂的数据形态，研究者很难依靠某一种工具或一套固定的技术方法来应对所有的数据分析工作，而是需要协同使用多种工具来完成一个任务。在实际工作中，我们需要储备一个具有个人特色的工具箱以及一整套工作流程去应对复杂的数据分析任务。有志于从事数据新闻的记者必须做好持续学习的心理准备，拥抱技术变迁带来的新挑战，才能不断突破与进步。

一些专业的数据新闻从业者这样谈论他们在工作中所使用的数据分析软件：[①]

我的建议是先学习 Excel 然后用它做一些简单的报道。从小处着手逐渐到数据库分析及数据制图。你可以在 Excel 中做很多事情——它是一个极其强大的工具，但大多数人对 Excel 功能的使用却是那么可怜兮兮。

——《金融时报》记者辛西娅·奥墨楚（Cynthia O'Murchu）

我们有很标准的工具去处理数据：用 Google Refine 和 Excel 清理数据；用 SPSS 和 R 做统计；用 ArcGIS 和 QGIS 去做 GIS；用 Git 做源代码管理；用 TextMate、VIM 和 Sublime Text 写代码；用 MySQL、PostgreSQL 和 SQL Server 的组合做数据库。

——ProPublica 记者斯科特·克雷恩（Scott Klein）

我是 Python 的超级粉丝。Python 是一种奇妙的开源编程语言，它很容易读写（例如，你不必在每行后键入一个分号）。更重要的是 Python 有一个庞大的用户群，因此你需要的一切都有插件（包）来实现。……R 主要是作为一种科学可视化工具被创建的。很难找到

[①]　《数据新闻手册》第六章第七节"数据记者对工具选择的讨论"。

一种还没有创建到 R 中的可视化方法或数据分析技术。R 本身就是一个世界，是可视化数据分析的圣地。不够完美的一点是你需要（再一次）学习编程语言，因为 R 有它自己的语言。但是，一旦你入门就会发现没有什么工具比 R 更强大了。经过培训的数据记者可以用 R 来分析庞大的数据集，跨越 Excel 的限制（比如，你有一个一百万行的表）。

——开放知识基金会格雷格·艾许（Gregor Aisch）

市面上已经有很多功能丰富的统计软件包。在社会科学领域，最为常见的专业数据分析软件有 SPSS、STATA、SAS、R 和 Python 等。其中 SPSS 采用图形化界面，其数据管理界面与电子表格相似，执行分析也只需点击鼠标就可以完成绝大部分操作，因而普及率较高，也是很多数据分析入门学习者的首选。SPSS 功能强大，内置了很多高阶分析工具，能够应对绝大多数用户的需求。另一款主流的社会统计分析软件 STATA 则需要通过代码实现分析操作，整体而言 STATA 的易用性和效率都很高，统计功能十分强大，因而在商业领域与科学研究中有广泛应用。SAS 则是一款功能强大、但操作也更复杂的专业统计软件，也需要编程操作且语法规则较为复杂，因此多为进阶用户选用。这类统计软件经过长时间发展，各项功能已经相当完备。但它们都是商业软件，功能升级和拓展通常需要官方版本升级，其生态相对简单和封闭。

近年来，基于计算机语言的数据分析技术受到重视，以 R 和 Python 为代表的编程语言渐渐成为主流的分析工具。相较于商业开发的软件包，R 和 Python 具有很多优势：

（1）R 与 Python 并非单纯的统计软件，而是真正的计算机编程语言，应用范围广且拓展性极强。

（2）R 与 Python 是开源、免费的。这不仅意味着用户可以节省资金，更意味着围绕语言形成了极富生命力的用户生态。全世界的用户都在不断丰富、更新该语言的数据分析功能，很多新的分析方法和技术很快就可以成为分析者的便捷工具。

（3）作为编程语言，R 与 Python 更适应大数据时代的网络环境，除了能够自动收集网络数据外，二者都可以处理体量更大的数据集，也更适应新型数据分析任务。

（4）R 和 Python 的扩展性很强，在传统意义上的统计分析之外，亦可用于文本挖掘、机器学习等网络大数据环境下的数据分析任务，在数据可视化等方面也有很大优势。

需要注意的是，R 和 Python 都属于编程语言，对初学者来说可能会有一些难度。然而一旦掌握了基本的语法规律，其优势将凸显，用户可以感受到编程语言在数据分析领域的巨大拓展空间和丰富资源。

尽管 R 与 Python 都是基于编程语言的数据分析工具，但二者存在一定差异。表 5-3 罗列了两种语言在数据分析方面的特性差异。总的来说，Python 是一款面向开发环境的综合性编程语言，应用场景广泛。据 TIOBE 排行榜统计，Python 近年来已成为世界范围内最受欢迎的编程语言。而 R 则是一款专注于统计与数据分析的编程语言。传统上认为，R 在统计、机器学习及可视化方面有一定优势，但近年来 R 与 Python 在数据分析与可视化方面的功能趋同。数据分析工作者需要对两种语言都有一定程度的掌握。

表 5-3　R 与 Python 语言的特性对比

	R 语言	Python 语言
运行速度	较慢	较快
语法规则	较为简洁但一致性低	简洁、可读性与一致性高
数据抓取能力	较差	较强
社会统计	更强	较弱
机器学习	各有所长	各有所长
可视化能力	更强	较强
应用行业	学术研究、金融	互联网研发、商业部门
主流包 / 库	dplyr/ggplot2/data.table	Numpy/Pandas/Matplotlib/Scikit-learn

在数据分析软件选择上，本书主要介绍 R 语言。主要原因在于：R 是一款开源、免费的专注于数据分析的程序语言，其数据结构更符合统计思维，基本使用逻辑也围绕统计分析展开；其语法可读性较高，入门容易，自带的基础统计功能包较为完善，各种辅助功能包也有很多选择；此外，R 语言的可视化能力也较强。由于本书在第三章已经重点介绍过 Python，本章则重点介绍 R。在数据的单变量描述方面，本书还将介绍 Excel 的相关功能。在新闻业界，Excel 也是数据新闻记者常用的工具。Excel 本身是电子表格软件，非常适于进行数据管理与数据清理，具备非常丰富的函数，可以胜任大多数的数据分析工作，还有一些高级功能（如透视表格和 VLOOKUP）可以帮助实现高效的数据汇总、分析与呈现。不过，Excel 的统计分析功能及图形可视化功能都有较大的局限，不适合复杂的统计分析任务。由于 Excel 是最常用的电脑软件，本书将不再介绍 Excel 的安装和设置。

二、R 语言的安装与基本设置

R 语言为开源程序，可在官方网站免费下载，用户可根据自己的系统（如 Windows 或 Mac OS）下载对应的安装包。此外，CRAN（the Comprehensive R Archive Network）网站为各种 R 资源的官方网站，用户可以在上面找到相关的下载资源和教程。

R 语言本身可以独立运行，但其界面比较粗糙，功能也比较单一。相当多的 R 语言用户都会使用第三方的 IDE（集成开发环境）进行操作。简单地说，我们需要一个对用户更加友好、功能更加丰富的用户界面来进行 R 语言操作。RStudio 就是一款广受好评的 R 语言开发环境，也提供免费的开源版本，须确认在安装好原版的 R 之后，再安装 RStudio。需要注意的是，不管是 Windows 系统还是 Mac OS 系统，最好确保 R 和 RStudio 安装目录中不含有中文字符，否则容易运行出错。

安装好 R 和 RStudio 之后，我们可以直接运行 RStudio。RStudio 的操作界面分成四个部分（见图 5-2）。左下的区域是控制台（Console），我们可以在其中输入指令，分析的结果也在这个区域输出。左上区域以标签卡形式显示文本编辑器或数据集等信息。右上区域是工作空间，R 语言处理的各类对象都在这里汇总。右下区域是一个复合信息窗口，不同标签卡中显示文件夹、功能包列表以及可视化图形。

　　在开始运行 R 语言之前，我们需要完成一些简单的设置。为了顺利下载安装包，我们可以选择一个国内的 CRAN 镜像。首先选择工具栏的"Tools"，在下拉菜单中点选"Global Options"，得到一个弹出窗口。接下来在左侧标签栏中选中"Packages"，然后点击"Primary CRAN repository"右侧的"change"按钮。在列表中选择一个中国大陆的镜像地址（如北京或合肥），然后单击"OK"，回到上一级后单击"Apply"。

　　在开始工作前，我们还需要设置一个工作目录。R 操作过程中需要读入和读出的文件都将出现在这个操作目录中。首先，我们可以在自己习惯的位置（比如桌面或我的文档）建立一个文件夹，并以英文命名。然后点击工具栏中的"Session"，在下面选择"Set Working Directory"，在右侧呼出的菜单中"Choose Directory"，接着在文件浏览窗口中找到并选中刚刚创立的文件夹，点击"Open"，工作目录设置完毕。举例而言，我们在桌面上创建一个名为"data"的文件夹。在按照上述方法将其设置为工作目录后，RStudio 的控制台中会显示"> setwd("~/Desktop/data")"，表明工作目录设置妥当。

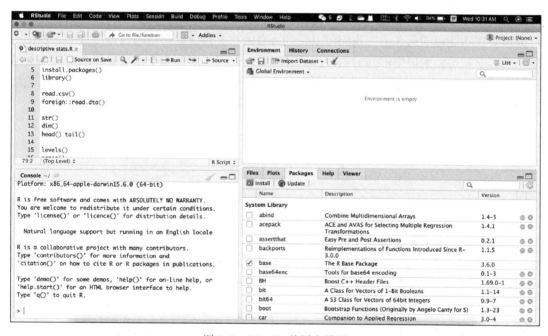

图 5-2　RStudio 的用户界面

三、安装 R 语言功能包

　　使用 R 语言进行数据分析时，我们会用到很多功能包（packages，简称包）。在 R 语言中，绝大多数的分析和功能需要通过函数来实现。R 的功能包就是一系列特定函数的集合，也就是一些实现相关功能的工具箱。R 语言会集成一些基础的功能包，每次启动 RStudio 的时候会自动加载，如 base、datasets、graphics、stats 包。另有大量的功能需要靠 R 语言生态中的各种其他功能包实现。有些 R 包的功能强大，效率很高，广受欢迎，例如优秀的作图功能包 ggplot2、高效的数据处理包 dplyr、综合统计应用包 hmsic、文本分析工具 tm 包等。

R 功能包的安装非常容易，我们只需要通过简单的一句指令就可以实现。现在以安装图形绘制功能包 ggplot2 为例。安装时，首先确保电脑已经连接网络，接着在控制台输入如下代码并按回车运行：

```
install.packages("ggplot2")
```

随后，R 语言系统会自动连接 CRAN 镜像，下载并安装该功能包。网络速度不同，安装所需要时间也不尽相同。安装好后会回到初始输入符号。在 RStudio 右下区域 "packages" 标签卡的列表中显示所有已安装的功能包，安装成功后 ggplot2 将出现在该列表中。我们有两种方法启动某个功能包，既可以直接用鼠标勾选功能包名称前面的框，出现对号后表明该功能包已经加载；也可以使用 library 函数启动某个功能包：

```
library(ggplot2)                  # 启动 ggplot2 功能包。
```

R 的功能包都配有详尽的"说明书"，对功能包中的函数、语法及参数设置进行详细的描述，是非常有用的信息。一旦我们掌握了 R 的基本操作，就可以直接使用各种包进行分析。在功能包的列表中，我们可以看到所有的功能包信息都是超链接形式的，点击功能包的名字就可检索包中不同的函数，点开函数，就可以看到每个函数具体的使用指导信息。这是 R 语言的一大优势。此外，我们在用代码操作时，也可以随时查看包和函数的说明书，只需使用下列指令：

```
help(ggplot2)                     # 呼出 ggplot2 包的介绍。
help(geom_bar)                    # 呼出 geom_bar 函数的使用说明。
```

第三节　单变量描述

本节介绍数据分析中最常用的统计描述方法。前文介绍了数据测量的几个层次。在数据分析实践中，我们需要明确变量的两个基本类型：类别型变量[①]与数值型变量。类别型变量指示对象的类别差异，如性别、民族、宗教信仰等，其中类与类之间没有数值关系，不能比较大小。数值型变量则表明对象的数值特征，如个人的身高、体重、收入，其数值可以进行高低、多少比较，也可以做数学计算。在 R 语言中，类别型变量称为 factor，数值型变量称为 numeric（variable）。区分变量的类别格外重要，因为处理不同变量时我们将采用不同的统计模型及可视化方案。

一、数据描述的基本知识

1. 频数与百分比

面对大量原始数据，首先要对变量进行频数分布（frequency distribution）统计。频数分布可以将数据转换为一种更加容易理解的形式，呈现变量的分布情况和大体趋势。频数是数据

---

① 又称分类变量。

分析中最为常用的统计方法。类别型变量和数值型变量都可进行频数统计，但对类别型变量的频数统计往往更有意义。例如，我们可以通过频数统计快速了解样本中男性和女性的人数，或者高低收入群体的人数。但当我们对样本中个人收入进行频数分布统计时，因为个人收入千差万别，统计汇总后的信息量依然庞杂。这时，我们可以将收入进行分段处理（收入段是一个类别型变量），再针对不同的收入段进行频数统计，所得的信息就更加容易理解。

在频数统计后，我们可以计算每个类别占总体的比例（portion）和百分比（percentage）。所分析的样本量不同时，频数不方便在不同组别间进行对比，而比例和百分比则可以对频数分布做标准化处理，方便跨组比较。例如，甲院系本科学生英语四级考试通过人数为120人，乙院系本科学生英语四级考试通过人数为200人，因为两个院系总人数不相同，频数统计不能比较。但比例和百分比可以比较。比如，甲院系通过率为60%，乙院系通过率为55%，我们就可以判断甲院系学生在英语四级考试中表现更为出色。比例为某一类别中案例数（f）除以总数（n）：

$$比例 = \frac{f}{n}$$

比例的计算值为0到1之间的一个小数，但更多时候我们习惯使用百分比来表达比例。百分比意味着某一类别（如通过英语四级考试的人数）在每100个案（如每100个学生）中发生的频数。在比例的基础上乘以100就可得到百分比：

$$百分比（\%）=100 \times \frac{f}{n}$$

百分比是新闻报道中常见的统计表达形式，可直观地呈现某种情况或类别的规模与趋势及其占总体的情况。百分比还可以帮助用户迅速形成一种比较思维，这种比较既可以是不同群组之间的比较，也可以是时间上的纵向比较。例如，用某企业今年的利润减去去年的利润，再除以去年的利润，就得到了该企业今年利润增长的百分比。除了简单的百分比，有时候我们还会用到"累计百分比"，即用累加的方式展现低于某一值的所有类别的百分比。累计百分比有助于我们判断一些类别在整体分布中所处的位置。例如，表5-4展示了某样本（共500人）中个人月收入的分布情况。通过累计百分比，我们可以了解到样本中86%的个人收入在10000元及以下，而收入超过10000元的人数仅占14%。利用累计百分比，我们还可以做反向解读。例如，根据当前样本，一个人的月收入超过10000元时，她或他的收入水平就达到总体的前14%。

表5-4 某样本中个人月收入的频数、百分比、累计百分比统计信息（n=500）

收入情况	频数	百分比（%）	累计百分比（%）
暂无收入	10	2	2
低于2000元	10	2	4
2001～4000元	80	16	20
4001～6000元	150	30	50
6001～8000元	90	18	68

续表

收入情况	频数	百分比（%）	累计百分比（%）
8001 ～ 10000 元	90	18	86
10001 ～ 12000 元	40	8	94
12001 ～ 14000 元	10	2	96
14001 ～ 16000 元	10	2	98
16000 元以上	10	2	100
总计	500	100	100

尽管百分比是一个简单的统计方法，但有时候也会产生一定的迷惑性。首先，百分比的计算依靠一个确定的基数，即计算百分比的分母，当基数变化时，相应的百分比也会发生变化。在以百分比进行表达时，我们需要明确所指的基数。例如新闻报道会提到的粗结婚率，指的是某一地区当年结婚的人数与该地区的总人口的比例（通常以千分比记），其基数是某地区总人口。其次，当基数（分母）本身较小的时候，百分比会误导读者。比如某一个企业生产的某种产品去年只占市场份额的 2%，今年该产品销售额提高了 200%。但在市场总额不变的情况下，该产品的市场份额也仅有 6%。如果我们仅仅表述"该产品今年销售额大幅提升 200%"，则可能会使读者高估该产品的市场销售情况。因此，在使用百分比时，我们必须提供关于形成百分比的基数信息。

2. 集中趋势：平均数、中位数与众数

平均数（$\bar{x}$）是应用最为广泛的统计值，只能用于描述数值型变量。将一组数值 x_1，x_2，…x_i 加总，再除以该组数据中数值的数量（n），就得到了平均数[①]：

$$\bar{x} = \frac{x_1 + x_2 + \cdots + x_i}{n} = \frac{\sum\limits_{i=1}^{n} x_i}{n}$$

平均数不一定是分布的中点或出现最频繁的数值，平均数描述的是一个数据分布集中趋势的算术"重心"，可使我们了解统计对象的一般情况。平均数作为一个基本的统计值还可以用来推测。比如我们想知道某个职员的月收入。在没有其他信息的情况下，我们最可靠的猜测就是这个职工所在单位的平均月收入。

平均数有时候能够让我们更清楚地理解数据。比如，国内生产总值（GDP）代表一个国家或地区的综合经济能力。但每个国家人口数量不同，GDP 总量有时并不能全面反映该国或地区的经济发展水平。将 GDP 总量除以该国家或地区的总人口，得到人均 GDP，能从另一个侧面反映这一国家或地区的经济发展程度以及社会的富裕程度。然而需要注意的是，平均数有时候也会掩盖一些事实。当分布中存在一些极端值的时候，平均数会被拉向极端值方向，从而被放大或缩小。比如，当我们解读某一样本中的人均可支配收入时，

---

① 此处计算的是样本平均数。如果了解总体数据，总体数量为 N，则计算总体平均数 $\mu = \dfrac{\sum\limits_{i=1}^{N} x_i}{N}$。

需要对居民分布情况做一了解，观察是否有一些极端富裕或贫穷的个体影响了平均值所反映的一般情况。又如，一个地区贫富差距非常严重，但人均可支配收入却处在一个相对中等的水平，此时平均数就掩盖了该地区贫富差距严重的真实状况。关于平均数与分布的关系，后文还将继续讨论。

中位数是另一个衡量数据集中趋势的统计值。当我们将一组数值从小到大排列时，处在分布最中间位置的那个值就是中位数，所以中位数是将整个分布平均分成两份的那个中点。n 个数值中，中位数的位置为：

$$中位数位置 = \frac{n+1}{2}$$

通过这个算式，我们可以确定中位数的位置。当分布中含有奇数个值时，我们会找到唯一出现在中点的中位数，此时，中位数为真实出现在分布中的数值。当分布中有偶数个值时，中位数的位置会落在相邻两个值的中间。比如，分布中有 50 个数值，根据公式计算，中位数的位置为（50+1）/2=25.5。这意味着，处于分布中间的是第 25 和第 26 个数值。这时，中位数应该是第 25 和第 26 个数值的平均数。此时的中位数没有真实地出现在分布中。

众数也是描述数据集中趋势的统计值。众数是一组分布中最频繁出现的数值。与平均数、中位数不同，众数不但可以描述数值型变量，还可以描述类别型变量。例如，对我国人口的民族这一类别变量进行统计，"汉族"是整个分布的众数。需要注意的是，在一个分布中众数可能不是唯一的，有时会出现两个或更多的众数。从可视化的角度看，只有唯一众数时，数据会呈现单峰分布（unimodal distribution）；当数据中出现两个或多个众数时，数据会形成双峰分布（bimodal distribution）或多峰分布（multimodal distribution）。图 5-3 显示了单峰与双峰分布的基本形态。

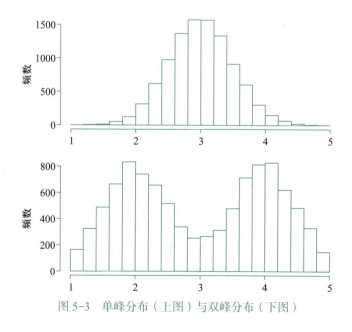

图 5-3　单峰分布（上图）与双峰分布（下图）

　　平均数、中位数和众数这三个统计值出现的位置决定了分布的形态。在完美对称的单峰分布中，平均数、中位数与众数应该出现在分布中心的同一个位置，三个统计值相等。但当三者分离时，分布就会出现偏态。我们仍然以单峰分布为例来进行说明。当分布中出现一些极大值时，平均数会被拉向极大值的方向，而众数是出现频次最高的数值，总是对应分布的峰值，中位数则出现在二者中间。此时，平均数 > 中位数 > 众数，分布形态被称为正偏分布（positively skewed distribution）。当分布中存在一些极小值时，平均数会被拉向极小值的方向，众数依然对应分布的峰值，中位数仍出现在二者中间。此时，平均数 < 中位数 < 众数，分布形态被称为负偏分布（negatively skewed distribution）。值得注意的是，极大或极小值可以影响平均数，却不会对中位数产生影响。图 5-4 是两种偏态分布的示意图。当分布出现正偏或负偏时，意味着平均数受到了极大值或极小值的影响，其反映"整体平均状况"的能力就会打折扣。因此，在使用平均数进行描述时，应该注意该变量的分布情况。

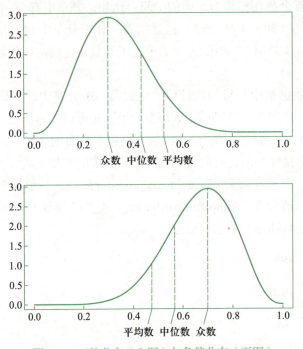

图 5-4　正偏分布（上图）与负偏分布（下图）

拓展阅读

数据中的缺失值

　　在数据分析中，我们不可避免地会遇到"缺失值"。缺失值为数据集中缺失的信息。造成缺失值的原因各不相同——有时候数据收集或抓取过程会因为技术原因造成遗漏，有时候原始数据源本身就不完整，如问卷调查时受访者拒绝提供信息，或者数据分析人员在数据转录过程中出错。在使用二手数据时，我们能获得的数据也不一定对称。有些变量对于有些个案并不适用，也会造成缺失值。例如，尚未工作的受访者可能没有个人收入，在工资收入的数据上就可能是缺失的。

在数据处理软件中，很多缺失值以留空形式存在，有时候我们也会以"NA"或特定的数值来表示缺失值。在进行统计分析时，我们需要通过软件设置指定处理缺失值的方法。如果我们不做设置，也应该了解软件对缺失值处理的默认方法。

对缺失值有三种处理方法。第一种是"不处理"，保持数据最本源的状态，不进行人工干预。第二种办法是删除包含缺失值的数据。当一个数据行包含缺失值时，我们可以选择将整个数据行删除（list-wise deletion），也可以仅在分析涉及有缺失值的变量时才将其删除（case-wise deletion）。删除缺失值会减少我们分析的数据量，但是当缺失值较多时，删除数据会对整体结果产生不可知的影响。第三种方法是"补全数据"。补全数据其实是研究者根据自己的理论和经验"再造"数据，常见的方法包括用特殊值法、平均数法、回归法、最近距离法来填补数据。补全数据不会造成数据量减损，但任何一种补全其实都是对数据的"猜测"，也会对数据产生不可知的影响。

处理数据缺失值并没有固定的方法。我们要根据实际情况，权衡各方面利弊，在不违背数据分析原理的前提下对缺失值进行处理。

3. 离散趋势：方差与标准差

对一个数据分布的描述还应该考虑其离散趋势。离散趋势的统计值可以描述分布中数值偏离"中心"的程度，因而提供了集中趋势统计无法给出的信息。例如，甲、乙两个城市的年平均气温相近，从平均数上看不出明显差异。但是甲城地处沿海区域，夏季不会太热，冬季也不会太冷，各月温差较小；乙城地处内陆，夏季炎热，冬季酷寒，月温差较大。从气温分布的角度，甲城气温离散程度较低，而乙城气温的离散程度较高。这些信息都无法由平均数统计反映出来。

在任何一个分布中，都存在一个最大值和最小值，用一个分布的最大值减去最小值就得到了这个分布的极差（range）。极差是反映一个分布离散程度的统计值，表达了分布中数值波动的范围。例如，某日天气预报中的最高气温减去最低气温，就得到了这一日气温的极差。

衡量一个分布离散趋势最常用的统计值是方差（variance）和标准差（standard deviation）。方差用来描述一个分布中各个数值偏离平均数的平均程度，也可以理解为一个分布中数据（偏离平均数）的变异量。首先我们用各个数值（x）减去平均数（$\bar{x}$）得到偏差值（deviation，即数值与平均数的距离）。偏差值有正数和负数，为了避免正负数相抵消，我们将偏差值做平方处理，然后加总再除以分布中数值的总量（n）① 就得出方差：

---

① 此处计算的是样本的方差。如果了解总体情况，总体数量为 N，总体平均数为 μ，则总体方差的公

式为 $\sigma^2 = \dfrac{\sum\limits_{i=1}^{N}(x_i - \mu)^2}{N}$。

$$\text{方差}\,(\,S^2\,)=\frac{\sum\limits_{i=1}^{n}(x_i-\overline{x})^2}{n-1}$$

通过方差公式我们可以看出，平方运算避免了 $X-\overline{X}$ 可能出现的正负抵消问题，平方运算还会强调极端值偏离平均数的程度，使方差这个统计值对分布中数据的离散程度更为敏感。但使用平方运算会带来一个明显的问题——原数据的单位失去意义，沦为一个抽象的统计值，只能用来比较两个分布的离散程度，但方差统计值本身却不易解读。因此，我们更经常使用标准差来描述分布的离散程度，旨在通过平方根运算，保留原数据的单位，使其意义可以更清楚地被解读。标准差计算公式为[①]：

$$\text{标准差}\,(\,S\,)=\sqrt{\frac{\sum\limits_{i=1}^{n}(x_i-\overline{x})^2}{n-1}}$$

例如，某城市 1 月的平均气温为 5 摄氏度，标准差为 3 摄氏度，这意味该市 1 月的气温平均偏离平均数正负 3 摄氏度。标准差和方差都可以帮助我们更好地理解数据。例如，在某职业篮球联赛的数据中，某运动员的场均得分为 20 分，但其标准差为 10 分，这意味着该名运动员的发挥并不稳定，非常依赖比赛状态。而另一个运动员场均 15 分，标准差为 3 分，尽管场均得分不高，但发挥非常稳定。在我们对数据进行描述时，不光要了解平均数，还应该考察其离散趋势以及整体分布的情况，才能得到更为全面的结论。

我们还可以利用标准差来找到数据分布中的离群值（outliers）。现实中，很多数据的分布都近似正态分布。根据正态分布的曲线形态，数值越趋近平均值，其出现的概率越高，数值越远离平均值，其出现的概率越低。理论告诉我们，在一个完美的正态分布中，约 68% 的数据会出现在距离平均值正负 1 个标准差的范围内，约 95% 的数据会出现在距离平均数正负 1.96 个标准差的范围内，约 99.7% 的数据会出现在距离平均数正负 3 个标准差的范围内。根据这些信息，我们可以找到数据中那些严重偏离平均数的个案，对其进行分析。从数据新闻的角度，这些离群值可能成为新闻的重要线索和由头。《金融时报》的记者辛西娅·奥墨楚曾经提到："在理想的情况下，你可以使用数据来指出异常值、人们感兴趣的领域，或是令人惊讶的事物。在这种情况下，数据可作为导语或内幕信息。"[②]

二、数据描述的软件操作

下面介绍描述统计的软件操作。读者可以扫描二维码下载案例分析所用的数据集。这

[①]   此处计算的是样本的标准差。如果了解总体情况，总体数量为 N，总体平均数为 μ，则总体标准差的

公式为 $\sigma=\sqrt{\dfrac{\sum\limits_{i=1}^{N}(x_i-\mu)^2}{N}}$。

[②]《数据新闻手册》第二章第二节"为何记者要运用数据"。

个数据集来自中国综合社会调查（CGSS）2015 年的公开调查数据[1]，原始数据集体量较大，包含 1398 个变量，10968 条数据。为了方便讲解和练习，我们抽取了 19 个变量进行分析，并储存在 cgss_19.csv 这个文件中。这个数据集是统计分析中最为常用的数据集形式（通常被称作 tidy data）[2]，其中每一栏代表一个变量（或称字段），每一数据行为一个观察值或个案。

扫码获取数据

为了方便分析，我们将"无法回答""拒绝回答""不适用""不知道"都转换成缺失值，以 NA 表示。表 5-5 是对数据集中 19 个变量的说明。值得注意的是，受教育程度属于定序测量，在分析时也可以做类别型变量处理。受访者自评身体状况、心理状况以及媒介使用频率，严格地讲也属于定序测量，但在数据分析实践中，因为特定量表设计的方法，我们也可以将其看作数值型变量。本书还对 CGSS 数据做了一定的筛选和转化，分析仅供教学示范，并不具备学术上的参考价值。

表 5-5　对 CGSS 数据集中 19 个所选变量的说明

变量名	变量描述	变量类型
ID	序号	数值型
gender	性别	类别型
birth_year	出生年份	数值型
ethnicity	民族	类别型
education	目前的最高教育程度	（定序）类别型
income	个人去年全年的总收入（元）	数值型
home	现在住的这座住房的套内面积（平方米）	数值型
height	目前的身高（厘米）	数值型
weight	目前的体重（斤，即 500 克）	数值型
health	您觉得您目前的身体健康状况是	数值型
depress	在过去的四周中，您感到心情抑郁或沮丧的频繁程度是	数值型
hukou	目前的户口登记状况	类别型
newspaper	使用报纸的情况（从不—非常频繁）	数值型
television	使用电视的情况（从不—非常频繁）	数值型
internet	使用互联网（包括手机上网）的情况（从不—非常频繁）	数值型
children	如果没有政策限制的话，您希望有几个孩子	数值型
co-living	您家目前住在一起的通常有几个人（包括自己）	数值型
own_car	您家是否拥有家用小汽车	类别型
source	样本来源（城市样本 / 农村样本）	类别型

---

[1]　CGSS 是一个完全开放的大型社会调查，在每次年度调查结束两年后向全社会公布原始数据和所有资料，广泛应用于教学、科研、决策等领域。

[2]　一般译为整齐数据、整洁数据。

1. Excel 描述统计操作

Excel 的基本操作以窗口操作为主，界面直观，操作便捷，适合用来做基本的描述统计分析。Excel 还具有数据透视表功能，可以简单地实现两个及以上变量间的分类汇总。本节介绍 Excel 的数据描述统计操作，包括筛选、排序、频数与百分比、集中趋势、离散趋势和数据透视表功能。分析示例使用 Office 365 Excel for Mac，不同操作系统及不同版本的 Excel 软件操作差别不大，读者可自行探索完成操作。

（1）筛选

在分析数据时，我们有时只关注部分样本，Excel 的筛选功能可以帮助我们迅速选出匹配我们需求的数据。首先介绍针对某一个变量的简单筛选：点击任意单元格，然后点击菜单栏中的"数据"，选择"自动筛选"。此时，每个变量名右侧都会出现倒三角图标。如果我们想筛选出所有女性的数据，可点击 gender 旁的倒三角图标，取消全选，再勾选"女"即可。此时，表格内显示的是原数据中 5834 条女性数据的子集，而男性数据则全部被隐藏。

Excel 还可支持多条件筛选。如果想要查看所有居民户口女性的数据，我们可以在之前女性数据子集的基础上，通过 hukou 筛选"居民户口（以前是农业户口）"和"居民户口（以前是非农业户口）"。此时，表格内显示的是 953 条同时符合"居民户口"和"女性"两个条件的数据，其余数据则被隐藏。如果想取消某一筛选条件，则点击变量旁的倒三角图标，恢复全选或点击"清除筛选"即可。

用 Excel 进行筛选，除了勾选之外，还可以设定更具体的筛选条件。如果我们想筛选出年收入在 10000 元及以上的样本，可以点击 income 旁的倒三角图标，在"数字筛选"中，选择"大于或等于"，并在旁边的空格内填入 10000。同理，可使用此功能筛选符合介于某个区间或高于平均值等条件的数据。我们还可使用"与""或"逻辑设置筛选条件。例如，我们想筛选收入介于 5000 元至 10000 元之间的样本，可在"数字筛选"中选择"大于"，并在旁边的空格内填入 5000，选择条件下方的"与"，再选择"小于"，并在旁边的空格内填入 10000，即可得到同时满足"大于 5000"和"小于 10000"两个条件的样本。同理，如果我们想同时查看收入在 1000 元以下和 100000 元以上的数据，可以选择"或"逻辑。

此外，Excel 的筛选功能还可以用来筛选包含特定字符的数据。比如，如果需要筛选出所有受教育程度为大学的数据，包括大学本科（正规高等教育）、大学本科（成人高等教育）、大学专科（正规高等教育）和大学专科（成人高等教育）四个选项，我们可以点击 education 右侧的倒三角图标，在搜索框中输入"大学"，即可自动筛选出所有含"大学"二字的结果。

（2）排序

Excel 的排序功能可以帮助我们按照特定条件排列数据行。最简单常用的是按照升序或者降序排列数值变量。比方说，如果我们想按照身高排列所有数据，可以选中任意单元格，点击菜单栏中的"数据"，选择"排序"。一般情境下，我们需要其他变量的顺序根据此变量一同变动，以确保每个数据个案的准确性，因此，我们选择"扩展选定区域"，使所选区域以外的数据也相应变动。在排序操作框中，排序列选"height"，排序依据选择"值"，顺序选择"升序"或"降序"。需注意，有些版本中，"A 到 Z"为升序排列，"Z 到 A"为降序排列。

如果我们想要排列类别型变量，需要设置自定义序列。比如，我们想按照性别排列所有数据行，需点击菜单栏的"Excel"，选择"偏好设置"中的"自定义序列"[①]，在"列表条目"框内写下"男""女"，点击添加（见图 5-5）。重复前述排序操作，在"顺序"一列的下拉菜单中选择"自定义列表"，选择新添加的列表，再在顺序下拉菜单选择"男，女"或者"女，男"即可。

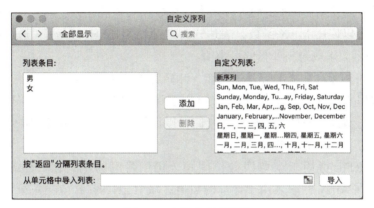

图 5-5　自定义序列设置

有时我们需要按照多个变量的值排序，比如，将男性和女性的身高分别升序排序。我们可以选中所有数据区域，重复前述排序操作，将第一个排序依据的"列"设置为 gender，"顺序"设置为"男，女"，再添加"次要关键词"，并将"列"设置为 height，顺序设置为"升序"即可。以此类推，我们可以设置多个排序依据，实现多变量排序。

（3）频数与百分比

Excel 有统计函数功能，可以使用函数计算频数、平均数与百分比。如果我们想要统计样本来源中城市样本和农村样本的频数，可使用 COUNTIF 函数。在单元格中输入"=COUNTIF(S2:S10969," 城市 ")"，点击回车，即可获得计算结果为 6470。其中"S2:S10969"是操作区域，"城市"是要统计的值，注意需使用英文符号。农村样本频数的操作类似。

我们还可以使用 Excel 的计算功能计算百分比。比如，计算城市样本占总样本百分比时，可选取一个空白格，输入"=6470/10968"，即用城市样本频数除以总样本数，点击"开始"页面中，"编号"下拉菜单中的百分号，即可得出城市样本的百分比。

（4）集中趋势

函数 AVERAGE 可用于计算平均值。如果我们需要计算总样本的身高平均值，可选择

---

① 　Windows 系统可参考："文件"—"选项"—"高级"—"常规"—"编辑"自定义列表。

紧靠 height 列最下沿的空白格，即 H10970，插入平均值，即可得到平均身高 163.91。也可选择任意空白格手动输入"=AVERAGE(H2:H10969)"，点击回车，也可获得计算结果。

如果我们想求取部分数据的平均值，可以使用 AVERAGEIF 函数。例如，在案例数据中，有一部分调查对象是没有收入的，如果我们想把有收入的群体和没有收入的群体区分开，只求取有收入群体的收入均值，也就是判断值大于 0，表达式为："=AVERAGEIF(F2:F10969,">0")"，点击回车，即可获得计算结果。

使用 Excel 求中位数，可使用 MEDIAN 和 MODE 函数，在括号内输入需计算的单元格区域即可。

（5）离散趋势

我们同样可以使用 Excel 中的统计函数描述数据的离散趋势。如果我们想知道样本身高的最大值，可以使用 MAX 函数，表达式为"=MAX(H2:H10969)"。通过类似操作，我们可以用 MIN 函数求取身高变量的最小值。

函数 VAR 可用于计算样本方差。例如，计算变量身高的方差，表达式为："=VAR(H2:H10969)"。这里需要注意，函数 VAR 只可用于计算样本方差，如果我们的数据是总体，则需使用 VARP 函数。通过类似操作，我们可以使用 STDEV 函数计算样本标准差，计算总体标准差则需使用 STDEVP 函数。

函数 QUARTIL 可用于求取四分位间距。仍以身高为例，在"公式生成器"中选"QUARTIL"，在 Array 栏输入用于计算的数值区域 H2:H10969，在 Quart 栏输入 1，点击完成，即可得到身高的 Q1 值，求法为："=QUARTILE(H2:H10969,1)"，Q3 值的求法为："=QUARTILE(H2:H10969,3)"。

（6）数据透视表

Excel 的数据透视表结合了数据计算、汇总、分析等功能，在数据新闻常用分析场景中，数据透视表可以进行多变量数据的分类汇总和计算。例如，当我们想知道不同性别样本的身高平均值时，计算就涉及性别和身高两个变量。我们可以使用之前讲解过的操作完成计算，如先筛选性别，再使用函数计算均值，但是，数据透视表可以帮助我们以更简便的方式完成计算。

首先点击表格区域单元格，再点击菜单中的"数据"，选择"通过数据透视表汇总"[1]，即出现图 5-6 所示的创建数据透视表操作框，在操作框上方选择计算区域，在下方选择放置数据透视表的位置。

点击确定，即可获得新的数据透视表工作表（见图 5-7）。如果我们想更直观地看到变量在数据透视表中所处的位置，可以在左方数据透视表报表区域点击右键，选取"数据透视表选项"，勾选"经典数据透视表布局"[2]，即可得到经典数据透视表布局的报表。

---

① Windows 系统可参考："插入"—"数据"透视表。
② Windows 等其他系统操作略有不同。

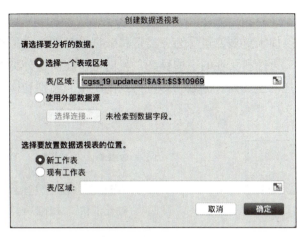

图 5-6　创建数据透视表操作框

图 5-7　数据透视表工作表

在计算不同性别样本的身高平均值时，性别是分类汇总依据，我们可以从字段名称栏里将变量 gender 拖动至下方"行"区域，再将被计算的变量 height 拖动至"值"区域，点击变量 height 右方的❶图标，将汇总方式设置为"平均数"，[①] 即可得到按性别分类汇总

---

①　Windows 系统可参考："值字段设置"—"平均值"。

的身高平均值（见图 5-8）。

数据透视表还可以加入更多变量作为分类汇总依据。例如，如果我们想进一步计算城市样本和农村样本中，男性和女性的平均身高，我们可以在前述分类汇总的基础上，将变量"来源"（source）拖动至"列"区域，即可得到同时按照性别和样本来源分类汇总的身高均值数据（见图 5-9）。

平均值项:height	
gender ▼	汇总
男	169.57
女	158.92
总计	163.91

图 5-8   按性别分类汇总的身高平均值

平均值项:height	source ▼		
gender ▼	城市	农村	总计
男	170.72	167.97	169.57
女	159.60	157.91	158.92
总计	164.74	162.70	163.91

图 5-9   按性别和样本来源分类汇总的身高平均值

此外，数据透视表的组合功能可以帮助我们分组汇总数据。例如，如果我们想看此样本中不同年代出生的人数，可以重复前述插入数据透视表操作，建立新的数据透视表。将变量 birth_year 拖动至"行"区域，此时，行标签是从 1920 至 1997 所有出生年份的值。点击右键，选择"组合"，在分组操作框的"方式"（"步长"）栏填入 10，即可以 10 年为间隔对出生年份进行分组（见图 5-10）。然后，再将变量 birth_year 拖动至"值"区域，汇总方式（值字段）选择"计数"，即可获得各年代出生的样本数（见图 5-11）。

图 5-10   分组操作框

行标签 ▼	计数项:birth_year
1920-1929	116
1930-1939	682
1940-1949	1443
1950-1959	2133
1960-1969	2291
1970-1979	1892
1980-1989	1470
1990-1999	941
总计	10968

图 5-11   分组汇总的样本数

我们还可以使用数据透视表进行分组汇总的数据计算。例如，如果想计算不同年代出生的样本的平均身高，我们可以在上述操作基础上，将变量 birth_year 从"值"区域删除（可右击删除或者拖拽回"字段名称"区域），将变量 height 拖动至"值"区域，汇总方式选择"平均数"，即可获得分年龄段样本的平均身高。

如果我们想分别计算不同年代出生的城市样本和农村样本的平均身高，可在前述操作的基础上，将变量 source 拖动至"列"区域，即可获得按照分组出生年份和样本来源分类计算的身高平均值。

我们还可以通过增加行标签或列标签来增加分类汇总依据。例如，如果我们想进一步计算不同年代出生、不同性别的城市样本和农村样本的身高平均值，可在前述操作的基础上，将变量 gender 拖动至"列"区域。此时，"列"区域有 source 和 gender 两个变量，数据报表中将生成"男"和"女"的二级列标签，我们可以得到按照出生年代、性别和样本来源三个变量分类汇总的平均身高（见图 5-12）。

平均值项:height 行标签	列标签 城市 男	城市 女	城市 汇总	农村 男	农村 女	农村 汇总	总计
1920-1929	166.72	153.13	158.78	162.69	155.30	158.33	158.63
1930-1939	167.69	156.82	161.86	164.67	153.81	158.63	160.58
1940-1949	167.86	156.81	161.91	165.75	156.13	160.97	161.47
1950-1959	169.92	159.11	164.29	166.59	157.11	161.84	163.18
1960-1969	170.10	159.79	164.44	168.19	158.49	162.81	163.68
1970-1979	170.94	160.35	165.13	169.32	158.98	163.85	164.64
1980-1989	173.56	161.29	166.73	171.08	159.79	165.32	166.32
1990-1999	174.08	162.11	168.19	172.56	161.00	166.57	167.66
总计	170.72	159.60	164.74	167.97	157.91	162.70	163.91

图 5-12 按出生年代、性别和样本来源分类汇总的平均身高

此外，数据透视表还可帮助我们汇总多列数据。例如，数据透视表可同时展示不同年代出生的样本的身高均值、最大值、最小值和方差。我们可以重复前述生成数据透视表和分组出生年代的操作，建立以 10 年为间隔分组的出生年代行标签，再将变量 height 拖动至“值”区域 4 次，将汇总方式（值字段）分别设置为“平均值”“最大值”“最小值”和“方差”，即可得到所需结果（见图 5-13）。

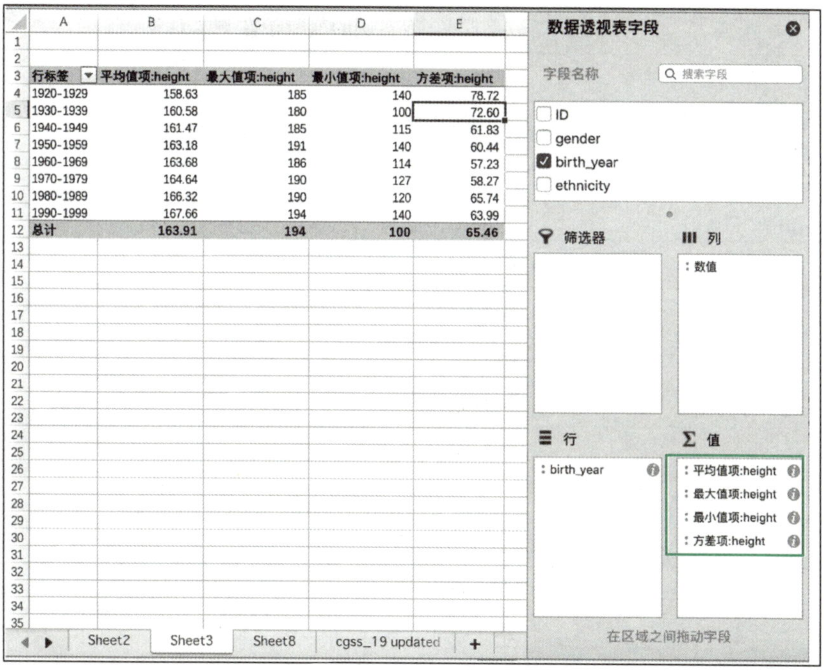

行标签	平均值项:height	最大值项:height	最小值项:height	方差项:height
1920-1929	158.63	185	140	78.72
1930-1939	160.58	180	100	72.60
1940-1949	161.47	185	115	61.83
1950-1959	163.18	191	140	60.44
1960-1969	163.68	186	114	57.23
1970-1979	164.64	190	127	58.27
1980-1989	166.32	190	120	65.74
1990-1999	167.66	194	140	63.99
总计	163.91	194	100	65.46

图 5-13 不同年代出生的样本的身高均值、最大值、最小值和方差报表及字段列表

我们还可通过增加二级行标签来增加分类汇总依据。例如，我们在前述操作基础上，将变量 gender 拖动至“行”区域，此时，即可得到不同年代出生的男女身高的描述统计数据。

2. R 语言描述统计操作

（1）数据集读入与检视

下面介绍 R 语言的数据描述操作。我们使用 RStudio 读取 cgss_19.csv 这个数据

集①，首先将该文件移动到此前创建的工作目录中，R 将默认读取位于工作目录中的文件。代码如下：

```
cgss <- read.csv("cgss_19.csv", stringsAsFactors = TRUE)
```

数据集的载入和
监视教学视频

在括号内，我们告知系统想要读取的文件名为 cgss_19.csv。后面的参数使用了 stringsAsFactors=TRUE，意味着我们将数据集中的字符串判断为类别型变量（如男、女被认为是类别型变量的两个类别，而不是纯粹的字符）。在这行语句中，我们还用到 "<-" 这个操作符。这个由小于号和连字符组成的符号有赋值功能，将右侧的值赋予左侧的对象（见表 5-6）。这句代码将读取的数据集存入我们创建的一个名为 cgss 的 R 对象。

表 5-6　R 语言中常用的操作符号（operators）

操作符 operators	意义
赋值 / 选取	
<-（或 =）	左分配，将右侧的值赋予左侧的对象
[,]	根据条件和名字选取行或列
$	选择数据集对象中的某列（变量）
算数操作符	
+	加法
−	减法
*	乘法
/	除法
^	指数幂
关系操作符	
==	等于
!=	不等于
> 及 >=	大于及大于等于
< 及 <=	小于及小于等于
逻辑操作符	
&	逻辑上的 "并且" 同时满足的条件
|	逻辑上的 "或者"
!	逻辑上的 "非"，如 !x，即所有非 x 的值

① 使用 R 语言进行数据分析时，CSV 格式的数据集最为理想。它是一种以纯文本形式存储的表格数据，打开简单快速，兼容性好，可以通过 Excel 创建编辑。如果需要导入其他格式的数据集，也可使用 R 语言自带的 foreign 功能包轻松实现。

　　读取成功后，RStudio 右上方环境窗口中的 Data 栏下将出现名为 cgss 的对象（如图 5-14）。单击 cgss，RStudio 会呼出数据集，我们可以直观地看到数据的形式。单击 cgss 左边的箭头按钮可以显示数据集的变量及其属性。列表中将出现数据集里所有的变量，同时标注变量的类型，如 factor 为类别型变量，int 和 num 为数值型变量，还会列出一些数值案例。当然，我们也可以用代码来实现数据集的基本检视：

```
View(cgss)             # 呼出数据集。
str(cgss)              # 显示数据集的结构和变量属性。
dim(cgss)              # 显示数据集的行数与列数。
head(cgss,5)           # 显示数据集的前五行。
names(cgss)            # 列出数据集的所有变量。
```

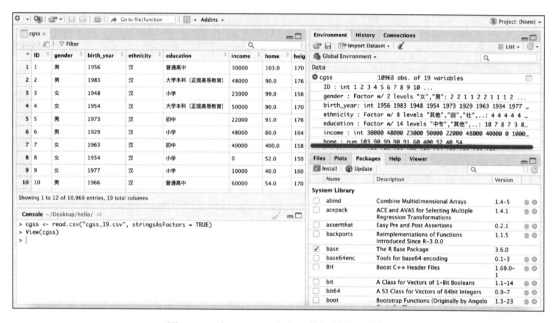

图 5-14　在 RStudio 中载入数据并检视数据

（2）数据筛选

　　数据分析并非总是针对全部数据，有时候我们会聚焦于一些数据子集，这就需要根据条件进行筛选。R 语言中有几种数据筛选的方式，此处我们介绍 subset 这个函数。该函数的基本结构为 subset(数据集对象名称，筛选条件)。首先，我们尝试根据一些条件对 cgss 数据行进行"横向"筛选。以下为一些基本的语句及其含义：

sub1<-subset(cgss, gender==" 男 ")
# 创建子集 sub1，所有数据行的性别（gender）为男。请注意此处使用两个等号。
sub2<-subset(cgss,birth_year>=1980)
# 创建子集 sub2，所有数据行的出生年份在 1980 年或以后（birth-year 大于 1980）。

　　接下来，我们可以使筛选的条件更加复杂，此时需要使用两个常见的逻辑符号。在 R

语言中，"&"表达数学逻辑上的"并且"逻辑，"|"表达数学逻辑上的"或者"逻辑。用集合的语言，"并且"意味着筛选结果必须同时满足两个条件，为交集；"或者"意味着满足两个条件之一即可，为并集。具体语句及其含义如下：

```
sub3<-subset(cgss,birth_year>=1980 & birth_year<1990)
# 创建子集 sub3，其中受访者为 80 后（birth-year 大于 1980 并且小于 1990）。
sub4<-subset(cgss,depress==" 总是 "|depress==" 经常 ")
# 创建子集 sub4，其中受访者"经常"或"总是"感到心情抑郁。
sub5<-subset(cgss, c(education==" 小学 "|education==" 初中 ") & income >= 100000)
# 创建子集 sub5，其中受访者的最高学历为"小学"或"初中"，并且他们的年收入大于或等于 100000 元。c() 表示一个向量，可以用来罗列条件。
sub6 <- cgss[grep(" 大学 ", cgss$education),]
# 创建子集 sub6，保留所有 education 变量中含有"大学"二字的数据行，即选出所有大学相关学历的受访者。cgss[,] 是进行对数据集筛选和截取的另一个方法，中括号中逗号前后分别是对行和列进行筛选的条件，空白则代表选择全部的行或列。grep() 是模式匹配函数，帮我们找到一些特定的字段。
```

在数据分析时，我们还可以使用 subset 函数进行"纵向"筛选，即选中数个变量（数据栏）形成子集进行分析。在筛选变量时，该函数的基本格式为 subset(数据集对象名称，select=c(" 栏的名称 "))。既可以直接使用变量名筛选，也可以通过变量从左到右排列顺序筛选，示例如下：

```
sub7<-subset(cgss,select=c("gender", "birth_year", "income"))
# 创建子集 sub7，只保留其中 gender，birth_year 和 income 三个变量。
sub8<-subset(cgss,select=c(2,3,6))
# 创建子集 sub8，只保留其中第 2 个（gender）、第 3 个（birth_year）和第 6 个（income）变量，其结果与 sub7 一样。
sub9<-subset(cgss,select=c(2,3,6:9,13:15))
# 创建子集 sub9，只保留其中第 2 个、第 3 个、第 6 到 9 个、第 13 到 15 个变量。子集 sub9 中共有 9 个变量。
```

（3）数据排序

数据分析经常会根据某些或某个变量对数据集进行排序。R 语言的基本排序函数非常简洁，此处我们用到 order 函数，该函数可以针对某个变量进行排序。该函数默认为升序排列，使用降序排列时，要设置参数 decreasing=TRUE。此外还会用到"数据集对象 [,]"这个表达方式。中括号内逗号前表示行的筛选条件，逗号后面为列的筛选条件。这个数据集操作方法非常常用，具体操作如下：

```
cgss<-cgss[order(cgss$height),]
# 将 cgss 数据集按照身高（height）升序排列。
cgss<-cgss[order(cgss$height,decreasing = TRUE),]
# 将 cgss 数据集按照身高（height）降序排列（见图 5-15）。其中 $ 符号是 R 中重要的操作符，表明从对象数据集中抽取某个列。
```

```
> cgss[1:5,c(1:3,8:10)]
       ID gender birth_year height weight   health
538   538     男       1995    194    160   比较健康
3424 3424     男       1959    191    160  比较不健康
1868 1868     男       1991    190    120   比较健康
1894 1894     男       1973    190    160   比较健康
1896 1896     男       1980    190    210   比较健康
```

图 5-15 对身高按照降序排列后截取一部分排序后的数据进行检视

📑 **拓展阅读**

使用 dplyr 包进行数据操作

前文介绍了如何使用 R 语言自带的基础函数进行数据筛选和排序。在 R 语言中，还有一些功能更加丰富的包可以实现复杂的数据操作。Tidyverse 旗下的 dplyr 包就是广受好评的数据处理包。使用 dplyr 需要适应一套新的语法，不过一旦掌握，就会极大提升数据工作的效率。dplyr 包中主要有如下函数：filter 函数可以根据条件进行数据筛选；arrange 函数可以用来对数据进行排序；select 函数可以根据名称选择变量（栏）；mutate 函数可以用来对既有变量进行转化、计算，还可以根据已有变量创建新的变量；summarise 函数可以对数据进行聚合统计。此外，dplyr 函数还支持使用"%>%"这个管道操作符来组织语句，减少括号的堆叠，使复杂的数据操作逻辑更加清晰。

（4）频数与百分比

接下来介绍如何利用频数与百分比对类别型变量（factor）进行描述。这里我们使用基本函数 table，这个函数只需要输入类别型变量就可以实现频数统计，例如检视 cgss 样本中各民族受访者的频数：

```
table(cgss$ethnicity)
```

```
a<-table(cgss$ethnicity)
View(a)
# 也可以将频数赋值到一个对象，然后使用 View 函数来查看。
```

此外，我们还可以使用 prop.table 这个函数来获得各变量的百分比统计。我们需要将刚刚创建的频数统计结果 a 输入到 prop.table 函数中。需要注意 prop.table 函数的结果为小数显示的比例，我们需要将其乘以 100 才能获得百分比。此外，我们还可以利用 cbind 函数将频数与百分比结果汇总，具体做法如下：

```
b<-prop.table(a)*100
# 根据民族的频数统计，创建相应的百分比统计，并存入对象 b。
```

```
b<-round(b,2)
#round() 可以使对象值四舍五入保留一定的小数位，此处我们将百分比保留 2 位小数。
```

```
c<-cbind(a,b)
# 合并频数统计 a 和百分比统计 b，存入对象 c。

colnames(c)<-c(" 频数 "," 百分比 ")
View(c)
# 修改 c 中列的名称为"频数"和"百分比"，然后使用 View 函数检视结果（见图 5-16）。
```

	频数	百分比
其他	378	3.45
回族	216	1.97
壮族	136	1.24
汉族	10097	92.23
满族	90	0.82
维吾尔族	1	0.01
蒙古族	24	0.22
藏族	6	0.05

图 5-16　cgss 数据集中民族变量的频数和百分比统计结果

除了 R 语言基本的函数，很多功能包也提供了统计频数与百分比的功能，实现起来很容易，信息量也更大。例如，图 5-17 显示使用 epiDisplay 包中的 tab1 函数对民族变量进行统计的结果。这个结果中还显示了缺失值的频率、百分比（%）与累积百分比（cum. %）。同时，这个结果还区分了包含缺失值（NA+）与排除缺失值（NA-）的不同百分比。在安装 epiDisplay 功能包后，代码如下：

```
library(epiDisplay)
tab1(cgss$ethnicity,cum.percent = TRUE)
```

```
cgss$ethnicity :
          Frequency   %(NA+)  cum.%(NA+)    %(NA-)  cum.%(NA-)
其他          378      3.4        3.4        3.5        3.5
回族          216      2.0        5.4        2.0        5.4
壮族          136      1.2        6.7        1.2        6.7
汉族        10097     92.1       98.7       92.2       98.9
满族           90      0.8       99.5        0.8       99.7
维吾尔族         1      0.0       99.5        0.0       99.7
蒙古族          24      0.2       99.8        0.2       99.9
藏族            6      0.1       99.8        0.1      100.0
NA's           20      0.2      100.0        0.0      100.0
  Total     10968    100.0      100.0      100.0      100.0
```

图 5-17　利用 epiDisplay 函数对民族变量进行频数和百分比统计

📋 **案例**

数据新闻报道中百分比的应用

在数据新闻中，百分比是最常用的统计值，可以帮助受众明确某一成分在总体中的占比，或者快速了解某些数值在时间上变化的幅度。新华网的数据新闻《一图了解〈第三次全国国土调查主要数据公报〉》就利用百分比展示了我国不同类型的土地利用情况（见图 5-18）。

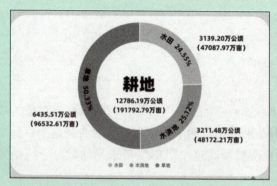

图 5-18　全国国土利用情况图示

（5）集中趋势

接下来我们使用简单函数来对数据集 cgss 进行集中趋势统计。数值型变量可以直接使用 mean 和 median 函数，例如对数据集中的年收入（income）变量进行平均数和中位数统计。代码如下：

```
mean(cgss$income,na.rm = TRUE)
# 求年收入的平均数，na.rm = TRUE 表明统计时将缺失值排除在外。
```

结果为：32805.33

```
median(cgss$income,na.rm = TRUE)     # 求年收入的中位数。
```

结果为：20000

R 语言中没有直接求众数的函数，但通过简单的操作我们可以得到众数。以身高数为例，首先，用 table 函数对身高的频数进行统计，然后使用 name 函数呼出频数最大值对应的身高。代码如下：

```
a<-table(cgss$height)
# 对身高进行频数统计，并存入对象 a。
names(a)[which(a==max(a))]
# 呼出 a 中身高数最大值对应的身高。
```

结果为：160

mean 函数可以针对全体样本计算身高变量的平均数，但有时候我们需要根据某些类别求分组平均数，比如男性和女性各自身高的平均数是多少，或不同民族男女性别的平均身高为多少。这时我们需要用到分组数据统计函数 aggregate。代码如下：

```
aggregate(data=cgss,height~gender,FUN = mean)
# 计算男女性别的身高平均数。
```

结果为：

	gender	height
1	女	158.9189
2	男	169.5717

```
height_mean<-aggregate(data=cgss,height~gender+ethnicity,FUN = mean)
View(height_mean)
```
 # 将数据集按照民族与性别分组，并统计各组平均数，结果写入对象 height_mean。通过 View 函数来检视结果。

aggregate 函数稍显复杂，首先用 data=cgss 这个参数指明要分析的数据集对象，然后设置公式 height~gender+ethnicity，表明用性别和民族两个类别型变量对身高这个目标变量进行分组，最后用 FUN=mean 这个参数表明对身高这个目标变量求平均数。分析结果如图 5-19 所示。

	gender	ethnicity	height
1	女	其他	156.5764
2	男	其他	165.8686
3	女	回族	160.6241
4	男	回族	170.7952
5	女	壮族	154.4667
6	男	壮族	164.8421
7	女	汉族	158.9963
8	男	汉族	169.7297
9	女	满族	161.1282
10	男	满族	172.4314
11	男	维吾尔族	170.0000
12	女	蒙古族	160.5625
13	男	蒙古族	171.3750
14	女	藏族	163.2500
15	男	藏族	174.0000

图 5-19　使用 aggregate 函数求民族、性别分组平均数的结果

（6）离散趋势

接下来我们利用 sd 函数求变量的标准差。类似地，用 aggregate 函数也可以对数据集分组后求标准差。代码如下：

```
sd(cgss$height)          #求数据集中身高的标准差。
```
结果为：8.090577

```
aggregate(data=cgss,height~ethnicity,FUN=sd)     #求各民族受访者身高的标准差。
```
结果为：

	ethnicity	height
1	其他	7.786679
2	回族	7.892821

3	壮族	8.252708
4	汉族	8.067161
5	满族	7.282733
6	维吾尔族	NA
7	蒙古族	8.127605
8	藏族	6.369197

其实，R 语言中还可利用一些函数直接获取描述统计信息。比如，R 自带的 summary 函数可以对整个数据集各个变量进行描述，也可以单独对某个变量进行描述，例如图 5-20 就是部分变量的统计结果。对类别变量（如 gender），该函数进行频数统计；对数值型变量，该函数返回结果包括最小值（min）、最大值（max）、平均数（mean）、中位数（median）、第 1 四分位数（1st Qu）和第 3 四分位数（3rd Qu）。

```
> summary(cgss)
       ID          gender      birth_year      ethnicity        education         income            home
 Min.   :    1   女:5834   Min.   :1920   汉族   :10097   初中           :3084   Min.   :      0   Min.   :   0.0
 1st Qu.: 2743   男:5134   1st Qu.:1952   其他   :  378   小学           :2546   1st Qu.:   3000   1st Qu.: 64.6
 Median : 5484             Median :1965   回族   :  216   没有受过任何教育:1479   Median :  20000   Median : 97.8
 Mean   : 5484             Mean   :1965   壮族   :  136   普通高中        :1300   Mean   :  32805   Mean   : 116.0
 3rd Qu.: 8226             3rd Qu.:1977   满族   :   90   大学本科（正规高等教育）: 669   3rd Qu.:  36000   3rd Qu.: 134.0
 Max.   :10968             Max.   :1997   (Other):   31   (Other)        :1871   Max.   :9999990   Max.   :2400.0
                                          NA's   :   20   NA's           :  19   NA's   :    605
     height          weight         health      depress             hukou          newspaper      television
 Min.   :100.0   Min.   : 40.0   一般     :2379   从不:2783   农业户口              :6194   从不   :5509   从不     :  334
 1st Qu.:158.0   1st Qu.:105.0   很不健康 : 349   很少:4644   非农业户口             :2877   很少   :2790   很少     :  917
 Median :164.0   Median :120.0   很健康   :2359   总是: 129   居民户口（以前不是农业户口）:1139   有时   :1381   有时     :1650
 Mean   :163.9   Mean   :121.4   比较不健康:1617   有时:2623   居民户口（以前是农业户口） : 737   经常   : 902   经常     :4429
 3rd Qu.:170.0   3rd Qu.:135.0   比较健康 :4257   经常: 763   其他                  :    8   非常频繁: 384   非常频繁 :3634
 Max.   :194.0   Max.   :260.0   NA's     :   7   NA's: 26   军籍                  :    6   NA's   :   2   NA's     :    4
                                                              (Other)              :    7
     Internet        children        co_living       own_car        source
 从不     :5827   Min.   : 0.000   Min.   : 1.000   有  :1867   农村:4498
 很少     : 783   1st Qu.: 2.000   1st Qu.: 2.000   没有:9088   城市:6470
 有时     : 812   Median : 2.000   Median : 3.000   NA's:  13
 经常     :1525   Mean   : 2.102   Mean   : 2.896
 非常频繁 :2004   3rd Qu.: 2.000   3rd Qu.: 4.000
 NA's     :  17   Max.   :29.000   Max.   :50.000
                  NA's   :  466    NA's   :  33
```

图 5-20 使用 summary 函数对 cgss 函数各个变量的描述统计

psych 功能包中的 describe 函数也可以实现快速的描述统计。图 5-21 是对 cgss 数据集中变量的部分统计结果。该函数的统计值包括样本量（n）、平均数（mean）、标准差（sd）、中位数（median）、切尾均值（trimmed mean）、平均绝对离差（mad）、最小值（min）、最大

```
> describe(cgss)
            vars     n      mean        sd  median   trimmed       mad  min      max    range  skew kurtosis      se
ID             1 10968   5484.50   3166.33  5484.5   5484.50   4065.29    1    10968    10967  0.00    -1.20   30.23
gender*        2 10968      1.47      0.50     1.0      1.46      0.00    1        2        1  0.13    -1.98    0.00
birth_year     3 10968   1964.60     16.90  1965.0   1964.71     19.27 1920     1997       77 -0.04    -0.78    0.16
ethnicity*     4 10948      3.86      0.65     4.0      4.00      0.00    1        8        7 -3.02    13.71    0.01
education*     5 10949      6.73      3.32     8.0      6.70      4.45    1       14       13 -0.03    -1.24    0.03
income         6 10363  32805.33 205840.55 20000.0  19688.54  24314.64    0  9999990  9999990 42.34  1960.55 2022.03
home           7 10968    115.98     90.88    97.8    101.95     50.11    0     2400     2400  4.76    60.26    0.87
height         8 10968    163.91      8.09   164.0    163.88      8.90  100      194       94 -0.06     0.42    0.08
weight         9 10968    121.37     23.15   120.0    120.61     22.24   40      260      220  0.36     0.69    0.22
health*       10 10961      3.46      1.55     4.0      3.57      1.48    1        5        4 -0.51    -1.20    0.01
depress*      11 10942      2.45      1.29     2.0      2.35      1.48    1        5        4  0.59    -0.99    0.01
hukou*        12 10968      4.59      2.13     3.0      4.36      0.00    1        8        7  0.84    -1.09    0.02
```

图 5-21 使用 describe 函数对 cgss 中各变量进行描述统计

值（max）、极差（range）、偏度（skew）、峰度（kurtosis）以及标准误（se）。需要注意，该函数并不区分类别型变量与数值变量。对类别型变量，该函数也会强行给出均值等信息，但并不具备意义。如 gender 的平均值为 1.47，并没有意义。

三、通过图形描述数据

下面介绍一些用图形描述数据的基本方法。图形可以帮我们更直观地理解数据结构，进而发现可能的规律或模式。需要注意的是，此处介绍的可视化方法属于数据分析过程，其主要目的是帮助数据分析者理解数据，而非向受众传达信息（后者参见本书第七至第八章）。

虽然 R 语言内置了 graphics 图形功能包，可以实现基本的可视化表达，但 R 语言中的 ggplot2 包功能更加丰富、图形效果更加完善。不夸张地说，正是 ggplot2 这个功能包使 R 语言成为最受好评的数据可视化工具之一。本书可视化方法将以 ggplot2 的操作为例。首先，我们需要安装并启动 ggplot2。ggplot2 的基本语句为 ggplot(data=, aes(x,y)) + geom_XXX( )。该句法分为两部分，前一部分 ggplot( ) 交代数据来源、可视化的变量以及变量和图形的映射关系（如用填充色来代表类别型变量）；后半部分 geom_XXX( ) 用来设置可视化图形，如图形类型、颜色、大小等。此外，在这个基本语法后可以不断叠加新的参数，完善可视化结果，如改变坐标轴、字体、图例、配色系统等。ggplot2 的官方网站上有很多相关说明，还提供了简化版的使用指南，非常实用，读者可自行查看、学习。

1. 柱状图和条形图

首先，我们使用 ggplot2 绘制柱状图和条形图。这两种图形都用来对频数或百分比统计进行可视化呈现，对应的英文都是 bar chart。在中文语境下，我们通常将纵向呈现的称为柱状图，将横向呈现的称为条形图，用户可根据不同的版面和视觉传达需求选择柱状图或条形图。我们首先用柱状图来描述 cgss 数据集中是否拥有小汽车（own_car）这个类别型变量。参数 data=cgss 指定 cgss 为数据集对象，aes(x=own_car) 说明 x 轴对应的变量，柱状图的函数为 geom_bar，代码如下：

```
ggplot(data=cgss,aes(x=own_car))+geom_bar()
# 创建拥有小汽车（own_car）变量的柱状图。
```

如果使用 Mac 系统，中文字体显示可能会出现问题，还需要在基本语句之后加入字体设置的参数，代码如下：

```
ggplot(data=cgss,aes(x=own_car))+geom_bar()+theme(text=element_text
(family='Kai'))
# MAC 系统下中文字体无法显示，可以在后面继续设置字体，这里将字体设置为楷体，显示正常。[1]
```

---

[1]　windows 系统可正常显示中文，如需设定特定字体则使用 windows 字体库中的字体。

接下来，我们可以对生成的柱状图做进一步优化。上文代码制作的柱状图还显示了缺失值的频数，可以使用 subset 函数予以排除。首先使用 subset 函数创建一个子集 cgss1，筛选条件为 own_car（排除缺失值）。这里我们使用了逻辑符号"!"与判断缺失值的 is.na 函数。在图形设置中，我们可以改变 width 值来设置图形宽度。这里的 width 不是绝对值，而是比例值。width=1 时，条形将灌满整个画面。我们还可以用 fill 和 color 参数来改变填充色及外边线颜色。在 R 语言中，直接输入 RGB 值就可获取颜色，也可以直接输入常见的颜色名来设定颜色。具体代码和图形效果如下：

```
cgss1<-subset(cgss,!is.na(own_car))
# 将 own_car 变量含有缺失值的数据行排除后，创建子集 cgss1。
ggplot(data=cgss1, aes(x=own_car))+geom_bar(width=.5, fill="black",
color="white")+ theme(text = element_text(family='Kai'))
# 在上一个柱状图基础上，排除缺失值，将柱状图宽度设置为 0.5，填充色为黑色，外边框为白色，字体为楷体（见图 5-22）。
```

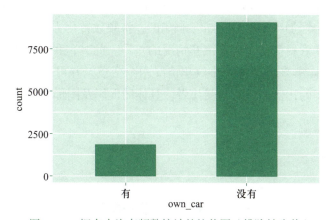

图 5-22 拥有小汽车频数统计的柱状图（排除缺失值）

ggplot2 还有一个重要的功能，即自动将图形形式（如填充色、形状）与变量建立映射关系。在下面一行语句中，我们去掉对柱形填充色的设置，同时在 aes 函数中增加一个参数 fill=own_car。此时，填充色不再是具体的颜色，而是告诉 ggplot2 将用填充色来代表 own_car 变量中不同的类。在图 5-23 中我们看到，是否拥有小汽车被分配了不同的填充色进行区分，同时 ggplot2 自动创建图例来说明颜色对应的类别或数值。ggplot2 会给不同类别分配默认颜色，我们也可以用 scale_fill_manual 函数来手动设置代表不同类别的填充色。此外 ggplot2 还提供了很多美观的配色选择，可以通过 scale_fill_brewer 函数调用。下面为代码和图形示例：

```
ggplot(data=cgss1, aes(x=own_car, fill=own_car))+geom_bar(width=.5, color="black")+
scale_fill_manual(values=c("blue","yellow"))+theme(text=element_text(family='Kai'))
# 创建拥有小汽车情况频数的柱状图，用不同填充色来表示"有"或"没有"小汽车；手动设置以蓝色和黄色表示是否拥有小汽车；用 color= "black" 设置外边线为黑色。
```

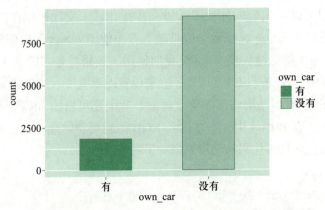

图 5-23　拥有小汽车频数统计的柱状图（用不同颜色代表类别）

我们还可以对以上基本的柱状图进一步优化。首先，我们引入第二个变量：样本来源（source）。这个变量也是类别型变量，说明受访者来自农村或城市。我们让 x 轴来统计样本来源情况（x=source），让填充色反映是否拥有汽车这个二分变量（fill=own_car），然后在图形设置函数中增加一个参数 position="fill"，将频数转化为比例。相较于频数，比例更好地反映了城市和农村受访者拥有汽车情况的差异。此时，我们得到了一个堆积柱状图（见图 5-24），包含样本来源与拥有小汽车情况两个变量，并可展现二者的相互关系：城市受访者拥有小汽车的比例高于农村受访者。具体的代码及图形如下：

```
ggplot(data=cgss1,aes(x=source,fill=own_car))+geom_bar(width=.5,position="fill",
color="black")+scale_fill_manual(values=c("blue", "yellow"))+theme(text=element_
text(family='Kai'))
```
 # 生成样本来源（城市 / 农村）与拥有小汽车情况的堆积柱状图（比例）。

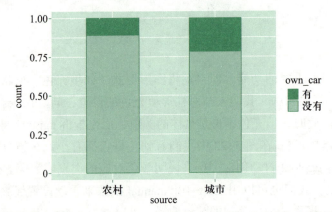

图 5-24　样本来源（城市 / 农村）与拥有小汽车情况的堆积柱状图（比例）

除了描述变量频数或比例，柱状图还可以呈现分组平均数。在下面案例中，我们首先计算各民族受访者（在没有政策限制情况下）期待生育子女的数量。我们依然使用 aggregate 函数求分组平均数并将结果写入一个新的数据集对象 mean_children。然后使用 ggplot2 对 mean_children 中的分组平均数进行呈现。其中，我们将 x 轴设置为民族类别（x=ethnicity），将 y 轴设置为期待生育子女数量的平均数（y=children）。因为 geom_bar 函数默认用来描述类别型变量，而现在 y 轴为一个具体的平均数值，所以需要设置参数 stat="identity"，意味着显示数值本身，这样柱状图 y 轴将直接输出各民族类别所对应的平均数。此外，我们还对柱状图的样式进行了一些调整，如使用 coord_flip 函数将图形调整到水平形态，设置填充色为蓝色，柱形透明度为 70%，外边线为黑色。使用 scale_y_continuous 函数设置 y 坐标轴的最大值、最小值与间隔值。具体代码与图形如下（ggplot2 语句较长，分两次输入）：

```
mean_children<-aggregate(data=cgss,children~ethnicity,FUN=mean)
```
 # 求不同民族受访者（在没有政策限制情况下）期待生育子女的数量的平均数，存入 mean_childred。
```
p<-ggplot(data=mean_children,aes(x=ethnicity,y=children))+geom_bar(fill="blue",alpha=0.7,color="black",width=0.4,stat="identity")
```

```
p+theme(text = element_text(family='Kai'))+coord_flip()+scale_y_continuous(breaks = seq(0, 10, by = 0.5))
```
 # 制作条形图呈现各民族受访者期待生育子女数量的平均数，并对图形的填充色、透明度、宽度、坐标方向、y 轴度量等进行调整（见图 5-25）。

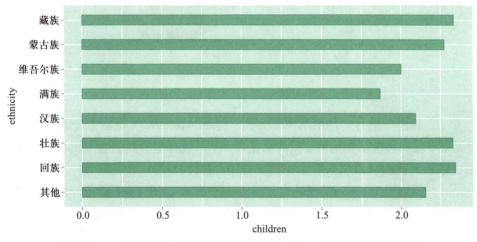

图 5-25　各民族受访者（没有政策限制情况下）期待生育数量的平均值

2. 直方图

直方图（histogram）也是一种对变量进行可视化描述的手段。从图形样式上看，直方图与柱状图很相似，都是由条形排列组成的图形。其实二者存在一定差别：柱状图一般用来描述类别型变量的频数或基于类别变量的统计值（如分组平均数），每个柱形代表一个类别，中间留有间隙，用以区分不同类别；直方图则用来描述数值型变量的分布情况，每个柱形对应变量中的值，柱形之间没有间隙，用以表达连续性的数值关系。柱状图可以用来比较类别之间值的大小关系，而直方图最重要的信息是数值型变量的分布情况。接下来介绍使用 ggplot2 绘制直方图的方法。首先，我们用直方图描述 cgss 数据集中的身高

用 ggplot2 绘制
直方图教学视频

（height）变量，代码和图形如下：

```
ggplot(data=cgss,aes(x=height))+geom_histogram()
#生成身高（height）的直方图。运行后Console栏会提示使用默认的30个条形进行绘图。
```

接下来，我们可以对生成的直方图进行完善。例如将条形数量由默认的30改为50（bins=50），这样直方图可以更精细地描绘分布情况，还可以修改填充色与外边线的颜色。具体代码与图形如下：

```
ggplot(data=cgss,aes(x=height))+geom_histogram(bins=50,fill="dark blue",
color="white")
#生成身高（height）的直方图，修改条形数量、填充色与外边线颜色（见图5-26）。
```

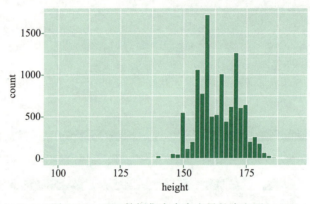

图 5-26　cgss 数据集中身高变量的直方图

接下来，我们介绍另一种图形组织方式：分面（faceting）显示。分面显示可以引入一些类别型变量，再根据类别型变量分组呈现图形。同样以身高的直方图为例，在刚刚完成的图形基础上我们可以引入样本来源（城市/农村）和性别（男/女），使用封装分面（facet wrap）组合出四种不同情况的直方图（见图5-27）。在 ggplot2 中分面非常容易，只需要在语句后面加入 facet_wrap(.~source+gender) 这个函数，即可按照 source 和 gender 两个变量做分面。因为涉及中文显示，Mac 系统还需要设置一下字体。具体代码如下：

```
ggplot(data=cgss,aes(x=height))+geom_histogram(bins=50,fill="dark
blue",color="white")+facet_wrap(.~source+gender)+theme(text = element_text
(family='Kai'))
#根据样本来源（source）和性别（gender）做分面，来呈现各组的身高直方图。
```

结合之前介绍的填充色映射方法，我们还可以让身高直方图呈现更多信息。首先，我们让填充色反映性别变量（fill=gender）。此时 ggplot2 会将男女性别的值以不同颜色进行呈现，但是默认的方式为堆积条形图。堆积条形图并不容易阅读，于是我们修改呈现方式（position="dodge"），此时堆积条形图修改为并列显示。也就是说，每一个数值会对应男女两个不同颜色的柱形。同时我们再使用 scale_x_continuous 函数来修改 x 轴的起止点和间隔，最后再修改字体以便中文可以正常显示。从图形中我们可以看到男女身高的分布差异

（见图 5-28）：女性身高分布最多的区间是 155 ～ 160 厘米，而男性身高分布最多的区域在 170 ～ 175 厘米。具体的语句如下：

```
p<-ggplot(data=cgss,aes(x=height,fill=gender))+geom_histogram(bins=50,
color="black",position = "dodge")
```

```
p+scale_fill_manual(values=c("blue","yellow"))+scale_x_continuous(breaks =
seq(120, 200, by = 10))+theme(text = element_text(family='Kai'))
```

 # 生成身高变量的直方图，不同填充色代表男女性别，并以并列方式呈现。

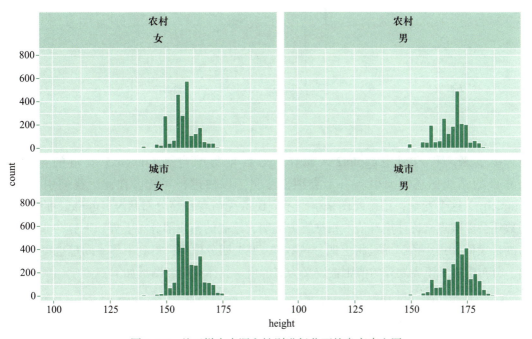

图 5-27 基于样本来源和性别进行分面的身高直方图

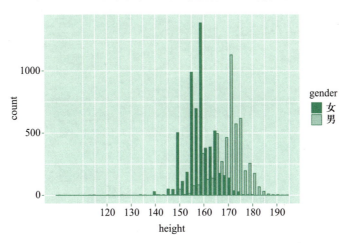

图 5-28 区分男女性别的身高分布直方图

3. 箱线图

箱线图（boxplot）也是描述变量分布的常见图形。顾名思义，箱线图由箱形与直线组成，用来描述一个数值型变量的分布情况。箱线图的信息包含分布的上下界、上下四分位数、中位数以及离群值。图 5-29 显示了箱线图中各线条所对应的统计值。箱线图可以将整个数据的分布分成四个相等的区间，并计算各个区间的数值范围，从而帮助我们对数据分布的结构有更好的理解。

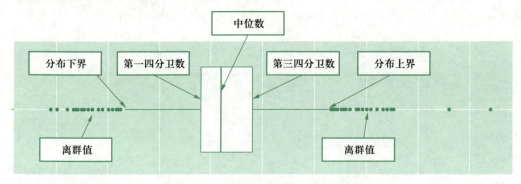

图 5-29　箱线图中线条所代表的统计值

接下来，我们利用 ggplot2 来制作 cgss 数据集中身高（height）变量的箱线图。ggplot2 的箱线图还需要引入一个类别型变量，以便进行对比。在此，我们引入民族（ethnicity）这个变量，用箱线图来呈现不同民族受访者身高分布状况。ggplot2 的箱线图函数还会以圆点来标注离群值。根据官方说明，绘制的箱线图分布上界和下界并非数据分布的最大值和最小值，而是将上四分位数加 1.5 个四分位距，得到上界，同理也可得到下界。分布中在上下界之外的值则被定义为离群值。具体代码和图形如下：

```
ggplot(data=cgss,aes(x=ethnicity,y=height))+geom_boxplot(fill="tomato")+
theme(text=element_text(family='Kai'))+coord_flip()
# 创建不同民族受访者身高分布的箱线图，坐标系水平向的（见图 5-30）。
```

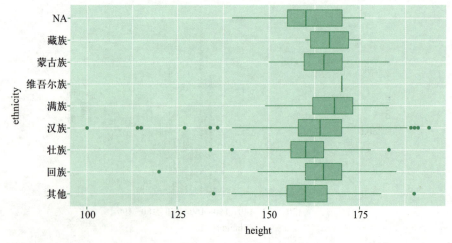

图 5-30　不同民族受访者身高分布箱线图

第四节 多变量分析

上一节介绍了描述性的数据分析。多数情况下，描述统计用于刻画单一变量的分布情况、集中或离散的趋势等。有时，我们也会利用类别型变量对数据进行分组描述，这其实已经涉及对变量之间关系的分析。数据分析实践中不可避免需要分析变量之间的关系，如组群间的差异性或变量间的相关性。在统计上，这类分析通常被称作多变量分析（multivariate analysis）。本节就集中介绍几种用于明确两个或更多变量间关系的分析策略：交叉分析与卡方检验、均值比较、相关分析以及回归分析。

一、交叉分析与卡方检验

交叉分析可用于分析两个类别型变量之间的关系。在数据分析时，我们经常需要处理类别型变量。类别型变量只描述对象的类型分别，类和类之间并不存在算数关系，所以计算类别型变量的平均数或方差是没有意义的，分析两个类别型变量仍然要着眼于频数。具体而言，我们需要将变量中的类别组合成不同条件，再统计落入各种条件的个案频数，以此来观察两个变量之间的关系。

接下来，我们使用 R 功能包 titanic 中提供的泰坦尼克号客轮乘客信息数据集来进一步说明。[①]

以不同舱位乘客的幸存情况为例，这涉及两个类别型变量。第一个变量是舱位，数据集中一等舱乘客 216 人、二等舱乘客 184 人、三等舱乘客 419 人。第二个变量是幸存情况，数据集中共有 342 人幸存、549 人遇难。将这两个变量的各个类别交叉组合，共形成 6 种情况（见表 5-7）。我们还可以根据数据集统计出符合每种情况的个案数量。这样的表格叫作交叉表（cross-table）或列联表（contingency table）。从表中的频数统计我们可以看出两个类别变量的关系。例如，在一等舱的 216 名乘客中，136 人幸存，80 人遇难，幸存比例约为 63%；二等舱的 184 名乘客中，87 人幸存，97 人遇难，幸存比例约为 47%；三等舱的 491 名乘客中，119 人幸存，372 人遇难，幸存比例约为 24%。从这些信息中可以观察到一个现象：舱位越高，幸存者的比例越高。这样我们就从频率和比例上了解了舱位与幸存情况的关系。

表 5-7 不同舱位乘客的幸存情况（括号中为理论值）

舱位	幸存情况		总计
	遇难	幸存	
一等舱	80（133.1）	136（82.9）	216
二等舱	97（113.4）	87（70.6）	184
三等舱	372（302.5）	119（188.5）	491
总计	549	342	891

---

① R 语言功能包 titanic 提供了一些泰坦尼克号乘客相关的数据集，供用户进行分析练习（不包含全部乘客信息，只提供其中 891 名乘客的信息）。

接下来我们还需要通过统计方法来进一步明确这两个变量之间的关系。此处，我们使用皮尔森卡方检验（Pearson's chi-square test）来分析、评估交叉表中各种情况下观察值（f_o）偏离理论值（f_e）的情况。例如，我们可以通过简单计算来定义每个表格单元中的理论值。整体上，遇难人数的比例是 549/891，幸存人数的比例是 342/891。那么对 216 名一等舱乘客来说，理论上遇难与幸存人数也应该符合这个比例。所以，一等舱遇难人数的理论值应该是（549/891）× 216 ≈ 133.1，幸存人数的理论值应该是（342/891）× 216 ≈ 82.9。用类似的方法，我们可以计算出 6 种情况下的理论值，如上表括号中数字所示（保留一位小数）。简单比较观察值与理论值，我们可以发现一等舱和二等舱幸存乘客人数高于理论值，而三等舱幸存乘客人数低于理论值。卡方值就是对整个交叉表中观察值偏离理论值的一个量化汇总，其计算公式如下：

$$\chi^2 = \sum \frac{(f_o - f_e)^2}{f_e}$$

通过如上公式，我们可以得到一个最终的卡方值 $\chi^2 = 102.89$。与 Z 分布一样，我们也掌握卡方值在理论上分布的概率情况，这样通过所得的卡方值，我们就可以使用假设验证的方法对两个变量的关系进行推论。当前卡方检验的自由度[①] 为 2，在 $\alpha = 0.01$ 的置信水平下，卡方值的显著性门槛值为 9.21。我们计算的卡方值远大于 9.21，因而在 $\alpha = 0.01$ 的情况下达到统计显著水平，可以推论幸存者在不同舱位乘客中的分布是不平均的。结合表格具体内容，我们可以说高等舱乘客的幸存比例显著地高于低等舱乘客。这样，我们就通过交叉分析和卡方检验解析了这两个类别变量之间的关系。

使用卡方检验时需要注意以下几点：

（1）卡方检验适用于分析两个类别型变量。数值型变量不符合卡方分布，因而不适合卡方检验。

（2）卡方检验要求数据个案之间具有相互独立性，因而不适合分析重复测量数据。例如，一个受访者在接受某种训练前后的情况不适合卡方检验。

（3）当交叉表中个别单元格中个案数过小的时候，常规卡方检验方法会产生偏差。这时，我们可以选择根据情况合并一些类或使用其他统计方法。例如，超过 20% 的单元格中个案数小于 5 时，有研究者建议使用费希尔精确检验（Fisher's exact test）。当 2 × 2 表格中某单元格数值在 5 到 10 之间时，有研究者建议使用耶茨连续性修正方法（Yates' correction）。

使用 R 语言来制作交叉表格并计算卡方值非常简便。将两个类别型变量输入之前介绍过的 table 函数就可以创建交叉表格。接着我们将生成的交叉表格输入 R 语言自带的 chisq.test 函数，就可以获得卡方值、自由度以及对应的 p 值信息。我们使用 titanic.csv 数据集来进行操作，分析其中 Pclass（舱位）与 Survived（幸存情况）两个变量的关系。[②] 代码和结果如下：

---

① 自由度（degree of freedom）指推论统计时，样本中能独立或自由变化的数据数量。卡方检验中，自由度由表格的栏数和行数决定，自由度 =（栏数 − 1）×（行数 − 1）。

② 需要注意的是，在 titanic 数据集中 Pclass 和 Survived 变量被标注为 int，即整数数值型变量。这并不影响操作的执行，但从分析原理的角度，我们需要明确这两个变量是类别型变量。

```
titanic<-read.csv("titanic.csv",stringsAsFactors = TRUE)
# 读入 titanic.csv 数据集，命名为 titanic。

tbl<-table(titanic$Pclass,titanic$Survived)
tbl
# 用 titanic 数据集中的 Pclass 与 Survived 变量创建交叉表格，结果存入对象 tbl；然后在
控制台中输出 tbl。

chisq.test(tbl)
# 计算交叉表格 tbl 的卡方值（见图 5-31）。
```

我们也可以使用 R 语言的其他功能包计算卡方值。例如，gmodels 功能包提供了简单高效的卡方计算函数。首先我们需要安装并启动 gmodels，接着将所要分析的 Pclass 与 Survived 变量输入 CrossTable 函数，并设置参数 chisq=TRUE 计算卡方值，就可以生成交叉表格及卡方信息，代码与结果如下：

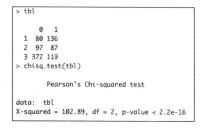

图 5-31 创建 Pclass 与 Survived
变量的交叉表格并计算卡方值

```
CrossTable(titanic$Pclass,titanic$Survived,chisq = TRUE)
# 利用 CrossTable 函数创建 Survived 和 Pclass
的交叉表格并计算卡方值（见图 5-32）。
```

运用两种计算方法，我们都得到了相同的结果：卡方值 =102.89，自由度 =2。两个函数计算 p 值的精度有一定区别，导致 p 值不同，但两个 p 值都远小于 0.001，可以帮助我们在较高的置信水平下进行统计推论。根据计算结果，我们推论幸存者在不同舱位乘客中的分布并不平均。值得注意的是，gmodels 函数生成的交叉表格包含额外的信息，如某个表格单元对卡方值的贡献，单元格频数与横纵总和的占比等。

图形也可以辅助我们进行交叉分析。前文介绍的堆积柱状图非常适合呈现交叉表格的信息。比如，我们可以使用 ggplot2 中函数的堆积柱状图对以上案例进行呈现。原始数据集中 Pclass 与 Survived 变量都被定义成数值型变量，需要用 as.factor 函数转化为类别型变量。此外还可以手动设置代表遇难或幸存的颜色，并对坐标轴和图例的标签进行编辑。由于语句较长，我们分两次输入，第一部分先存入对象 p，代码与图形如下：

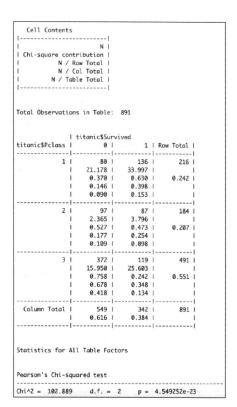

图 5-32 利用 gmodels 包中的 CrossTable
函数计算卡方值

```
p<- ggplot(data=titanic,aes(x=as.factor(Pclass),fill=as.factor(Survived)))+
geom_bar(position="fill", color="black")
```
 # 使用 ggplot2 制作舱位频数统计，让不同填充色代表幸存情况，将柱状图转为比例。

```
p + scale_fill_manual(labels=c("遇难","幸存"),values=c("yellow","blue"))+
labs(x="舱位",y="比例",fill="幸存情况")+theme(text = element_text(family='Kai'))
```
 # 手动设置填充色，用黄色代表遇难，用蓝色代表幸存，修改坐标轴与图例的文字（见图 5-33）。

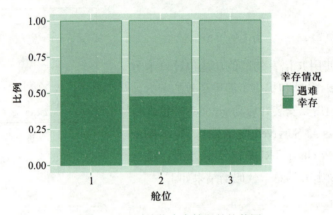

图 5-33　不同舱位幸存情况的柱状图

二、均值比较：t 检验和方差分析

交叉分析适用于解析两个类别型变量之间的关系。当我们想分析一个类别型变量与一个数值型变量之间的关系时，则需要使用均值比较的策略。建立类别型变量与数值型变量的关系并不容易，因为数值型变量在一个连续区间内波动，而类别型变量则是在若干没有算术关系的类别之间变动。此时，一个更加便捷可行的方式是比较不同群组之间的平均数差异。前文介绍了分组平均数的方法——将样本按照某个类别型变量分组，再根据组别计算我们感兴趣的变量的平均数。此时，两个变量的关系体现为类别型变量的组间差异。在有些情况下，组间差异甚至可以作为因果推断的依据。例如在控制实验里，我们可以对比受试者观看恐怖影片之前与之后（类别型变量）的某些生理指标平均值（数值型变量），一旦前后指标有差异，就可以尝试对"观看恐怖电影影响生理指标"进行因果推断。由此可见，分析"差异"也是建立变量之间关系的一种方式。

例如，我们想了解性别（类别型变量）对个人收入（数值型变量）的影响。依然以前文用过的 cgss 数据集为例，分别计算样本中男性与女性年收入的平均值，再通过比较这个平均值来理解性别对个人收入的影响。

分组平均数可以直观地呈现数值差异，帮助我们理解一个数值型变量受另一个类别型变量影响而形成的差异性关系。但组间平均数的差异是不是具有显著意义呢？以表 5-8 为例，样本中男性的个人年收入平均数高于女性 13 962.08 元，这个差距显著么？样本中女性期望生育子女数较男性高 0.04，这个差距有意义么？这些差距是由于抽样误差造成的

（男女群体只是隶属于同一个总体的两个随机样本），抑或男性和女性分属两个不同的总体？换言之，这些差距能够说明男女性别在年收入和期望生育子女数上存在真实差异么？要想回答这个问题，我们需要使用推论统计策略：t 检验（t-test）和方差分析（ANOVA）。

表 5-8　男女受访者年收入与期望生育子女数量的平均值

个人年收入平均值（元）		期望生育子女数平均值（个）	
男性	40 168.33	男性	2.08
女性	26 206.25	女性	2.12

t 检验和方差分析都可用于比较均值。t 检验只适用于含有两个类别的类别型变量（如性别或城市／农村户籍人口）的均值比较，而方差分析适用于含有两个或以上类别的类别型变量的均值比较。

我们首先介绍 t 检验。比较分组平均数其实是将每个组看成两个随机样本，它们可能属于同一个总体也可能分属两个不同的总体。前文介绍过，从一个总体中随机抽取样本量相同的样本并计算它们的平均数，这些平均数会形成正态分布。两个随机样本平均值的差异也会符合特定的理论概率分布模型——t 分布（也称 Student's t 分布）。t 分布的中心等于零，即两个随机样本的平均数没有差异（零假设），越远离中心意味着两个随机样本的平均数差值越大，相应概率也越低。按照假设检验的思路，我们可以用下面的公式计算 t 值：

$$t = \frac{\overline{x}_1 - \overline{x}_2}{SE}$$

在这个公式中，$\overline{x}_1$ 和 $\overline{x}_2$ 表示两个分组的平均数，SE 指两组平均数差值构成的分布的标准误[①]。从公式可以看出，t 值表示当下观察到的样本平均值差异在其理论分布中所处的位置（偏离中心的距离）。t 分布形态会受到自由度大小的影响，通过计算得到 t 值和自由度后，我们可以结合理论上的 t 分布判断观察到样本平均值差异的概率——p 值。因而，通过 t 值、自由度及其对应的 p 值，我们就可以对两个随机样本平均数的差值的统计显著性进行推论。这个逻辑与前文所述的假设验证是一样的。

使用 t 检验时需要注意以下几点：

（1）t 检验适用比较的均值必须来自数值型变量，而且只能比较两个群组的均值。

（2）使用 t 检验时，所分析的样本必须由随机抽样获得。

（3）使用 t 检验时，所分析的变量在总体中应该呈正态分布。对于较小样本，这个要求更加重要；当样本量较大时，可以放宽对总体正态分布的要求。

以上所介绍的为独立样本 t 检验（independent-samples t-test），即所比较的两个组群相互独立。例如，男性的年收入与女性的年收入是独立的、不相干的。但有时候，我们会涉

---

① 两组平均数差值分布的标准误，在两个总体标准差是否已知、是否相等等不同情况下有不同计算方法，由于篇幅限制在此不做展开讨论。

及重复测量数据。在实验设计中重复测量尤其常见，如测量某些受试者在使用一种药物前后的生理指标等。在这种情况下，用药前后的生理指标并不是独立的，而是相互关联的，因而我们需要使用配对样本 t 检验（paired-sample t-test）。

使用 R 语言的基础函数 t.test 就可以轻松进行 t 检验。我们依然以前面 cgss 样本中男女的年收入和期待生育子女数量为例，分别进行两次 t 检验。t.test 函数需要设置 income ～ gender，表明用性别（gender）来分组，然后比较年收入（income）的平均数，最后再通过 data=cgss 函数来告知所使用的数据集即可。具体代码与分析结果如下：

```
t.test(income~gender,data=cgss)
```
 # 以性别分组，用 t 检验比较男女年收入的平均数（见图 5-34）。

```
            Welch Two Sample t-test

data:  income by gender
t = -3.4999, df = 10100, p-value =
0.0004675
alternative hypothesis: true difference in means is not equal to 0
95 percent confidence interval:
 -21781.935  -6142.219
sample estimates:
mean in group 女 mean in group 男
       26206.25        40168.33
```

图 5-34　比较男女年收入平均数的 t 检验结果

```
t.test(children~gender,data=cgss)
```
 # 以性别分组，用 t 检验比较男女期望生育子女数量的平均数（见图 5-35）。

```
            Welch Two Sample t-test

data:  children by gender
t = 2.419, df = 10078, p-value =
0.01558
alternative hypothesis: true difference in means is not equal to 0
95 percent confidence interval:
 0.009173501 0.087551669
sample estimates:
mean in group 女 mean in group 男
        2.124532        2.076169
```

图 5-35　比较男女期望生育子女数量的 t 检验结果

从分析结果可以看出，样本中男女年收入均值比较的结果，$t=-3.50$，$df=10100$，$p=0.0005$。$p<0.001$，说明该 t 值在 $\alpha=0.001$ 的置信水平上具有显著性。于是我们拒绝零假设（男女平均年收入的差值等于 0），获得结论：男性和女性的年收入平均数差异并不是由随机误差导致的；在 $\alpha=0.001$ 的置信水平上，男性的平均年收入显著大于女性的平均年收入。同理，样本中女性和男性期望生育子女数量均值比较的结果，$t=2.42$，$df=10078$，$p=0.0156$。其中，$0.01<p<0.05$，说明该 t 值在 $\alpha=0.05$ 的置信水平上具有显著性，但在 $\alpha=0.01$ 的水平上不具有显著性。考虑到该样本量比较大，其统计功效（statistical power）也较大[①]，因而应该采用更严格的统计显著性标准。在 $\alpha=0.01$ 的置信水平下，我们无法拒

---

① 统计功效为一个统计测试能够正确拒绝零假设——即检测出效果的能力。样本量越大，统计功效越大。

绝零假设（男女期望生育子女数的平均数差值等于 0）。对此，我们可以得到如下结论：$α=0.01$ 的置信水平下，男性和女性的期望生育子女数量平均数差异可能是由随机误差导致的，我们无法证明二者存在显著性差异。

延伸阅读

t 检验与 Z 检验

有时候，我们也会看到一些分析中使用 Z 检验来比较均值。其实，在比较两个随机样本的均值时，t 检验和 Z 检验的推论思路是非常相似的，但两种方法所假设的理论分布模型不一样。李沛良在《社会研究的统计应用》中提到："前者（Z 检定法）基于正态抽样分布，要求大样本，后者（t 检定法）则基于 t 值抽样分布，可用于小样本。但是，当样本增大时，t 值分布会逐渐接近正态分布，这时 t 检定法与 Z 检定法的分别就不大。因此，无论样本的大小如何，皆可用 t 检定法。Z 检定法可以说是 t 检定法的一种特殊（大样本）情况。在近代社会研究中，t 检定法的应用也就更为广泛。"

Z 检验其实还有其他用途。本节重点讨论了两个随机样本的均值比较，有时候我们也需要将样本观察到的均值与真实均值比较。例如，我们在某个城市取得一个随机样本，其中受访者的平均月收入是 5200 元，而根据统计部门的数据该市的人均月收入是 5500 元。那这个样本的月收入均值是不是显著地偏离了该市真实的月收入呢？此时我们就可以利用 Z 检验（当样本量大于 100）来进行均值比较。此外，Z 检验还可以用来比较两个变量占总体的百分比或比例差异的显著性。[①]

接下来讨论方差分析。方差分析有很多拓展应用，这里介绍其最基本的应用——比较三个或三个以上分组平均数。例如在一项实验设计中，我们将高血压病患受试者分成四个组，分别安排他们使用低剂量、中剂量和高剂量的某种降血压药物，另有一组受试者作为控制组没有接受该药物治疗。在使用药物一段时间后，我们观测四组受访者血压变化的情况。通常，研究者需要比较四组受试者使用药物之后血压的平均数，来明确这款降压药物的功效。当然，我们也可以使用一系列 t 检验来对分组平均数做两两比较，再根据结果明确多组间平均数的差异是否有统计显著性。但是，使用 t 检验进行若干次两两比较会放大第一类错误的可能（即错误地拒绝零假设），进而影响分析的准确度。在这种情况下，方差分析可以对多组平均数差异的统计显著性进行整体性评估，避免扩大分析中第一类错误的概率。

方差分析是广义线性模型的一种形式，计算方法比较复杂烦琐，本书不做详细解说，仅介绍其大致逻辑。方差分析最终的结果是一个比值，通常记作 F 值。方差分析需要计算

[①] 李沛良：《社会研究的统计应用》，社会科学文献出版社 2002 年版，第 173 页。

几种类型的平方和（sum of square）：组内平方和（within-group sum of square）代表数据偏离本组平均数的程度，组间平方和（between-group sum of square）代表各组平均数偏离整体平均数的程度，全体平方和（total sum of square）代表数据偏离整体平均数的程度。这三种平方和存在如下关系：全体平方和 = 组内平方和 + 组间平方和。而方差分析的 F 值就是组间平方和与组内平方和的比值。但因为平方运算会增大平方和数值，在衡量实际方差时需要将组内平方和与组间平方和除以各自的自由度（df_1 和 df_2），公式如下[1]：

$$F = \frac{组间平方和 / df_1}{组内平方和 / df_2}$$

在这个公式中，组间平方和代表各组平均数偏离整体平均数的程度，可理解为分组平均数能够解释的方差；而组内平方和则是组内数据变动产生的方差，属于分组平均数无法解释的方差。当我们计算得到 F 值后，按照假设验证的逻辑，就可以根据 F 值的理论分布情况进行显著性检验。

使用方差分析时需要注意以下几点：

（1）方差分析可用于比较三个或以上组别的平均数是否具有显著性差异。当我们分析一个数值型变量和一个类别变量（三个或以上类别）时，可以考虑使用方差分析。

（2）方差分析要求随机抽样样本。

（3）方差分析还要求：分析的变量在总体中呈正态分布；各组数据方差相等，即满足方差齐性（homoscedasticity）条件。

（4）方差分析要求类别变量作为分组变量，此类别变量也可以是定序变量（如一线、二线和三线城市）。

（5）通过方差分析的 F 值可以判断组间平均数整体上是否存在显著性差异，但并不能表明显著性差异具体存在于哪些组之间。若想明确具体的组间差异，我们还需要进行事后多重比较分析（post hoc test）。

接下来，我们继续以 cgss 数据集为例展示方差分析的具体操作：比较不同学历受访者的平均年收入是否存在显著性差异。在 cgss 数据集中，受教育程度（education）变量共有 14 个类别，各个类别人数差异显著，比较结果较难解读。为了简化分析，我们将教育程度变量简化成三个类别：高教育程度、中教育程度与低教育程度。具体转化的方式（见表 5-9）和代码如下：

```
install.packages("car")[2]
library(car)
cgss$school<-recode(cgss$education,"c(' 大学专科（成人高等教育）',' 大学专科（正规高等教育）',' 大学本科（成人高等教育）',' 大学本科（正规高等教育）',' 研究生及以上 ')=' 高 '; c(' 私塾、扫盲班 ',' 没有受过任何教育 ',' 小学 ')=' 低 ' ;c(NA,' 其他 ')=NA;else=' 中 '"
```

①   此处关于方差公式的解释和说明，参考了李沛良：《社会研究的统计应用》，社会科学文献出版社 2002 年版，第 194—194 页关于"单因方差分析与 F 检定"的内容。

②   此处如有系统提示，需要先安装 car Data 包。

 # 安装并启动 car 包，使用其中的 recode 函数对分类变量 education 中的值进行转化，else=' 中 ' 表明将所有未指明的类别归入中教育程度。c() 意味着创建一个由字符串构成的向量。转化后存入对象 cgss 下的一个新变量 school。

表 5-9　教育程度变量的转化方式

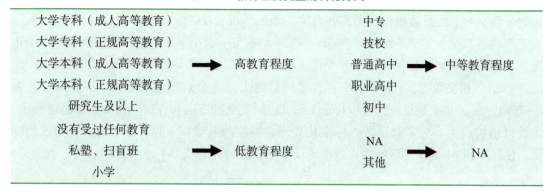

接下来分析高中低三类教育程度人群。首先，可以使用 aggregate 函数求三组教育程度人群的平均年收入。

```
aggregate(data=cgss,income~school,mean)
```

然后使用 aov 函数设置一个方差分析函数，其结果不能直接输出，需要存入对象，再使用 anova 函数来输出方差分析结果（见图 5-36）。

```
dif<-aov(income~school,data=cgss)
anova(dif)
```

```
Analysis of Variance Table

Response: income
             Df    Sum Sq    Mean Sq  F value    Pr(>F)
school        2 3.6400e+12 1.8200e+12 43.217 < 2.2e-16 ***
Residuals 10338 4.3536e+14 4.2113e+10
---
Signif. codes:  0 '***' 0.001 '**' 0.01 '*' 0.05 '.' 0.1 ' ' 1
```

图 5-36　方差分析结果

从分析结果可以看出，高教育程度组的平均年收入最高，低教育程度组的平均年收入最低。方差分析结果为：$F=43.22$，$p=2.2^{-16}$，在 $\alpha=0.001$ 的置信水平上具有显著性。于是我们拒绝零假设（高、中、低教育程度组的平均年收入的差值等于 0），获得结论：高、中、低教育程度受访者的平均年收入平均数差异并不是由随机误差导致的；在 $\alpha=0.001$ 的置信水平上，这三组受访者的平均年收入存在显著性差异。

三、相关分析

前文讨论了如何通过比较频数分布（交叉分析）与比较均值来理解变量之间的关系。下文聚焦相关分析（correlation）——用以计算两个数值型变量关联强度的统计方法。这里我们介绍一种最常用的相关分析方法——皮尔逊相关系数（Pearson's correlation coefficients）法。

两个数值型变量都可以在区间内连续波动，因而我们可以计算出一个统计值来衡量两个变量协同变化的程度，皮尔逊相关系数（记作 r 值）就是这样一个统计值。皮尔逊相关系数的计算方法较为繁复，在此仅对其大致思路做说明。首先，皮尔逊相关系数计算主要考察 x 和 y 两个变量数据协同偏离各自平均数的情况：$(x-\bar{x}) \times (y-\bar{y})$。对任一数据来说，$x$ 大于平均数且 y 也大于平均数，或者 x 小于平均数且 y 也小于平均数，则该乘积为一个正数，意味着 x 和 y 按照相同的方向变化（同时大于或小于平均数），指示正相关关系，反之则指示负相关关系。x 和 y 偏离各自平均数越大，这个乘积也就越大。接着该公式将 $(x-\bar{x}) \times (y-\bar{y})$ 这些乘积加总，可以指示 x 和 y 协同变化的方向和程度。在乘积加总过程中，该统计值被放大。为了对系数做标准化处理，需要将其除以 x 和 y 各自偏离平均数的度量，使其回到 −1 到 1 的区间内，以便解读和比较。具体公式如下[1]：

$$r = \frac{\sum\limits_{i=1}^{n}(x_i-\bar{x})(y_i-\bar{y})}{\sqrt{\sum\limits_{i=1}^{n}(x_i-\bar{x})^2} \cdot \sqrt{\sum\limits_{i=1}^{n}(y_i-\bar{y})^2}}$$

皮尔逊相关系数是一个标准化系数，数值在 −1 到 1 的区间内变化。r 值本身没有度量单位，但其正负与大小都具有意义，可以判断两个变量相关性的方向与强度。r 值为正数表明两变量呈正相关关系，r 值为负数表明两变量呈负相关关系。r 的绝对值越接近 1 表明 x 和 y 的相关性越强，越接近 0 表明 x 和 y 的相关性越弱。表 5-10 展示了不同 r 值对应的相关性强度。

表 5-10   皮尔逊相关系数表明的相关性强度

r 值	相关性强度
1	⟶ 完美正相关
0.7	⟶ 较强的正相关性
0.5	⟶ 中等的正相关性
0.3	⟶ 较弱的正相关
−0.1 ∼ 0.1	⟶ 微弱或无相关性
−0.3	⟶ 较弱的负相关
−0.5	⟶ 中等的负相关性
−0.7	⟶ 较强的负相关性
−1	⟶ 完美负相关

注：r 值所代表的相关性强弱并无客观标准，本表仅供参考。

使用相关分析时，我们需要注意以下几点：

（1）皮尔逊相关系数适合分析两个数值型变量之间的相关关系；

（2）皮尔逊相关系数不能区分自变量与因变量，相关分析的结果也不能指向因果关系；

---

[1]   皮尔逊相关系数的公式有很多转化形式，在此仅展示其中的一种形式。

（3）皮尔逊相关系数用于计算两个变量的直线性相关关系，不能描述两个变量之间的曲线性关系；

（4）相关分析计算两个变量之间的相关强度，在推论统计中，通常还需要对相关系数做显著性检验（t 检验）。

接下来继续使用 cgss 数据集展示皮尔逊相关系数的计算方法。我们可以使用 R 语言自带的 cor.test 函数来计算 r 值。这个函数非常简单，只需输入需要分析的两个数值变量就可以得到结果。以身高（height）和体重（weight）为例，下面是代码与分析结果：

```
cor.test(cgss$height,cgss$weight)
# 计算身高与体重的相关系数（见图 5-37）。
```

从结果可以看出，身高与体重的皮尔逊相关系数为 $r=0.57$，$df=10966$，$t=71.76$，$p=2.2^{-16}$。根据 r 值，我们发现样本中受访者的身高与体重有中等偏强的相关性。对应的 t 检验具有高度显著性（$p<0.001$），说明在 $\alpha=0.001$ 的

```
            Pearson's product-moment correlation

data:  cgss$height and cgss$weight
t = 71.759, df = 10966, p-value < 2.2e-16
alternative hypothesis: true correlation is not equal to 0
95 percent confidence interval:
 0.5523984 0.5778714
sample estimates:
      cor
0.5652696
```

图 5-37　身高与体重相关分析结果

置信水平下，可以拒绝零假设（在总体中身高与体重的相关性为零）。分析显示，身高与体重具有显著的相关关系。

从可视化的角度，散点图是表现两个数值型变量相关关系的理想形式。利用 ggplot2 中的 geom_point 函数可以绘制散点图和趋势线来表现两个变量的线性关系。从图中，我们可以看到两个变量比较明确的正相关关系。具体代码和图形如下：

```
ggplot(data=cgss,aes(x=height,y=weight))+geom_point()+ geom_smooth(method='lm')
```

绘制身高与体重的散点图，添加一个平滑曲线拟合数据，method='lm' 参数表明使用线性模型来绘制直线（见图 5-38）。

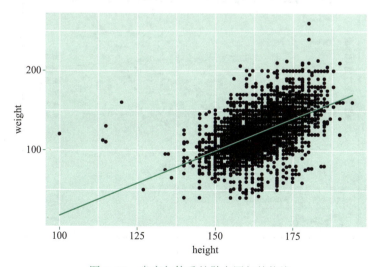

图 5-38　身高与体重的散点图与趋势线

案例档案卡 5-2

数据新闻报道中的相关分析

在数据新闻报道中，相关分析较为常见。相关分析能够帮助受众快速了解两个概念之间相互的关联，也可以解释现象背后的某些影响因素。例如上观新闻数据报道《荷兰男性全世界最高，但过去 35 年身高增幅全球第一的，是中国男人》（2021 年 10 月 10 日）中，就引用来自多个国际组织的数据，利用散点图展示各国男性身高与人类发展指数、摄取蛋白质的正相关关系（见图 5-39），以此来解释经济发展水平与身高的关系。

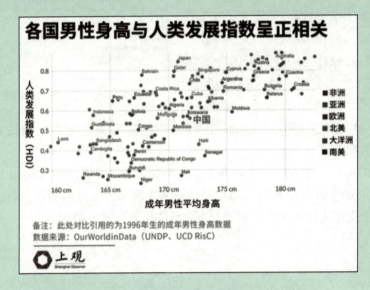

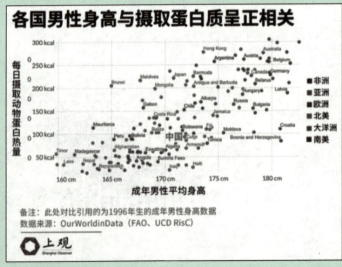

图 5-39　各国男性身高与人类发展指数、摄取蛋白质的关系图

拓展阅读

相关系数矩阵

有时我们需要一次性观察若干数值型变量之间的相关关系，可以使用相关系数矩阵展示所有变量之间的两两相关系数及对应的 p 值。矩阵的对角线为变量与自身的相关系数 1，整个矩阵的信息以对角线为界镜像式呈现。Hmsci 包中的 rcorr 函数可以快速构建矩阵。以 R 自带的经典的相关分析数据集 iris 为例，我们可以快速获取四个数值变量的相关性信息（见图 5-40）：

```
iris<-iris[,1:4]
rcorr(as.matrix(iris))
```

	Sepal.Length	Sepal.Width	Petal.Length	Petal.Width
Sepal.Length	1.00	-0.12	0.87	0.82
Sepal.Width	-0.12	1.00	-0.43	-0.37
Petal.Length	0.87	-0.43	1.00	0.96
Petal.Width	0.82	-0.37	0.96	1.00

n= 150

P

	Sepal.Length	Sepal.Width	Petal.Length	Petal.Width
Sepal.Length		0.1519	0.0000	0.0000
Sepal.Width	0.1519		0.0000	0.0000
Petal.Length	0.0000	0.0000		0.0000
Petal.Width	0.0000	0.0000	0.0000	

图 5-40 相关系数矩阵示例

psych 包中的 pairs.panel 函数还可以呈现更丰富的信息：每个变量的直方图分布，变量两两相关的相关系数及散点图（见图 5-41）。

```
pairs.panels(iris, scale=TRUE)
```

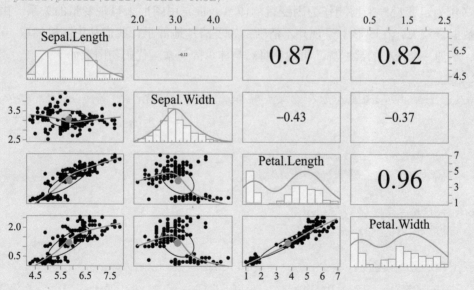

图 5-41 psych 包相关性矩阵图

四、回归分析

1. 简单线性回归及其原理

回归分析是一种应用广泛的统计方法。简单地说，回归是分析若干自变量如何"影响"某一因变量的统计方法。回归分析还能够明确自变量对因变量的解释力以及自变量间相对影响力的大小。与前面介绍的统计方法不同，回归分析能够对因变量进行"预测"，因此可以更加接近"因果联系"。回归分析是一套复杂的统计思想和技术，包含很多种类型。这里介绍其最常见的形式——多元线性回归模型（multiple linear regression model）。

首先，我们用回归的最简单形式——简单线性回归（simple linear regression）来简要介绍其原理。简单线性回归旨在用一个数值型自变量去预测另一个数值型因变量。从表面上看，回归与上文讲到的二元相关分析非常相似，都是用一条直线去拟合两个数值型变量。但在回归分析中，我们需要更加明确两个变量的关系：将一个变量定为自变量（x），将另一变量定为因变量（y），自变量 x 对因变量 y 产生影响。回归分析预测因变量 y 的公式如下：

$$y = \beta_0 + \beta_1 x + \varepsilon$$

这个数学公式就是我们非常熟悉的一元一次方程，在二维坐标系中的几何表达为一条直线。y 是需要预测的因变量，x 是用于预测的自变量。β_0 表示斜率，代表 x 每个单位变动可造成的 y 的变化量；β_1 为截距，代表 $x=0$ 时对应的 y 值。这条用于预测因变量的直线称为回归线。但在实际操作中，数据不可能完美地落在回归线上，所以实际的 y 值还需要加上误差。公式中的 ε 代表误差项，即观察值偏离预测值的距离。

下面依然以 cgss 数据中的身高（height）与体重（weight）变量为例。我们用受访者的身高作为自变量，来预测作为因变量的体重。首先用图形来呈现变量的关系。由于原 cgss 数据量较大，在图形中呈现并不清晰，为了清楚地展示，我们从中随机抽取 50 个受访者，拿到一个较小的数据集，再观测身高与体重的关系。代码与图形如下：

```
sub<-cgss[sample(nrow(cgss),50),]
# 从原 cgss 数据集中随机抽取 50 条数据。nrow 是 R 的基础函数，返回对象数据集中的特定行数。

fit<-lm(data=sub,weight~height)
# 用身高预测体重，使用线性回归模型拟合。

predicted<-predict(fit)
# 将模型预测值存入 predicted。

ggplot(sub;aes(x=height,y=weight))+geom_smooth(method="lm", se=FALSE,
color="lightgrey")+geom_point()+geom_point(aes(y=predicted),shape=2)+geom_se
gment(aes(xend=height,yend=predicted),alpha=0.2)+theme_bw()
```

 # 绘制图形（见图 5-42）。该段代码将身高映射在 X 轴，将体重映射在 Y 轴，随后用 geom_smooth 函数添加一条拟合曲线。geom_point 函数输出数据点位（默认为实心圆点）。随后 geom_point 函数设置数据点位 y 的预测值，形状为 2 号（三角形）。geom_segment 函数绘制两点间的直线，透明度设置为 0.2。最后用 theme_bw 函数设置白色简约背景。

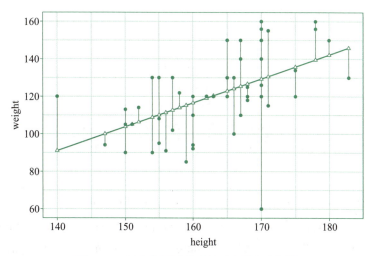

图 5-42　用身高预测体重的观察值与预测值

通过图 5-42 可知，回归模型需要找到一条直线来对数据进行拟合。图中的圆点代表数据集中的实际观察值，回归线上与之对应的三角形表示模型的预测值。从观察值（圆点）到预测值（三角形）之间的垂直距离，就是预测的误差，在回归分析中也称为残差。回归分析需要找到一条可以尽量接近所有数据的直线，这要求回归线对数据进行预测所产生的"错误"最小。换句话说，所有观察值与它们对应的预测值的总和垂直距离最小，即预测所产生的全部残差最小。最小二乘法（ordinary least squares）是一种常用的回归估计方法，可用来发现这样一条"理想的"直线。该方法可以找到所产生残差平方和（sum of squared residuals）最小的一条直线作为回归线，并计算出其具体的系数。计算回归方程参数斜率（β_1）和截距（β_0）的公式如下：

$$\beta_1 = \frac{n\sum_{i=1}^{n} x_i y_i - \sum_{i=1}^{n} x_i \sum_{i=1}^{n} y_i}{n\sum_{i=1}^{n} x_i^2 - \left(\sum_{i=1}^{n} x_i\right)^2}$$

$$\beta_0 = \bar{y} - \beta_1 \bar{x}$$

在 R 语言中，可以使用 lm 函数做回归分析。首先设置数据集参数 data=cgss，同时告知公式 y ~ x，其中 y 为因变量，x 为自变量。然后将结果存入一个对象 fit，再用 summary 函数显示模型结果，代码和结果如下：

简单回归方程设置
与解读教学视频

```
fit<-lm(weight~height,data=cgss)
# 设置线性回归模型。
```

```
summary(fit)
```
输出线性回归模型结果（见图 5-43）。

```
Call:
lm(formula = weight ~ height, data = cgss)

Residuals:
    Min     1Q  Median     3Q     Max
-85.169 -12.704  -1.229  11.248 112.596

Coefficients:
             Estimate Std. Error t value Pr(>|t|)
(Intercept) -143.74628    3.69906  -38.86   <2e-16 ***
height         1.61750    0.02254   71.76   <2e-16 ***
---
Signif. codes:  0 '***' 0.001 '**' 0.01 '*' 0.05 '.' 0.1 ' ' 1

Residual standard error: 19.1 on 10966 degrees of freedom
Multiple R-squared:  0.3195,     Adjusted R-squared:  0.3195
F-statistic:  5149 on 1 and 10966 DF,  p-value: < 2.2e-16
```

图 5-43 用身高预测体重的简单线性回归结果

回归分析结果返回很多信息，包括残差的分布（residuals）、回归系数（Regression Coeffient）以及对应的标准误差、t 检验结果和 p 值、模型拟合指标（multiple R-squared/adjusted R-squared）、模型显著性指标（F-statistic）等。首先，我们可以根据回归系数指标写出回归方程，estimate 代表参数的估计值，intercept 代表截距，结果如下（保留 2 位小数）：

$$体重（斤）= -143.75 + 1.62 \times 身高（厘米）$$

回归方程可以建立自变量与因变量之间的关系：身高每增加 1 厘米，体重会增加 1.62 斤，可以根据身高来"预测"体重。需要注意的是，回归分析中的变量都保留了原始度量单位。我们还注意到，回归分析结果对自变量的回归系数做了显著性检验（t 检验）。结果显示，身高作为自变量的回归系数对应 $t=71.71$，$p<0.001$，说明在 $\alpha=0.001$ 的置信水平下，该系数具有统计上的显著性（拒绝该系数等于 0 的零假设）。

回归分析构建了一个线性模型对因变量进行预测，所以结果中还包含对模型拟合度——模型在多大程度上解释了因变量的评估指标。R^2（分析结果中的 multiple R-squared）是回归模型解释效力的直观表达。

这里简述 R^2 的运算含义：首先，我们可以计算因变量 y 的全部平方和，它代表了该变量中全部需要解释的方差。计算方法如下：

$$全部平方和 = \sum(y - \bar{y})^2$$

在确定了回归模型后，我们可以评估模型预测的错误程度，即预测值偏离实际观察值的程度，通过残差平方和来表达。我们把模型对 y 的预测值记作 $\hat{y}$，则残差平方和计算如下：

$$残差平方和 = \sum(y - \hat{y})^2$$

全部平方和代表因变量中全部需要解释的方差，残差平方和代表模型介入后尚未被解释的方差，所以回归模型所解释的方差（回归平方和）= 全部平方和 - 残差平方和。根据这个关系，我们就可以计算 R^2：

$$R^2 = \frac{\text{全部平方和} - \text{残差平方和}}{\text{全部平方和}} = 1 - \frac{\text{残差平方和}}{\text{全部平方和}} = 1 - \frac{\sum(y-\hat{y})^2}{\sum(y-\bar{y})^2}$$

从公式可以看出 R^2 表示模型所解释的方差占全部方差的比例。R^2 是一个 0 到 1 之间的数值。R^2 越接近 1，说明该模型的解释力越强，模型拟合度越好；R^2 越接近 0，该模型的解释力越弱，模型拟合度越差。在实际应用中，R^2 经常被当作一个百分比来解读。以当前回归模型为例，multiple R-squared=0.3195 表明身高共解释了体重变量中 31.95% 的变化。

在回归分析结果中，还有一个 F 值。这其实是使用前面学习过的方差分析对回归模型整体显著性进行评估，此处的 F 值是模型所解释的方差（回归平方和）与模型未能解释的方差（残差平方和）的比值。但是，F 值的计算要根据自由度（df_1 和 df_2）进行调整，公式如下：

$$F = \frac{\text{回归平方和} / df_1}{\text{残差平方和} / df_2}$$

该方差分析的零假设为所有回归系数都等于 0。回归分析结果显示该模型的 F=5149，$p<0.001$。这是一个高度显著的方差分析结果，我们有较为充分的理由拒绝零假设。结论为：在 α=0.001 的置信水平下，该回归方程至少有一个回归系数不等于 0，该回归方程具有统计显著性。

2. 多元线性回归

接下来介绍多元线性回归，即用若干自变量预测一个因变量。这些自变量既可以是数值型变量，也可以是类别型变量。多元线性回归的原理与简单线性回归一样，也是用线性模型去拟合数据。我们将自变量记作 x_1，x_2，x_3，$\cdots$，x_n，将因变量记作 y，则因变量与自变量满足如下线性关系：

$$y = \beta_0 + \beta_1 x_1 + \beta_2 x_2 + \cdots + \beta_n x_n + \varepsilon$$

同样，β_0 为截距，β_1，β_2，$\cdots$，β_n 为各变量对应的斜率，ε 为残差。根据最小二乘法，我们可以计算出回归方程。对于多元回归分析，回归方程不再为一条直线，而呈现为回归平面。我们考虑一种简单的多元回归：用两个自变量预测因变量。依旧使用上面 cgss 的例子，首先从数据集中随机抽取 50 条数据，再用身高（height）和出生年份（birth_year）去预测体重（weight）。当回归分析包含两个自变量时，模型拟合数据情况可以在三维空间中呈现。使用 scatterplot3d 包可以进行三维散点图的可视化（见图 5-44）。图中的平面就是最小二乘法计算出的回归平面，所有观察值到平面的距离的平方和最小。当回归中包含 1 个自变量时，回归方程呈现为二维空间中的一条直线；当回归中包含 2 个自变量时，回归方程呈现为三维空间中的一个平面；当回归包含 n 个自变量时，回归方程将拟合 n+1 维度空间中分布的数据。尽管我们没办法用图形去表现更复杂的回归模型，但可以想象回归方法用相似的原理和方法去拟合数据[1]。

---

① 本节关于回归分析的解释和说明，参考了郭志刚：《社会统计分析方法 SPSS 软件应用》（第二版），中国人民大学出版社 2015 年版，第 38—47 页关于"多元线性回归"的内容。

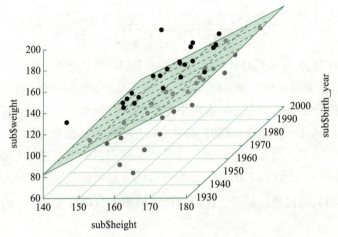

图 5-44　身高、出生年份与体重的三维散点图

接下来用 cgss 的数据展示多元线性回归分析的过程。分析中的自变量为：性别（gender）、受教育程度（education）、出生年份（birth_year）与因特网使用情况（Internet）。分析的因变量是年收入（income）。为了分析更加清楚，我们需要对数据做一些转化。首先，我们还是将受教育程度的类别转换为高、中、低三类（请见方差分析部分）。

其次，为了更加直观，我们将出生年份转换成年龄变量（age）。此外，原数据集中互联网使用情况为一个类别型变量，在回归分析中，我们将其看作一个数值型变量。为此，需要对 Internet 这个变量进行转化，并存入新的变量 Internet_new。代码如下：

```
cgss$age<-2015-cgss$birth_year
# 用 2015 减去出生年份，创建年龄变量。
```

```
cgss$Internet_new<-recode(cgss$Internet,"' 从不 '=1;' 很少 '=2;' 有时 '=3;' 经常 '=4;' 非常频繁 '=5;NA=NA")
# 将互联网使用变量的类别转化为数值：从不 = 1；很少 =2；有时 =3；经常 =4；非常频繁 =5，并创建新的变量 Internet_new。
```

```
cgss$Internet_new <- as.numeric(levels(cgss$Internet_new))[cgss$Internet_new]
# 将创建的 Internet_new 变量转换为数值型变量，其中 levels() 是 R 的基础函数，用于输出一个类别型变量的分类值。
```

转换变量是否成功，我们可以和原来的变量进行对比。使用 class 函数可以看出新的变量 Internet_new 为一个数值型变量；使用 table 函数可以看出 Internet_new 的数值符合我们的设置，这个新的变量的值从 1 到 5，分别代表互联网使用频率从"从不"到"非常频繁"。

```
class(cgss$Internet_new)
```
结果为：numeric

```
table(cgss$Internet_new)
```

结果为：

1	2	3	4	5
5827	783	812	1525	2004

接下来，我们设置回归模型进行拟合。此前分析，年收入存在大量离群值，为了更好地显示趋势，我们暂时排除年收入在 500000 元以上的受访者，然后使用 lm 函数设置回归方程。需要注意的是，多元回归依然使用 y ∼ x1+x2+x3+⋯+xn 这个公式，多个自变量以相加的方式连缀。代码和分析结果如下：

```
cgss_new<-subset(cgss,income<=500000)
# 创建新的数据集 cgss_new，只保留年收入不大于 500000 元的受访者。

fit<-lm(data=cgss_new,income~gender+school+age+Internet_new)
summary(fit)        # 拟合模型并显示结果（见图 5-45）。
```

```
Call:
lm(formula = income ~ gender + school + age + Internet_new, data = cgss_ne
w)

Residuals:
    Min     1Q Median     3Q    Max
-68051 -14893  -4828   7116 477390

Coefficients:
              Estimate Std. Error t value Pr(>|t|)
(Intercept)   -5021.23    1885.19  -2.664  0.00775 **
gender男      10853.04     695.03  15.615  < 2e-16 ***
school低      -9690.79     854.13 -11.346  < 2e-16 ***
school高      20144.38    1079.08  18.668  < 2e-16 ***
age             266.27      26.46  10.062  < 2e-16 ***
Internet_new   5645.61     308.23  18.316  < 2e-16 ***
---
Signif. codes:  0 '***' 0.001 '**' 0.01 '*' 0.05 '.' 0.1 ' ' 1

Residual standard error: 34760 on 10291 degrees of freedom
  (36 observations deleted due to missingness)
Multiple R-squared:  0.184,     Adjusted R-squared:  0.1836
F-statistic: 464.2 on 5 and 10291 DF,  p-value: < 2.2e-16
```

图 5-45　四个自变量预测年收入的回归分析结果[①]

多元回归分析返回了较多分析结果，可以从以下几个方面解读：

（1）首先，根据回归分析估计的参数，我们可以写出回归方程：年收入 = −5021.23 + 10853.04 × 男性 +（−9690.79）× 低教育程度 + 20144.38 × 高教育程度 + 266.27 × 年龄 + 5645.61 × 互联网使用情况。从这些回归系数中我们可以看到各自变量对因变量的影响。系数为正，表明该自变量为正向影响；系数为负，表明该自变量为负向影响。回归系数依然保留各自变量原有的度量单位。所有系数对应的显著性检验（t 检验）中 $p<0.01$，说明这些自变量对因变量的影响都有统计显著性。

① 根据系统设置不同，lm 线性回归模型的虚拟变量可能将不同的值设置为参照组。以性别为例，如果将女性设置为参照组，则回归模型结果输出男性的回归系数；如将男性设置为参照组，则结果显示女性的回归系数。如需要指定某一类别为参照组（以女性为例），可用函数 relevel(gender, ref = "female") 进行设置。

（2）在多元回归中，所有自变量系数评估的是该自变量对因变量的独立影响，被称为偏回归系数。换句话说，系数表达了在控制住其他自变量之后该自变量对因变量的影响。例如，年龄的偏回归系数为 266.27，意味着在性别、受教育程度和互联网使用情况相同的条件下，受访者年龄每增加一岁，年收入会增加 266.27 元。这样多元回归分析可反映每个自变量对因变量的独立影响。

（3）特别值得注意的是性别和受教育程度两个分类变量的分析结果。回归分析允许使用类别型变量作为自变量，但需要将其转化为虚拟变量（dummy variable），取值为 0 或 1。若一个分类变量有 k 个类，则需要创建 k-1 个虚拟变量。我们可以选择一个类作为参照组，将剩余的类作为虚拟变量输入回归方程。例如，在处理性别时，可以将女性作为参照组，将男性作为虚拟变量，0= 不是男性，1= 是男性；在处理受教育程度时，可将中教育程度作为参照组，将低教育程度和高教育程度作为虚拟变量输入回归方程。在回归方程中，性别和受教育程度可以虚拟变量的方式表达（见表 5-11）：

表 5-11   回归方程中虚拟变量的设置

分类变量	虚拟变量
性别： 1= 男，2= 女	男性：虚拟变量 男 =1 女性：虚拟变量 男 =0 参照组：女性
受教育程度： 1= 低，2= 中，3= 高	低教育程度：虚拟变量低 =1；虚拟变量高 =0 中教育程度：虚拟变量低 =0；虚拟变量高 =0 高教育程度：虚拟变量低 =0；虚拟变量高 =1 参照组：中教育程度

R 语言的 lm 函数在处理分类变量时，会自动创建虚拟变量。从分析结果可知，女性被设置为参照组，男性为虚拟变量；中教育程度被设置为参照组，低教育程度和高教育程度为虚拟变量。各虚拟变量的回归系数可以解读为该虚拟变量所代表的组别与参照组别的平均数差异。例如，低教育程度的系数 -9690.79，意味着在控制住其他自变量影响的情况下，低教育程度组比中教育程度组受访者的平均年收入低 9690.79 元。这样回归分析用虚拟变量的方式实现了控制其他变量影响情况下的分类变量组间比较。

（4）多元回归分析结果中也包含模型拟合程度指标。multiple R-squared=0.184，adjusted R-squared=0.1836，两个数值有微小差异。需要注意的是，随着进入回归的自变量数量增加，R^2 可能会高估模型的拟合度，所以多元回归的模型拟合度常用调整 R^2 来评估。当下这个模型的调整 R^2 为 0.1836，说明该模型可以解释年收入变量中 18.36% 的变化。此外，方差分析显示 F=464.2，$p<0.01$，表明整个回归模型具有统计显著性。

（5）回归系数可以显示自变量对因变量的影响。但是由于每个系数都反映了各自变量原有的度量单位，因此很难比较哪个自变量对因变量的影响更大。为了明确各自变量对因变量影响的大小，我们需要使用标准化回归系数（standardized regression coefficient）。

lm.beta 功能包中的 lm.beta 函数可以计算标准化回归系数，代码和结果如下：

```
lm.beta(fit)
```
 # 计算回归方程的标准化系数（见图 5-46）。

```
Call:
lm(formula = income ~ gender + school + age + Internet_new, data = cgss_ne
w)

Standardized Coefficients::
 (Intercept)     gender男      school低      school高          age
   0.0000000    0.1408244   -0.1219930    0.1919319    0.1160754
Internet_new
   0.2394319
```

图 5-46   回归方程标准化系数结果

该函数输出了各自变量的标准化回归系数，该系数不再保留原来的度量单位。例如，年龄变量的系数为 0.12，这意味着年龄每增加一个标准差单位，年收入会增加 0.12 个标准差单位。这样各自变量对因变量的影响就可以进行比较了。从结果可以看出，在四个变量中互联网使用情况对年收入的影响最大（0.24）。

回归分析的知识体系非常复杂，本节仅介绍了回归的最基本形式。回归分析也很强大，可以用若干自变量去预测一个因变量。但回归也对所分析的数据和变量有所要求，一个完善的回归分析还有很多技术细节需要处理。具体而言，我们需要注意以下几点：

（1）多元线性回归要求因变量为数值型变量，自变量可以是类别型变量也可以是数值型变量。自变量要存在充分的变化量。比如，一个样本中男性占 95%，女性占 5%，那么性别变量的变化量就不充分。

（2）要警惕数据中的离群值，它们可能会对回归系数产生较大改变，进而影响解读。

（3）多元回归中，各自变量之间不宜有过强的相关性，否则会造成多重共线性现象，影响对回归系数的解读。

（4）回归分析对残差也有一些假设。尽管回归分析不要求自变量呈正态分布，但要求每个自变量的残差呈正态分布，且回归预测产生的残差之间彼此独立，不能具有相关性。

（5）回归分析还需要满足方差齐性条件。简单而言，回归预测所产生的误差的方差不应该随着自变量的变化而变化，这些误差的方差应该在自变量的各个区间内保持恒定。

（6）多元线性回归假设自变量与因变量之间为线性关系，但有时候自变量与因变量呈非线性关系，这时候线性模型对数据的拟合就不理想，我们可以考虑对自变量进行转化，如平方转换、对数转换、倒数转换等，以便模型更好地拟合数据。

回归分析作为一种强大的统计分析工具，有非常多的拓展。比如，当需要预测一个类别型变量时，可以使用逻辑回归（logistic regression）。逻辑回归可以用来预测二分变量（binary logistic regression）、多分类变量（multinomial logistic regression）或次序类别变量（ordinal logistic regression）。当所要预测的因变量是一个非零的离散数值时，还可以使用泊松回归（Poisson regression）更好地拟合数据。当我们分析若干类别型变量对另一个类别型变量的多元影响时，可以使用对数线性模型（loglinear model）来拟合数据。这些分析技术被称为广义线性模型（generalized linear model），是数据分析中重要的统计工具。

📋 案例档案卡 5-3

数据新闻报道中的回归分析——ProPublica 的经验

ProPublica 是一家独立的、非营利的新闻组织，擅长做与公共利益相关的调查报道，数据新闻是其重要报道手段。ProPublica 的记者有时会利用统计方法对公开数据进行分析。例如，ProPublica 曾利用多元逻辑回归来分析美国某犯罪预测软件的算法中可能存在的偏见（见图 5-47）。报道发现，该软件算法更容易将黑人错误地判断为累犯，同时更容易错误地忽略白人成为累犯的风险。[1]ProPublica 在官网上公开了该文章的分析过程。

Risk of General Recidivism Logistic Model	
Dependent variable:	
Score (Low vs Medium and High)	
Female	0.221*** (0.080)
Age: Greater than 45	-1.356*** (0.099)
Age: Less than 25	1.308*** (0.076)
Black	0.477*** (0.069)
Asian	-0.254 (0.478)
Hispanic	-0.428*** (0.128)
Native American	1.394* (0.766)
Other	-0.826*** (0.162)
Number of Priors	0.269*** (0.011)
Misdemeanor	-0.311*** (0.067)
Two year Recidivism	0.686*** (0.064)
Constant	-1.526*** (0.079)
Observations	6,172
Akaike Inf. Crit.	6,192.402
*Note: *p<0.1; **p<0.05; ***p<0.01*	

图 5-47　ProPublica 用来分析犯罪预测软件得分的逻辑回归结果

在另一则报道《临时的工作，持久的伤害》[2]中，回归分析显示在控制住年龄、性别、工作信息等变量之后，临时工人依然比非临时工人更容易受工伤。ProPublica 也公开了该报道的分析过程。

❓ 思考与练习

1. 简述中心极限定律的含义及其在统计推论中的应用。
2. 以 p 值为代表的统计推论方法有哪些局限？

---

① Larson J., Mattu S., Kirchner L. & Angwin J. *Machine Bias: There's Software Used Across the country to Predict Future Criminals. And It's Biased Against Blacks.* ProPublica 2016-05-23.

② Pierce O., Larson J. & Grabell M. *Temporary Work, Lasting Harm.* ProPublica 2013-12-18.

3. 如何避免数据分析中的"幸存者偏差"？

4. 举一个生活中的例子来阐述干扰性变量与虚假的因果关系。

5. 有哪些统计值可以描述一组数据的离散趋势？

6. 结合数据新闻的具体案例，讨论用平均数描述变量的集中趋势可能存在何种偏差。

7. 结合数据新闻的具体案例，讨论柱状图、直方图与箱线图分别适合呈现什么类型的变量。

8. 回归分析与相关分析的区别是什么？请找一找数据新闻中运用相关或回归分析的案例。

参考答案

## 第六章

数据分析：文本挖掘

上一章介绍了新闻报道中数据分析的基本方法。这些方法主要用于处理被记录成数字形式的数据。但在社交媒体与智能媒体时代，我们会遇到大量文字信息，如网络新闻的评论、微博的表达、电商平台的用户评价、贴吧论坛上的讨论、网络用户的昵称或标签，等等。我们称这些由文字聚合形成的信息形态为文本（text）。文本数据中蕴含着海量信息与丰富意义，所以文本也构成一种非常重要的"数据"。在社交媒体环境下，大多数文本并不是在研究者主动询问下产生的，而是由用户在日常生活中自发创造出来的，因而属于自然生成数据（naturally occurring data），具有较大的分析价值。因此，今天的新闻从业者需要掌握分析文本数据的能力。

第一节　文本挖掘在数据新闻中的应用

传统的社会科学研究方法其实已经形成了一系列分析"文本"的策略。例如，质化研究会使用文本分析、符号分析、对话分析、话语分析等方法阐释各种文本的意义；量化研究也运用内容分析法（content analysis）来描述和解读各类媒介文本。传统的文本研究方法处理数据需要耗费大量的时间和人力，所能应对的数据量比较有限；同时，传统方法需要人工对文本内容进行编码或解读，因而非常倚赖研究者的协同判断，其研究稳定性和可靠性一直存在争议。因此，传统方法不足以处理和应对网络时代的文本大数据。

随着数据科学的发展，使用计算机代替人工来分析文本数据的技术应运而生。在计算科学和人工智能领域，利用计算机识读、解析人类语言的技术被称为自然语言处理（natural language processing）。自然语言处理是一项非常复杂的技术和前沿研究领域，涉及计算机科学、数学、网络科学和语言学等多个学科。在今天的媒介生态中，自然语言处理的应用非常广泛。例如，个性化内容推荐、自动投放广告、自动客户服务、舆情分析等都离不开自然语言处理。然而，让计算机理解人类自然语言充满挑战。以网络留言为例，人们在网络上的表达通常不遵循严格的语法规范，每个人的语言风格又不尽相同，加上层出不穷的网络新词汇，现有的计算机技术难以完全准确地理解人类语言的复杂含义。因而，尽管计算机处理文本数据效率大大提高，但这项技术还未完全成熟，对复杂的人类语言的处理也有较强的模糊性。

尽管自然语言处理是计算机科学的前沿领域，但随着相关工具和应用的成熟普及，今天的新闻记者也可以使用计算机辅助方法高效地分析文本数据。这类方法被称为电脑辅助文本分析（computer-assisted text analysis）或文本挖掘（text mining）。文本挖掘技术在数据新闻实务中非常常用，文本挖掘的方法也比较多元，其中既包括相对传统的统计方法，也包含更为新颖的深度学习算法。今天，我们也可以通过简单的编程语言操作或通过更加直观的软件程序来运用文本挖掘方法。

本章介绍文本挖掘的入门知识和基本方法，首先讨论文本分析的基本原理，然后介绍文本预处理步骤。本章还将介绍利用词频和 tf-idf 算法理解文本主题方法，并展示一些进阶的文本分析策略：主题发现、情感分析与语义网络。本章的文本挖掘依然以 R 语言为主，辅之以少量文本分析工具软件。

案例档案卡 6-1

数据新闻报道中的文本挖掘

不少数据新闻报道都会展示文本分析的结果。例如，澎湃新闻的数据新闻栏目"美数课"就做过一篇题为《任正非的两万字谈话：妙喻反复出现，表达积极乐观》的报道（2019 年 5 月 24 日）。该报道利用文本分析手段对任正非回答记者问题实录进行分析。图 6-1 分别为任正非问答所涉及的主题分布与高频关键词共现网络。

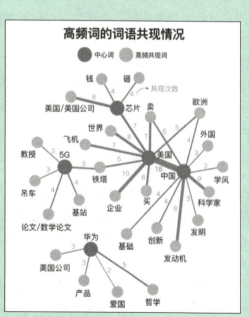

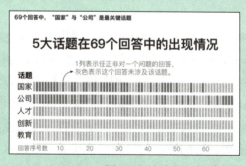

图 6-1　澎湃新闻报道中呈现的主题分布与关键词共现网络

复旦大学新闻学院"数据分析与信息可视化"课程中也经常使用到文本分析技

术。例如，发表在该课程官方账号"复数实验室"的数据新闻作品《匠心百年："寻味"中华老字号》（2020 年 1 月 10 日）对中华老字号注册商标进行词频分析，并利用词云图来呈现老字号品牌中经常出现的汉字（见图 6-2）。

图 6-2   "复数实验室"学生作品中的词云图

第二节   文本预处理

文本由文字符号组成，本身不包含数字信息，因而文本挖掘的首要任务是将文字转化为具有数值关系的信息。在文本挖掘的术语中，这个过程被称为文本的向量化，也就是将文字转换为可供运算的向量（vector）。向量指具有大小与方向的数值，文本向量化就是将文本赋予数学意义的过程。当然，将意义丰富的文本转化为向量会造成信息减损。为了将文本处理为结构化程度较高的数据集，我们需要对文本进行预先处理，去除掉冗余信息和噪声，得到相对"干净"的向量化的文本数据集。本节就介绍文本预处理的思路和方法。

一、原理与步骤

自然语言处理最简便也是最常见的方法是词袋模型（bag of words）。词袋是一个比喻的说法，该方法将语料中的词语拆散后混合在一起进行分析，就仿佛将拆散的词语混装进一个口袋再来统计（如图 6-3）。在自然语言中，词语先后出现的顺序和语句构成的方式都是语义的重要来源。然而，词袋模型不考虑词语之间的先后顺序以及语法，仅以词语在文档中出现的频次权重来考察文本的意义。因此，词袋模型是一种对文本内容极度简化的方案，适用范围较广，实现起来也比较容易。需要注意的是，词袋模型会建立一个包含文档中所有词汇的词典作为索引，再根据每个分析单位中出现各词汇的数量建构向量，这样文字就被转化为向量表达。例如，在图 6-3 中，词序号标记了词典中不同词语的位置，每一条语料则转化为词典中各个词语对应的频次。

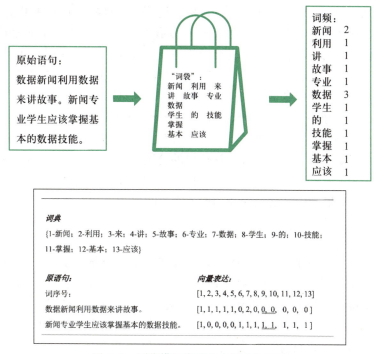

图 6-3 词袋模型表现文本的方法示意

在现实中，我们需要分析的中文文本是比较复杂的，并不能直接进行向量化。例如，中文中存在很多反复出现但没有实际意义的词语，如"的、地、得、啊、哈"这类结构助词或语气助词等。自然语言中还存在不少数字、符号和西文符号，我们需要决定是否保留这些信息。这要求我们对文本进行预处理，具体步骤如下：

首先，分析中文文本的第一步是分词（word segmentation 或 word tokenization）。自然语言词语彼此连缀形成语句，因而需要将长句切割成单个的词语单元。以英文为代表的很多西方语言中，词和词之间本来就存在天然的分割，因而分词是比较容易的；但是汉语的词语之间彼此相连成句，没有分割符号，且有时候单个汉字与前后都可构词，极易出现歧义。因此汉语的分词是一项非常有挑战性的任务。例如，"提高产品质量"这个短句的分词对计算机而言就颇具挑战性，可能出现几种情况：（1）提高 / 产品 / 质量；（2）提 / 高产 / 品质 / 量；（3）提高 / 产 / 品质 / 量；（4）提 / 高产 / 品 / 质量等。要想得到准确的结果就需要非常复杂的算法，很多计算科学家都致力于开发更加高效准确的分词技术。

其次，去除停用词（stop words）。分析中文文本需要处理高频出现但意义并不明确的词或符号，它们如果保留在文本中会给分析造成较大干扰，这些被研究者选择排除的词语或符号被称为停用词。在文本预处理中，我们可以选择将所有标点符号排除。例如某个文档中出现很多感叹号，可能预示着强烈的情绪表达，但为了分析方便我们通常去除这些标点符号；阿拉伯数字、西文字母可能都是文本分析的噪声，分析者也可以考虑去除。当然，这意味着信息的减损。此外，汉语中频繁使用的虚词也是需要重点考虑的停用词，如语气词（呢、啊、呀、吗等）、助词（的、地、得、着、了等）、连词（和、同、虽然、但是等）、介词（给、对、在等），等等。如果不将这些虚词排除，它们很可能是文本中权重最高的词语，其实不利于分析文本。甚至有时候我们需要考虑是否排除代词（如我、你、他）。代词在文本中出现频率很高，也给分析造成干扰。但代词有时也可传递一些信息，例如一个文本中"我"的频率很高，也许表明该作者的自我意识或主观性较强。总而言之，停用词的处理需要研究者根据文本分析实际情况来判断。

最后，文本预处理还需要考虑词语标准化（normalization）。例如文本中会出现一些简称，例如"两会""人大""四六级考试"等及其对应的全称，研究者需要考虑是否将二者统一。文本分析还要考虑词干还原和词形还原的情况。在英文中，名词和动词都有很多变格形式，那么在文本预处理时需要将不同变格形式的词还原成词语本来的形态。由于中文的语法特点，我们一般不用考虑词干和词形还原的问题。

二、中文分词

中文分词教学
视频

本书采用的中文分词工具为结巴中文分词（jieba），该分词器在中文分词领域较为流行，技术成熟，使用简单。我们使用的是 R 语言下的版本 jiebaR。首先，我们先在本地安装 jiebaRD 和 jiebaR 两个功能包，并使用 library 命令启动这两个包。jiebaR 的操作和设置非常简单。我们首先对下面一段文字进行分词操作[①]：

txt <- "何谓数据新闻？简而言之，就是用数据处理的新闻。但这种解释也不甚明了。"数据"和"新闻"都是令人棘手的词语。有些人认为数据就是大多出现在电子表格中的一堆数字。二十年前，这很可能是新闻的唯一处理内容。然而如今，我们生活在一个数字化的世界——这世上几乎任何事物都能用数字来描述。"

将该段字符串写进对象 txt，然后使用 worker 函数设置一个分词器，在不填写参数的情况下，分词器默认选择混合模型——去除符号[②]，结果不分行输出。jiebaR 有两种语法可以实现分词，方法如下：

```
cutter<-worker()          # 创建分词器 cutter。
cutter<=txt               # 语法 1：使用 cutter 对 txt 分词。
segment(txt, cutter)      # 语法 2：使用 cutter 对 txt 分词。
```

分词结果：

```
[1]  "何谓"      "数据"   "新闻"    "简而言之"  "就是"      "用"
[7]  "数据处理"  "的"     "新闻"    "但"        "这种"      "解释"
[13] "也"        "不"     "甚明"    "了"        "数据"      "和"
[19] "新闻"      "都"     "是"      "令人"      "棘手"      "的"
[25] "词语"      "有些"   "人"      "认为"      "数据"      "就是"
[31] "就是"      "大多"   "出现"    "在"        "电子表格"  "中"
```

---

① 该段文字摘自《数据新闻手册》第一章第一节《何为数据新闻》。

② 根据官方说明，混合模型（mix）先使用最大概率模型基于词典和词频进行分词，再使用 hmm 模型把剩余的可能成词的单字分出来。

[37]	"的"	"一堆"	"数字"	"二十年"	"前"	"这"
[43]	"很"	"可能"	"是"	"新闻"	"的"	"唯一"
[49]	"处理"	"内容"	"然而"	"如今"	"我们"	"生活"
[55]	"在"	"一个"	"数字化"	"的"	"世界"	"这"
[61]	"世上"	"几乎"	"任何事物"	"都"	"能"	"用"
[67]	"数字"	"来"	"描述"			

从结果可以看出，分词器将原来段落切割成单个的单词，去除了标点符号，并且依然保持整段输出。接下来，我们尝试修改一下分词器使用的模型。这次我们要求模型按照 query 模型进行分词（操作和结果如下所示）。从结果可以看出，query 采用了探索模式，将所有可能的成词组合罗列出来。例如，"数据处理"被分成"数据""处理"和"数据处理"两种可能。读者可以尝试使用说明中的不同模型（mix，hmm，query，tag，simhash，keywords）并比对分词结果。

```
cutter2<-worker(type="query")
# 使用 query 模型创建分词器 cutter2。
segment(txt,cutter2)
```

分词结果：

[1]	"何谓"	"数据"	"新闻"	"而言"	"简而言之"	"就是"
[7]	"用"	"数据"	"处理"	"数据处理"	"的"	"新闻"
[13]	"但"	"这种"	"解释"	"也"	"不"	"甚明"
[19]	"了"	"数据"	"和"	"新闻"	"都"	"是"
[25]	"令人"	"棘手"	"的"	"词语"	"有些"	"人"
[31]	"认为"	"数据"	"就是"	"就是"	"大多"	"出现"
[37]	"在"	"电子"	"子表"	"表格"	"电子表"	"电子表格"
[43]	"中"	"的"	"一堆"	"数字"	"二十"	"十年"
[49]	"二十年"	"前"	"这"	"很"	"可能"	"是"
[55]	"新闻"	"的"	"唯一"	"处理"	"内容"	"然而"
[61]	"如今"	"我们"	"生活"	"在"	"一个"	"数字"
[67]	"数字化"	"的"	"世界"	"这"	"世上"	"几乎"
[73]	"任何"	"何事"	"事物"	"任何事物"	"都"	"能"
[79]	"用"	"数字"	"来"	"描述"		

接下来我们考虑设置停用词与用户词典。前面介绍过，停用词主要包括高频出现但意义不大的词汇。在网上，我们可以找到很多用于中文分词的停用词表。确定停用词表后，将这些停用词存入一个纯文本文件（.txt）。需要注意，这个 txt 文件需要转换为与操作系统一致的中文编码格式，然后将该停用词文件复制到 R 的工作目录。我们创建了这样一个停用词表 stop_words.txt。另外，在第一次尝试分词的时候，我们还注意到"数据"和"新闻"被分词器当作了

扫码获取
停用词表

两个词，但其实"数据新闻"在这里是一个词组。为了让分词器能够识别一些当下语境的特殊词组，我们还可以创建用户词典。在本例中，我们使用文档编辑器创建了一个用户自建词表 user.txt 文档，在其中输入"数据新闻"与"二十年前"，二者用换行的方式分隔。接下来再设置一个包括停用词表和用户自建词表的分词器，对同一段话来分词。从结果可以看出，"的""了"等典型的停用词已经被去除，同时"数据新闻"与"二十年前"也作为一个完整词组被保留。具体的分词结果由于我们使用的停用词表和用户自建词表不同而有些许差异。

```
cutter<-worker(stop_word = "stop_words.txt",user="user.txt")
# 创建分词器 cutter。
segment(txt,cutter)
```

分词结果：

[1] "何谓"　　　"数据新闻"　"简而言之"　"数据处理"　"新闻"　　　"这种"
[7] "解释"　　　"甚明"　　　"数据"　　　"新闻"　　　"令人"　　　"棘手"
[13] "词语"　　　"认为"　　　"数据"　　　"大多"　　　"出现"　　　"电子表格"
[19] "中"　　　　"一堆"　　　"数字"　　　"二十年前"　"可能"　　　"新闻"
[25] "唯一"　　　"处理"　　　"内容"　　　"如今"　　　"生活"　　　"一个"
[31] "数字化"　　"世界"　　　"世上"　　　"几乎"　　　"任何事物"　"数字"
[37] "描述"

此外，jiebaR 的分词函数还可以直接处理一个 txt 文档。例如，我们将《数据新闻手册》中的一段原文存入 datajournalism.txt，并将其移动到 R 的工作目录，使用如下语句可以对 txt 文档进行处理。运行后，分词器将创建一个新的 txt 文档，其内容就是分词的结果（见图 6-4）。

```
segment("datajournalism.txt",cutter)
# 使用分词器对 txt 文档做分词处理。
```

得到"datajournalism.segment.2020-02-18_17_41_15.txt"。

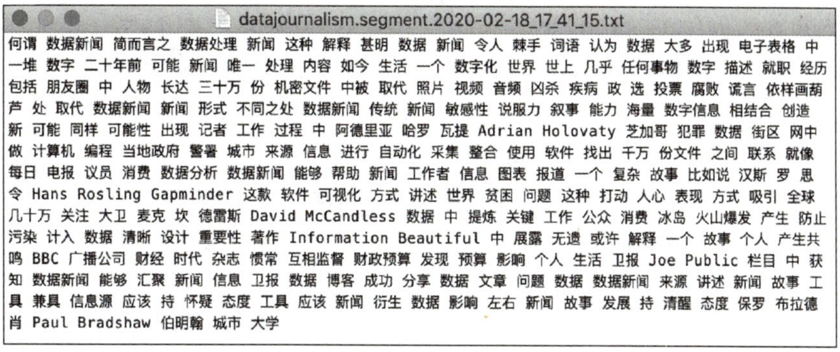

datajournalism.segment.2020-02-18_17_41_15.txt

何谓 数据新闻 简而言之 数据处理 新闻 这种 解释 甚明 数据 新闻 令人 棘手 词语 认为 数据 大多 出现 电子表格 中
一堆 数字 二十年前 可能 新闻 唯一 处理 内容 如今 生活 一个 数字化 世界 世上 几乎 任何事物 数字 描述 就职 经历
包括 朋友圈 中 人物 长达 三十万 份 机密文件 中被 取代 照片 视频 音频 凶杀 疾病 政 选 投票 腐败 谎言 依样画葫
芦 处 取代 数据新闻 新闻 形式 不同之处 数据新闻 传统 新闻 敏感性 说服力 叙事 能力 海量 数字信息 相结合 创造
新 可能 同样 可能性 出现 记者 工作 过程 中 阿德里亚 哈罗 瓦提 Adrian Holovaty 芝加哥 犯罪 数据 街区 网中
做 计算机 编程 当地政府 警署 城市 来源 信息 进行 自动化 采集 整合 使用 软件 找出 千万 份文件 之间 联系 就像
每日 电报 议员 消费 数据分析 数据新闻 能够 帮助 新闻 工作者 信息 图表 报道 一个 复杂 故事 比如说 汉斯 罗 思
令 Hans Rosling Gapminder 这款 软件 可视化 方式 讲述 世界 贫困 问题 这种 打动 人心 表现 方式 吸引 全球
几十万 关注 大卫 麦克 坎 德雷斯 David McCandless 数据 中 提炼 关键 工作 公众 消费 冰岛 火山爆发 产生 防止
污染 计入 数据 清晰 设计 重要性 著作 Information Beautiful 中 展露 无遗 或许 解释 一个 故事 个人 产生共
鸣 BBC 广播公司 财经 时代 杂志 惯常 互相监督 财政预算 发现 预算 影响 个人 生活 卫报 Joe Public 栏目 中 获
知 数据新闻 能够 汇聚 新闻 信息 卫报 数据 博客 成功 分享 数据 文章 问题 数据 数据新闻 来源 讲述 新闻 故事 工
具 兼具 信息源 应该 持 怀疑 态度 工具 应该 新闻 衍生 数据 影响 左右 新闻 故事 发展 持 清醒 态度 保罗 布拉德
肖 Paul Bradshaw 伯明翰 城市 大学

图 6-4 使用 jieba 分词器对文本文档分词前后

接下来，我们结合一个真实的文本数据集进行分词处理（后文的文本挖掘都将围绕这个数据集展开）。该数据集为豆瓣网上关于电影《流浪地球》的 18 556 条影评，为了运行方便，我们从中随机选取了 300 条影评，存入数据集 earth_300，供操作演示使用。

首先，我们使用 read.csv 函数读入数据集，需设置 stringAsFactors=FALSE，避免将文字识读成分类变量。该数据集包括 4 个变量：评分（rating）、标题（title），内容（content），时间（time）。我们要分析电影评论的内容，需要选取第三个变量，代码如下：

扫码获取数据

```
comments<-read.csv("earth_300.csv",stringsAsFactors = FALSE)
# 读入数据，存入 comments。
comments<-comments[,3]
# 选择第 3 个变量：评论内容。
```

接下来我们进行分词操作，设置停用词表 stop_words.txt 和用户自建词表 user.txt。“流浪地球”作为一个专有名词被加入用户自建词表。这两个文本文档要确保使用与操作系统一致的中文编码格式，否则可能出现乱码。然后我们使用分词器进行分词，结果存入 result，并使用 head 函数来简单查看分词结果。代码和结果如下：

```
cutter<-worker(stop_word = "stop_words.txt",user = "user.txt")
result<-segment(comments,cutter)
# 分词结果写入 result。
head(result, 10)
```

结果为：

[1] "流浪地球" "视效" "非常" "牛" "中国" "人能" "做出"
[8] "这种" "视效" "说"

三、文档—词项矩阵

接下来介绍文档—词项矩阵（document-term matrix，简称 dtm）。词袋模型处理文本的一个重要步骤是建立文档—词项矩阵。该矩阵的名字虽然复杂，但其形式非常简单直观。我们所要分析的全部文档的总和被称为语料库（corpus）。文档—词项矩阵与我们常见的二维数据集非常类似，其中的行代表文档，栏代表语料库中的每一个词项，而数据项中的数值则代表某一词项（纵向）在某一个文档（横向）上出现的频数（见图 6-5）。这样，文档—词项矩阵就将一个个文档转换成数字表达的形式，很多挖掘方法都以该矩阵为基础。需要再次强调，文档—词项矩阵仅考虑了词项在文档中出现的频率，而词和词之间的顺序以及语法信息被忽略了。

	今天	数据	分析	算法	平台	...
文档1	1	5	2	0	0	...
文档2	0	6	2	3	0	...
文档3	0	0	1	1	0	...
...	0	2	1	4	0	...
文档N	0	2	0	0	1	...

"数据"一词在文档2中出现6次

图 6-5   文档—词项矩阵示意

在 R 语言中，通过简单的代码就可以创建文档—词项矩阵。依然以《流浪地球》的 300 条评论为例，首先需要读取数据集，并且分词。在此，我们需要重新设置分词器 cutter，设置参数 bylines=TRUE。如是，分词的结果依然以分行形式保存。具体代码如下：

```
comments<-read.csv("earth_300.csv",stringsAsFactors = FALSE)
comments<-comments[,3]


cutter<-worker(stop_word = "stop_words.txt",user="user.txt", bylines = TRUE)
# 设置分词器，结果保持分行状态 bylines=TRUE。


cut<-segment(comments,cutter)
# 使用重新设置的分词器分词，存入 cut。
head(cut)
# 检视分词结果，每则评论依然为单独一行。
```

接下来就可以创建文档—词项矩阵了。著名的文本挖掘包 tm 就有 DocumentTermMatrix 函数可以实现转化。但该功能包对中文支持性欠佳，可能会出现一些乱码。因而本书推荐使用更适宜中文分词的包 tmcn。首先安装并启动 tmcn 包，再进行如下操作：

```
dtm<-createDTM(cut)
```

创建好矩阵 dtm 之后，我们并不能使用 View 函数来直接查看，这时 inspect 函数可以提供该矩阵的基本信息。

```
inspect(dtm)
# 检视 dtm（见图 6-6）。
```

例如，我们看到共有 300 个文档（即 300 条评论），总共包含 14991 个词项，所以这是一个 300×14991 的矩阵。因为每一个文档所包含的词有限，所以我们看到大部分的数据项为 0，即 99% 的数据项为空（sparsity），该矩阵数值的加权方式是词频（term frequency）。此外，输出结果还截取了该矩阵的一部分，例如，在第 112 条评论中，"中国"一词出现了 20 次。我们也可以使用 View(as.matrix(dtm)) 的方式直接查看矩阵，但该矩阵较大，输出显示会比较耗时，也容易造成卡顿。

```
<<DocumentTermMatrix (documents: 300, terms: 14991)>>
Non-/sparse entries: 54446/4442854
Sparsity           : 99%
Maximal term length: 28
Weighting          : term frequency (tf)
Sample
      Terms
Docs  中 中国 人类 会 地球 没有 流浪地球 电影 科幻 说
 112  11  20  23  6  20  12      15   8   2  6
 141  22  22   2  8  11   7      18  33   6  7
 15   10   4  10  2  15   3      15  14   0 10
 2    23   6   5 10  23  16       7  27  24  8
 230   5  16   6  2   3   7      13  46   9  4
 256  20  47  12  4  11   2      26  21  13  0
 45   14  19  15 11  16  13      11  22  10 12
 5     8  25   5 15  13  19      10  22  18 22
 50   23  30   7  4   3   4      20  12   9  4
 90    5  20   2 12   5  14      14  31  10  9
```

图 6-6　检视 dtm 结果

文档—词项矩阵只考虑了词项出现在每个文档中的频率，并以之作为权重，我们有没有可能优化词频算法呢？接下来介绍一种在文本挖掘中应用广泛的词频加权算法：词频—逆文档频率算法（term frequency-inverse document frequency，简称 tf-idf）。ti-idf 算法名称复杂，但其原理比较简明。如果一个词在某个文档中出现频率很高，同时这个词在所有其他文档中也是高频词，那么这个词的相对重要性可能没有词频显示出来的那么高。换句话说，我们应该根据某个词在整个文本中出现的频率去调整这个词的权重。tf-idf 是文本挖掘中最常见的加权技术，在关键词提取、文本聚类等方法中应用广泛。tf-idf 的计算公式如下：

$$tf = 某词在某文档中出现的频数$$

$$idf = \log\left(\frac{文档总数}{包含该词的文档数}\right)$$

$$tf-idf = tf \times idf$$

从公式可以看出，语料库包中含有该词的文档越多，则 idf 的数值越小，最终的 tf-idf 数值也相应减小。这意味着 tf-idf 算法会调低在整个语料库中出现频率较高的词的权重，同时提高那些在整个语料库中出现较少的词的权重。使用 tmcn 函数中的 weightTfIdf 可以轻松将刚才生成的文档—词项矩阵转换成用 tf-idf 算法加权的矩阵，代码和部分结果如下：

```
dtm2<-weightTfIdf(dtm,normalize = TRUE)
# 创建按照 tf-idf 加权的 dtm（见图 6-7）。
```

```
<<DocumentTermMatrix (documents: 300, terms: 14991)>>
Non-/sparse entries: 54446/4442854
Sparsity           : 99%
Maximal term length: 28
Weighting          : term frequency - inverse document frequency (normalized) (tf-idf)
Sample             :
       Terms
Docs   不错        中国 人类        剧情        地球 特效         电影        科幻
  135   0 0.0000000000   0 0.000000000 0.0130404588   0 0.000000000 0.0000000000
  156   0 0.0000000000   0 0.000000000 0.0000000000   0 0.000000000 0.0000000000
  187   0 0.0000000000   0 0.000000000 0.0000000000   0 0.000000000 0.0000000000
  238   0 0.0000000000   0 0.000000000 0.0380466134   0 0.000000000 0.0102659114
  246   0 0.0000000000   0 0.000000000 0.0000000000   0 0.000000000 0.0000000000
  267   0 0.0000000000   0 0.028639890 0.0000000000   0 0.008517702 0.0000000000
  276   0 0.0000000000   0 0.000000000 0.0000000000   0 0.004936396 0.0000000000
  279   0 0.0000000000   0 0.000000000 0.0000000000   0 0.000000000 0.0000000000
   35   0 0.0000000000   0 0.000000000 0.0000000000   0 0.000000000 0.0000000000
   55   0 0.0007242751   0 0.001389757 0.0007320524   0 0.006199850 0.0008888658
```

图 6-7　以 tf-idf 加权的文档—词项矩阵

从检视结果可以看出，dtm2 矩阵的加权方式已经是 tf-idf，矩阵中的数值就是各个词项的 tf-idf 值。

第三节　词频与关键词分析

词频统计与高频
词分析教学视频

一、词频统计

接下来介绍通过词频统计分析文本关键词的方法。从最基本的思路出发，当一个词在文本中出现越多，它的重要性就越高。jieba 分词工具自带词频统计算法，调用起来非常简单，操作和结果如下：

```r
comments<-read.csv("earth_300.csv",stringsAsFactors = FALSE)
comments<-comments[,3]
# 读入数据与分词。

cutter<-worker(stop_word = "stop_words.txt",user = "user.txt")
result<-segment(comments,cutter)
# 分词结果写入 result。

# 使用 jieba 做词频统计。
list<-freq(result)                          # 使用 jieba 自带函数 freq 统计词频。
list<-list[order(list$freq,decreasing=TRUE),]    # 词频做降序排列。
head(list,10)                               # 显示前 10 高频词。
```

结果为：

	char	freq
11990	电影	1302
13037	中国	747
9377	地球	678
8130	流浪地球	576

9164	一个	576
11523	说	569
3680	没有	526
8120	中	477
14332	科幻	476
9309	人类	450

这个结果不够理想，"一个""说""没有""中"这些词被记入高频词，但它们的意义并不明确，我们可以进一步过滤。首先可以列出前 30 高频词，从中找到一些意义不明确的词，接着使用 filter_segment 函数将这些词进一步停用，然后再做词频统计排序，代码与优化后的结果如下：

```
filter<-c("没","已经","很多","想","更","一部","真的","觉得","里","会",
"没有","中","说","一个","这部")
result2<-filter_segment(result,filter)
# 对发现的无意义高频词进行再次过滤。
list2<-freq(result2)
list2<-list2[order(list2$freq,decreasing=TRUE),]
head(list2,10)
```

新的词频统计结果：

	char	freq
11998	电影	1302
13063	中国	747
9375	地球	678
8133	流浪地球	576
12005	科幻	476
9307	人类	450
13503	希望	277
13851	特效	269
14321	木星	252
11020	最后	249

此外，jieba 也可以使用 tf-idf 算法来实现关键词抓取，也就是对文本中的词频按照逆文档频率进行加权调整。但需要注意的是，jieba 并不根据用户的语料库来计算 tf-idf 值，而是内建了一个逆文档频率词典，根据不同词在其他文本中出现的频率给出一个 idf 值，并用于对用户分析文本的词频进行加权。所以，我们对单一文档分析时，也可以使用 jieba 的 tf-idf 进行关键词提取。具体操作和结果如下：

```
keys <- worker("keywords",topn=10, user="user.txt", stop_word="stop_words.txt")
# 设置关键词函数。
```

```
result2<- paste(result, collapse=",")
#keys 分词器不能处理分行字符，须将评论合并。
keywords(result2, keys)
# 根据 tf-idf 算法求前 10 关键词。
```

结果为：

8668.56	6761.78	5103.97	4264.5	2740.65	2624.78	2533.8
"电影"	"流浪地球"	"科幻"	"地球"	"科幻电影"	"特效"	"人类"

2419.59	2323.07	2261.41
"科幻片"	"木星"	"中国"

可以看出，在 tf-idf 算法下，"流浪""科幻""地球""特效"等词的权重被提高了。

根据前文所述的文档—词项矩阵也可以统计高频词。该矩阵的栏代表语料库中的词项，将矩阵按照每一栏对数值加总，就求得了每一个词的总频率，再按照降序排列即可。下面展示了用矩阵计算高频词的方法，结果与 jieba 一致。

```
# 分行分词并对某些无意义的高频词进行再次过滤。
cutter<-worker(stop_word = "stop_words.txt",user="user.txt",bylines = TRUE)
cut<-segment(comments,cutter)
cut<-filter_segment(cut,filter)

# 创建 dtm，并计算词频。
dtm<-createDTM(cut)
frequency<-colSums(as.matrix(dtm))                # 计算词频。
frequency <- sort(frequency, decreasing=TRUE)     # 统计词频并排序。
head(frequency,10)
```

结果为：

电影	中国	地球	流浪地球	科幻	人类	希望	特效	木星
1302	747	678	576	476	450	277	269	252

最后
249

二、词频统计的可视化

下面介绍词频统计的可视化方法。词频统计的结果是一个数据集，所以最直接的可视化方法就是绘制柱状图。在这个案例中，我们为《流浪地球》评论中的前 10 名高频词绘制柱状图。首先，我们需要载入数据，并完成高频词统计，接着使用 ggplot2 为高频词作图。为了清楚呈现，我们按照词频由高到低对柱形进行排列 x=reorder(char,freq)。在 reorder 函数中，这意味着按照 freq（频数）对 char（词项）变量进行排列。具体代码如下：

```
# 读入数据并用 jieba 做分词。
comments<-read.csv("earth_300.csv",stringsAsFactors = FALSE)
comments<-comments[,3]
```

```
cutter<-worker(stop_word = "stop_words.txt",user = "user.txt")
result<-segment(comments,cutter)
```

 # 过滤掉部分无意义的高频词，使用 freq 函数做词频统计。
```
filter<-c("没","已经","很多","想","更","一部","真的","觉得","里","会",
"没有","中","说","一个","这部")
result<-filter_segment(result,filter)
list<-freq(result)
list<-list[order(list$freq,decreasing=TRUE),]
list2<-list[1:10,]
```

list2 结果为：

	char	freq
11998	电影	1302
13063	中国	747
9375	地球	678
8133	流浪地球	576
12005	科幻	476
9307	人类	450
13503	希望	277
13851	特效	269
14321	木星	252
11020	最后	249

 # 使用 ggplot2 为 list2 绘制柱状图，并调整为水平形态（条形图）（见图 6-8）。
```
ggplot(list2,aes(x=reorder(char,freq),y=freq))+geom_bar(stat="identity",
fill="navy",color="white")+coord_flip()+theme(text=element_text(family='Kai'))
```

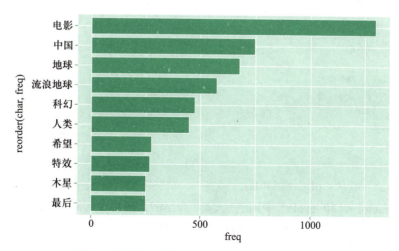

图 6-8　《流浪地球》评论前 10 名高频词的条状图

接下来我们使用散点图呈现 tf-idf 算法下的前 30 个关键词。tf-idf 算法不仅考虑文本中的绝对词频，还会根据词语在其他文本中出现的频率调整其权重，突出语料中一些特有词语的重要性。对比图 6-9 和图 6-8 可以发现，tf-idf 算法赋予"流浪地球""科幻""特效"等词更高的权重。操作上，我们依然使用 jieba 的关键词提取工具来进行关键词提取。jieba 关键词提取后的结果是一组字符串，并不是数据集，所以需要将字符串转换为可用 ggplot2 绘图的数据集。这一次，我们设置 theme(axis.text.x=element_blank( )) 取消 x 轴的信息，同时，使用 label=term 在图中直接显示。代码如下：

```
# 使用 jieba 的关键词提取工具，找到 tf-idf 前 30 的词，存入 top，结果 top 是一个字符串。
keys <- worker("keywords",topn=30,user="user.txt",stop_word="stop_words.txt")
result2<- paste(result, collapse=",")
top<-keywords(result2, keys)
head(top)
```

结果为：

8668.56	6761.78	5103.97	4264.5	2740.65	2624.78
"电影"	"流浪地球"	"科幻"	"地球"	"科幻电影"	"特效"

```
# 将 top 字符串转换成一个数据集。
top<-as.data.frame(top)          # 转换成数据集。
head(top)                        # 结果显示，tf-idf 值被认作行名称，而不是变量。
```

结果为：

	top
8668.56	电影
6761.78	流浪地球
5103.97	科幻
4264.5	地球
2740.65	科幻电影
2624.78	特效

```
top$value<-rownames(top)         # 将行名称转换为数据集的一个变量 value。
rownames(top)<-c()               # 取消数据集的行名称。
colnames(top)<-c("term","value") # 将数据集的栏名称更改为 term 和 value。
str(top)
```

结果为：

'data.frame':   30 obs. of 2 variables:
 $ term : Factor w/ 30 levels " 中国 "," 人类 ",..: 24 21 25 11 27 23 2 26 20 1 ...
 $ value: chr "8668.56" "6761.78" "5103.97" "4264.5" ...

结果显示 value 变量为字符串，并不能进行绘图。

```
top$value<-as.numeric(top$value)          #将value转换为数值变量。
p<-ggplot(top, aes(x = reorder(term,-value), y = value,label=term)) +geom_point()
```
 # 设散点图基本映射关系，图形显示 term（关键词），根据 value 值来排序，正负号可调整升降序列。

```
p+geom_text(angle=45,hjust=-0.2,family="Kai")+ylim(0, 10000)+theme_bw()+
theme(axis.text.x = element_blank())
```
 # 继续图形设置，调整标签角度位置，选择主体和坐标轴。angle=45 设置文字标签旋转 45 度；hjust() 函数设置标签文字的对齐方式，其值为 -0.2，设置标签与数据点中间空格并与其左对齐（见图 6-9）。

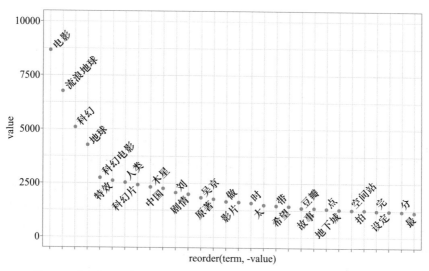

图 6-9　《流浪地球》评论前 30 个关键词的散点图（根据 tf-idf 值计算）

　　最后介绍词频描述最常用的可视化方式——词云图。词云图中，词频数越大的词项字体越大，显示位置越居中。尽管词云图并不能精确地显示具体数值，但可以比较直观地体现词与词之间频率的差异，读者可以一眼分辨出文本中最核心的一些词汇。由于其较强的可读性及丰富的设计元素，词云图在数据新闻报道中有非常广泛的应用。在 R 语言中，我们可以使用 wordcloud2 包绘制词云图。首先，我们需要下载并安装 wordcloud2 包，然后将词频统计数据集置入函数，就可以绘制词云图。但因为本数据集中词语太多，影响显示效果，我们选择只绘制词频在 10 以上的词语。Rstudio 可能无法完整显示词云图，建议点击图形上方的 show in new window 按钮，在浏览器中查看词云图。代码如下：

```
list2<-subset(list, freq>10)
wordcloud2(list2)
```
 # 使用默认设置，词云为椭圆形，自动分配色彩，字号大小体现词频数值（见图 6-10）。

亦可手动调整词云图形状、颜色等：

```
wordcloud2(list2,shape = "star",color=ifelse(list2$freq>100,"red","yellow"))
```
 # 将词云设为星形，词频大于 100 的词用红色显示，小于 100 的词用黄色显示（见图 6-11）。

图 6-10　《流浪地球》豆瓣影评高频词词云图示例之一　　图 6-11　《流浪地球》豆瓣影评高频词词云图示例之二

案例档案卡 6-2

在数据新闻报道中运用词频统计

　　数据新闻报道在分析和呈现文本数据时，最常用的方法就是展示关键词频率。词频展示可读性强，逻辑简单，还能在很大程度上反映文本的核心信息，也适合进行对比。除了基本的柱状图外，数据新闻作品还常常会根据叙事和视觉风格设计独特的词云图。例如，发表在澎湃新闻上的"复数实验室"作品《原生家庭之殇：从5243 条数据看家庭语言暴力》（2020 年 7 月 14 日），就使用词云图呈现原生家庭中针对身材长相的语言暴力（见图 6-12）。澎湃新闻"美数课"的作品《分析完 2 万条数

图 6-12　原生家庭中针对身材长相的语言暴力词云图

据，我们发现海外中餐馆重塑了"中餐"的定义》（2019 年 10 月 25 日），通过抓取点评网站 Yelp 内容呈现了海外中餐厅名称的关键词（见图 6-13）。

图 6-13　海外中餐厅名称的关键词词云图

第四节　主题发现、情感分析与语义网络

上一节介绍了文本挖掘的基础：中文分词、建立文档—词项矩阵、词频统计及其可视化。接下来介绍进阶的文本挖掘策略。首先，在文档—词项矩阵的基础上，我们可以使用聚类分析及主题模型的方法来分析数量较多的文本如何聚合成若干类别并分析其主题。其次，一些现成的工具可用于分析文本的情感倾向并做可视化呈现。最后，我们关注词和词共现算法（co-occurrence），再借助网络分析技术来探索文本内部的语义结构。

一、主题发现

文本分析经常需要处理为数较多的文本，有些文本可能会涉及同一类议题，因而比较相近。那么一个简单的想法是，我们能不能根据文本的主题将众多文本归入若干类别？这样就能形成对所分析文本的整体性理解。本节介绍两种基于文档—词项矩阵的主题发现方法。第一种方法利用传统统计中的聚类分析（cluster analysis）对文本进行聚类，第二种方法基于机器学习的隐含狄利克雷分布（Latent Dirichlet Allocation，简称 LDA）模型进行主题探索。

首先我们讨论传统的聚类方法。根据前文介绍，在对原始文本进行分词、去除停用词等基本清理工作后，我们可以利用词袋方法建立一个文档—词项矩阵形式的语料库。聚类分析可以根据这个矩阵计算出文档和文档之间的相似性。聚类分析有很多方法，其中一种重要的策略就是计算个案之间的"距离"。以文档—词项矩阵为例，假设某语料库中共包含 n 个词语，那么可以想象每一个文档都在一个维度为 n 的空间中占据一个位置。这样，聚类算法便可以计算每个文档和其他文档之间的"距离"，再通过距离的亲疏远近将众多文档分成若干聚类（cluster）。

聚类分析有两种应用较广的方法：层次聚类法与迭代聚类法。首先介绍层次聚类法的应用。据《社会统计分析方法》一书的介绍，层次聚类法又可分为聚集法与分解法，其中聚集法应用较多。该方法首先把每个案例各看成一类，先把距离最近的两类合并，然后重新计算类与类之间的距离，再把距离最近的两类合并，每一步减少一类，这个过程一直持续到所有案例归为一类为止[1]。我们依然以《流浪地球》的 300 条评论为例来进行聚类分析。首先，需要将原文分词并创建文档—词项矩阵。

```
comments<-read.csv("earth_300.csv",stringsAsFactors = FALSE)
comments<-comments[,3]
# 载入数据集。

cutter<-worker(stop_word = "stop_words.txt",user="user.txt",bylines = TRUE)
# 设置分词器，以分行形式输出。
cut<-segment(comments,cutter)
# 分词。

filter<-c("没 ","已经 ","很多 ","想 ","更 ","一部 ","真的 ","觉得 ","里 ","会 ",
"没有 ","中 ","说 ","一个 ","这部 ")
cut<-filter_segment(cut,filter)         # 过滤无意义高频词。
dtm<-createDTM(cut)                      # 使用 tmcn 创建 dtm。
```

接下来我们使用 R 语言基础统计包中的 hclust 函数对创建的文档—词项矩阵进行聚类分析。首先使用 as.matrix 函数将 dtm 转换成一般的矩阵，然后使用基础统计包中的 dist 函数计算每一文档之间的距离，并返回一个距离矩阵。接下来将文档距离矩阵输入聚类分析函数。

层次聚类有不同方法，如最短距离法、最长距离法、平均联结法、离差平方和法等。我们可以尝试不同的方法，其结果会有微小差异。展示中，我们选择使用离差平方和法（Ward's method）得到聚类分析的结果。一般情况下，树状图（dendrogram）利于呈现聚

---

① 郭志刚：《社会统计分析方法：SPSS 软件应用》（第二版），中国人民大学出版社 2015 年版，第 120 页。

类分析的结果，因而我们使用 plot 函数对聚类分析的结果进行呈现，代码如下：

```
m<-as.matrix(dtm)                        # dtm 转换为 matrix。
d<-dist(m)                               # 计算文档的距离矩阵。
groups <- hclust(d,method="ward.D")     # 聚类分析，使用离差平方和法。
plot(groups)                            # 绘制树状图（见图 6-14）。
```

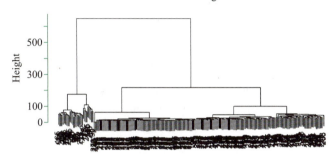

图 6-14　对文档进行层次聚类分析的树状图

　　虽然因文档数量较多，树状图无法完全显示清楚，但我们仍可以从中看出文档大体分为两类（从上而下主干分为两支）。如果再细分，每个支干下又可再分为两支。综合来看，这些文档可以分成 2～5 个聚类。层次聚类并不要求将文档分为几类，分析者可以根据树状图结构并结合文本实际情况进行判断。

　　此外，我们还可以使用迭代聚类法进行分析。层次聚类法运算较为复杂，处理大样本时对设备和时间要求高，迭代法的运算速度则更快。最常用的迭代聚类方法为 K-means 聚类法。该方法的步骤是："（1）指定要形成的聚类数量，对样本进行初始分类并计算每一类的中心。（2）调整分类。计算每个样本点到各类中心的距离，把每个样本点归入距离中心最近的那一类。（3）重新计算每一类的中心。（4）重复步骤（2）～（3），直到没有样本点可以再调整为止。"[①]

　　R 语言基础统计包中的 kmeans 函数可用于聚类分析。我们将聚类数设定为 3。这里需要说明，聚类分析属于一种探索性分析方法，聚类的情况一方面可参考数据结果，另一方面也要结合研究者对文本数据的理解。尽管有一些分析方法可以计算适宜的聚类数量，但其标准并没有统一规定。更多时候，研究者会自行尝试不同的聚类数，再根据聚类分析结果选择合适的聚类方案。R 语言实现 K-means 聚类非常简单。该函数生成的结果是一个表单，详尽地保存了聚类分析的结果。此后，我们可以下载并调用 cluster 功能包来为 K-means 聚类结果制图，代码如下：

```
kfit <- kmeans(dtm, centers = 3)
# 运行聚类分析，聚类数为 3。
```

① 郭志刚：《社会统计分析方法：SPSS 软件应用》（第二版），中国人民大学出版社 2015 年版，第 127 页。

```
clusplot(as.matrix(d),kfit$cluster, color=T, shade=T, labels=2, lines=0)
# 使用 cluster 进行绘图（见图 6-15），d 为此前计算的文档距离矩阵。
```

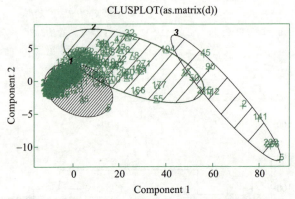

These two components explain 93.77 % of the point variability.

图 6-15　K-means 聚类结果的可视化呈现

当然，聚类分析到此提供的信息并不充分，图形显示也并不清楚。我们需要明确知道每个聚类下到底是哪些文档。更重要的，聚类既然是根据文档中的词频权重来计算距离，那么我们要知道每个聚类中最重要的关键词到底是哪些。只有知道了每个聚类中的关键词，才能进一步了解文本的主题结构。其实 kmeans 函数已经计算出这些信息，我们只需输出这些结果：使用循环语句，利用 cat 函数输出特定的文字说明，用 print 函数输出聚类分析结果 kfit 中的关键信息。[①]

```
for (i in 1:3) {
  cat("CLUSTER", i, "\n")
  cat(" 聚类中的 10 个代表词:\n")
  print(head(sort(kfit$centers[i, ], decreasing = TRUE), n = 10))
  cat("\n")
  cat(" 聚类下的评论:\n")
  print(rownames(dtm)[kfit$cluster == i])
  cat("\n")
}
```

结果为：

CLUSTER 1

聚类中的 10 个代表词：

电影	中国	地球	流浪地球	科幻
2.2112069	1.3103448	1.0905172	0.8405172	0.7586207
人类	希望	特效	剧情	感觉

---

① 本部分代码参考了金井耕介《量化社会科学导论》（上海财经大学出版社 2020 年版）中关于文本聚类的讨论。

0.6896552   0.5818966   0.5560345   0.4870690   0.4870690

聚类下的评论：

```
  [1] "1"    "3"    "4"    "6"    "7"    "8"    "9"    "10"
  [9] "11"   "12"   "14"   "16"   "17"   "19"   "20"   "21"
 [17] "22"   "24"   "25"   "26"   "27"   "28"   "29"   "30"
 [25] "31"   "35"   "36"   "37"   "39"   "40"   "41"   "43"
 [33] "46"   "48"   "49"   "51"   "52"   "53"   "56"   "58"
 [41] "59"   "60"   "62"   "63"   "64"   "66"   "67"   "69"
 [49] "70"   "71"   "73"   "74"   "75"   "76"   "77"   "79"
 [57] "80"   "81"   "84"   "85"   "86"   "87"   "88"   "89"
 [65] "91"   "92"   "93"   "94"   "96"   "98"   "99"   "101"
 [73] "102"  "103"  "104"  "105"  "106"  "107"  "108"  "109"
 [81] "111"  "113"  "114"  "115"  "116"  "117"  "118"  "119"
 [89] "120"  "121"  "122"  "123"  "125"  "126"  "127"  "128"
 [97] "129"  "130"  "131"  "133"  "135"  "136"  "138"  "139"
[105] "140"  "142"  "143"  "144"  "145"  "146"  "147"  "149"
[113] "150"  "151"  "152"  "154"  "155"  "156"  "157"  "158"
[121] "159"  "162"  "163"  "164"  "167"  "168"  "169"  "170"
[129] "171"  "172"  "173"  "174"  "175"  "176"  "178"  "179"
[137] "180"  "181"  "183"  "184"  "185"  "186"  "187"  "188"
[145] "189"  "190"  "191"  "193"  "196"  "197"  "200"  "201"
[153] "204"  "205"  "206"  "207"  "208"  "209"  "211"  "212"
[161] "213"  "214"  "216"  "217"  "218"  "219"  "221"  "222"
[169] "223"  "224"  "225"  "226"  "231"  "232"  "233"  "234"
[177] "236"  "237"  "238"  "239"  "240"  "241"  "242"  "243"
[185] "244"  "245"  "246"  "247"  "249"  "251"  "252"  "253"
[193] "254"  "255"  "257"  "258"  "259"  "260"  "261"  "263"
[201] "265"  "266"  "267"  "268"  "269"  "270"  "272"  "273"
[209] "274"  "275"  "276"  "277"  "279"  "280"  "281"  "282"
[217] "284"  "285"  "286"  "287"  "288"  "289"  "290"  "292"
[225] "293"  "294"  "295"  "296"  "297"  "298"  "299"  "300"
```

CLUSTER 2

聚类中的 10 个代表词：

电影	地球	流浪地球	中国	人类	科幻
9.610169	5.423729	4.186441	4.033898	3.610169	3.372881

木星	最后	希望	故事

2.220339　　2.084746　　1.915254　　1.847458

聚类下的评论：

[1] "13"	"15"	"18"	"23"	"32"	"33"	"34"	"38"
[9] "42"	"44"	"47"	"54"	"55"	"57"	"61"	"65"
[17] "68"	"72"	"78"	"82"	"83"	"95"	"97"	"100"
[25] "110"	"124"	"132"	"134"	"137"	"148"	"153"	"160"
[33] "161"	"165"	"166"	"177"	"182"	"192"	"194"	"195"
[41] "198"	"199"	"202"	"203"	"210"	"215"	"220"	"227"
[49] "228"	"229"	"235"	"248"	"250"	"262"	"264"	"271"
[57] "278"	"283"	"291"					

CLUSTER 3

聚类中的 10 个代表词：

电影	中国	流浪地球	地球	科幻
24.666667	22.777778	14.888889	11.666667	11.222222
人类	影片	问题	观众	设定
8.555556	6.111111	5.111111	5.000000	4.777778

聚类下的评论：

[1] "2"	"5"	"45"	"50"	"90"	"112"	"141"	"230"
[9] "256"							

从结果中我们可以看出，第一个聚类（CLUSTER 1）中所包含的评论最多，第三个聚类（CLUSTER 3）所包含的评论最少。由于整个评论文本中有一些共同的高频词出现，因此各个聚类的头几个关键词很难区分。但抛开共同高频词后，我们可以发现第一个聚类中有"希望""特效""剧情"和"感觉"，第二个聚类中有"木星""最后""希望"和"故事"，第三个聚类中有"影片""问题""观众"和"设定"。通过这些关键词的差异，我们可以对评论的主题结构差异有一定了解，并可以基于此展开推断。例如，第一类评论更多关注特效和剧情，第二类评论可能讨论木星和结局，第三类评论则涉及观众和设定。当然，这里我们只是根据高频词对评论的主题进行简单推断，真正的主题语义要复杂得多。

以上介绍的文本聚类方法基于传统的统计学路径，接下来我们介绍一种基于非监督机器学习算法的隐含狄利克雷主题模型（LDA）[①]。LDA 模型是最常用的主题模型。LDA 模型也基于词袋模型，即只考虑词汇在文本中出现的频数，而不考虑词与词之间的顺序。首先，LDA 模型将所有待分析文档看成是若干主题的混合体，但对不同主题的承载力不同。

---

① 若想更充分了解 LDA 模型，可以阅读相关书籍或文章，例如：［美］霍布森·莱恩、科尔·霍华德、汉纳斯·马克斯·哈普克：《自然语言处理实战：利用 Python 理解、分析和生成文本》，史亮、鲁骁、唐可欣等译，人民邮电出版社 2020 年版；Blei, D. M., Ng, A. Y. & Jordan, M. I. Latent Dirichlet Allocation. *Journal of Machine Learning Research*, 2003, 3(Jan): 993-1022

例如，一个文档可能包含 50% 的 A 主题成分，同时包含 30% 的 B 主题成分。如此，LDA 主题模型就与前文介绍的文档聚类不同，LDA 模型允许文档之间在主题上有所重合，而不是将其完全分成独立的聚类组别，这更符合现实情况。其次，LDA 模型将主题看作一些词语的集合。同理，主题和主题之间也会存在词项的重合，因而主题并不是彼此截然独立的词项组合。LDA 通过多项分布假设和计算方法同时估计文档—模型组合的情况以及主题—词项组合的情况，这一对文本主题分类的方法其实更符合现实中自然语言形成的模式。直观上，我们看到词袋模型中每个文档由词组合而成，但 LDA 模型则可以通过词语集合（主题）来解析文档的潜在结构。

　　R 语言生态中有几个功能包可以实现 LDA 主题模型，这里介绍 topicmodels 下的 LDA 函数。该函数支持期待最大化算法（Variational Expectation Maximization，简称 VEM）和吉布斯抽样方法（Gibbs sampling）。下文使用 VEM 方法做演示，为了简便我们暂时不设置算法的控制参数。与文本聚类相似，LDA 模型也不能自动确定主题数量，我们可以根据实际情况进行尝试，也可以根据一些统计指标来辅助判断——最常见的是混乱度（perplexity）和一致性（coherence）指标。就混乱度指标而言，指标取值越小表示对应的主题模型更优，但若只参考该统计指标往往会得到一个过于复杂的模型；就一致性指标而言，指标取值越大表示对应的主题模型更优[①]，但是要结合分析目标和结果的可解释性加以确定。此处，我们将主题数量定为 4，并将之前创建的 dtm 输入函数，分析结果存入 topic。代码如下：

```
topic <-LDA(dtm,4,method="VEM")    # 使用 VEM 方法，建立 4 主题模型。
as.matrix(topics(topic))           # 输出文档的主题归属。
```

结果（部分）为：

```
[,1]
1      1
2      1
3      2
4      1
5      2
（…省略中间 290 行内容）
296    3
297    1
298    2
299    4
300    3
```

_____

　　① 参见 Blei, D. M., Ng, A. Y. & Jordan, M. I. Latent Dirichlet Allocation. *Journal of Machine Learning Research*, 3(Jan): 993-1022；Jacobi, C., Van Atteveldt, W. & Welbers, K. (2016). Quantitative Analysis of Large Amounts of Journalistic Texts Using Topic Modelling. *Digital Journalism*, 2003, 4(1): 89-106.

```
as.data.frame(topic@gamma)
```
 # 输出每个文档与各个主题的关联系数。

结果为 [①]：

	V1	V2	V3	V4
1	8.998648e-01	9.989935e-02	1.179401e-04	1.179401e-04
2	9.999351e-01	2.163069e-05	2.163069e-05	2.163069e-05
3	2.282313e-04	9.993153e-01	2.282313e-04	2.282313e-04
4	9.990494e-01	3.168754e-04	3.168754e-04	3.168754e-04
5	1.456802e-05	9.999563e-01	1.456802e-05	1.456802e-05

（省略以下内容）

从上面分析结果看出 topics 函数可以输出每个文档（评论）被分配的主题编号，topic@gamma 则可以输出每个文档（评论）与各个主题的关联系数。以第 3 条评论为例，它与第 2 主题（V2）的关联性最强，因而被归入第 2 主题。接下来我们还可以分析每个主题中的关键词。代码如下：

```
as.matrix(terms(topic,10))
```
 # 输出每个主题联系最紧密的 10 个词。

结果为：

	Topic 1	Topic 2	Topic 3	Topic 4
[1,]	"电影"	"电影"	"电影"	"电影"
[2,]	"地球"	"中国"	"流浪地球"	"中国"
[3,]	"中国"	"地球"	"中国"	"地球"
[4,]	"流浪地球"	"人类"	"科幻"	"流浪地球"
[5,]	"人类"	"科幻"	"特效"	"人类"
[6,]	"木星"	"流浪地球"	"剧情"	"科幻"
[7,]	"科幻"	"希望"	"地球"	"小说"
[8,]	"最后"	"故事"	"希望"	"希望"
[9,]	"发动机"	"影片"	"影片"	"科幻片"
[10,]	"问题"	"最后"	"感觉"	"特效"

可以看到，由于评论话题非常集中，存在一些普遍的高频词，如"电影""地球""中国"等，因而主题之间的区分度不明显。但如果我们看第 6—10 号关键词，则可看出主题之间的一些差别。例如，第 1 主题提到"木星""发动机""问题"，第 2 主题提到"故

---

① LDA 主题模型由于随机数种子不同，每次运行的结果可能会存在差异，因此读者运行结果与教材展示结果可能并不相同。当我们将随机数种子设置为固定整数时，如 control=list(seed=0)，则每次运行都可以获得相同的结果。在实际中，我们可结合自身对文本实际情况的理解以及混乱度（perplexity）指标对该模型的拟合程度做出判断。在此不展开讨论。

事""希望"，第 3 主题提到"剧情""特效"，第 4 主题则提到"小说""希望"，我们可以据此进行主题命名。最后我们还可以对主题模型进行可视化呈现。R 语言中有 LDAvis 功能包，可以对主题模型的结果进行交互式呈现。首先我们需要安装和启动该包，还需要用到 slam 包。代码如下 [①]：

```
topicmodels_json_ldavis <- function(topic, doc_term){
  phi <- as.matrix(posterior(topic)$terms)
  theta <- as.matrix(posterior(topic)$topics)
  vocab <- colnames(phi)
  term_freq <- slam::col_sums(doc_term)
  json_lda <- LDAvis::createJSON(phi = phi, theta = theta,
                                 vocab = vocab,
                                 doc.length = as.vector(table(doc_term$i)),
                                 term.frequency = term_freq)
  return(json_lda)
}
json_res <- topicmodels_json_ldavis(topic,dtm)
serVis(json_res)
```

LDAvis 生成的图像可以在浏览器中显示（见图 6-16）。图像左侧每一个圆形代表一个主题，圆形的距离代表主题之间的差异度。从图中可见，该主题模型 4 个主题的区分度较好。用鼠标指针指向其中一个圆形，右侧会以柱状图显示该主题下前 30 个高频词。其中浅色条代表该词在整个文档中出现的频率，而深色条则代表该词在该主题中出现的频率。这 30 个主题词可以帮助我们更好地把握主题之间的差别。此外，该图像还可以设置 λ 值。$\lambda=1$ 时，则条形图显示的是绝对意义上的高频词。$\lambda=1$ 的情况下，主题 2 的高频词与此前分析保持一致。当我们调整 λ 值使其接近 0 时，则图像会突出那些也许绝对词频不高但更集中反映该主题的特有词汇。如在 $\lambda=0.5$ 的情况下，主题 3 中出现了一些有别于其他主题的词，如"问题""模式""太阳""计划""工业化""儿子""发动机""主角"。这样的分析可以帮助我们更好地理解各个主题的意义结构。

二、情感分析

情感分析是文本分析常用的策略，也可以应用于数据新闻报道。情感分析可以帮助研究者量化一个文本单位所包含的情感特征，可以计算出一个文本单位的正面情绪与负面情绪数值，并对其进行比较，也可以量化地呈现更为细致的情绪元素，如喜悦、愤怒、焦虑等。电脑辅助情感分析通常采取两种方法：

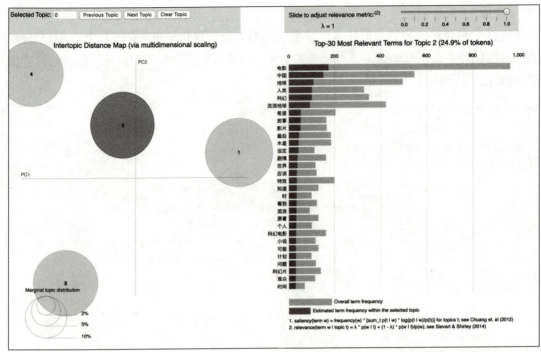

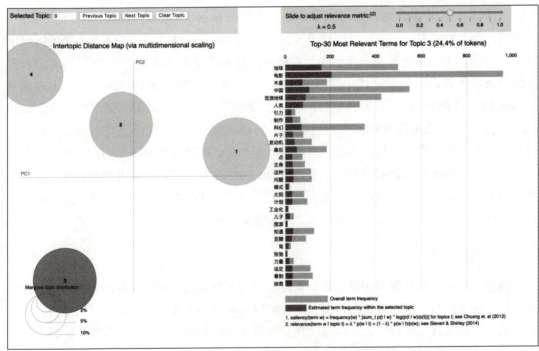

图 6-16　使用 LDAvis 对主题模型进行可视化呈现（上图 λ=1，下图 λ=0.5）

第一种方法是基于词典的情绪分析。词典中是事先预设好的不同词汇的情感得分，分析首先对文本进行分词处理，再根据词典对文本进行各类情感打分，同时根据程度副词来调整情绪词的分数权重，最终计算整个文本的情绪得分。第二种方法是基于机器学习的情绪分析。研究者首先需要对一部分文本的正负面情绪进行人工标注，然后让机器学习算法对语料进行学习，随后再让训练过的、达到高准确率和召回率的算法去分析更多文本。对于第二种方法，我们可以借助程序语言在本地利用机器学习包来实现情感分析。近年来，各大互联网公司的人工智能服务也开放了用户接口。我们可以使用程序语言调用接口，从而使用商业公司开发的更为先进的机器学习算法来做情感分析。例如，百度 AI 开放平台提供的情感倾向分析服务就是一个比较成熟的产品。

需要注意的是，情感分析有比较多元而重要的用途，但是情感分析的可靠性却一直存有争议。自然语言体现的人类情绪十分复杂多样，而由于词典和技术条件的限制，计算机情感分析的信度和效度会存在波动，有时候不同分析工具的结果也存在较大差异。因此，在解读和呈现文本情感分析结果时，我们要保持谨慎的态度。

下面介绍一种容易操作的情感分析方法。我们首先借助具有情感分析功能的独立软件对文本进行情感分析，然后使用 R 语言的绘图功能对情感分析结果进行可视化。现在有不少支持文本情感分析的工具，如 LIWC、NLPIR、文心系统等。这些工具使用简便，只需简单的鼠标操作就可以获得情感分析结果。这里介绍由中科院心理研究所计算网络心理实验室研发的文心（TextMind）系统。文心系统下载解压后可以直接运行，目前只能在 Windows 系统下使用。

我们继续使用《流浪地球》的影评来展示情感分析。首先，需要将影评的内容部分单独保存为 csv 格式，每一行储存一条评论，因而分析的单位就是每一条影评。图 6-17 为文心系统的界面与特征说明。

图 6-17　文心系统的界面与特征说明

特征说明即对分析结果中输出变量的解释，可以看出文心系统的文本分析有非常丰富的维度。在操作上，可在"打开文件／目录"中选择 csv 格式的影评文件，然后选择输出目录，接着点击"开始"就可以进行情感分析。文心系统会将分析结果输出为一个新建的 csv 文件（见图 6-18）。每一列对应分析时关注的一个特征（即一个变量），如人称代词（我 I，我们 We，你 You，她 / 他 SheHe，动词 Verb 等），每一行对应一条影评，结果中的数值为不同特征变量在影评文档中的出现比率。

ID	Funct	Pronoun	PPron	I	We	You	SheHe	They	iPron	Article	Verb	AuxVerb	enPast	enPresent	enFuture	Ad
earth_0	0.364729	0.046092	0.014028	0.008016	0	0.002004	0	0.004008	0.032064	0	0.08016	0.024048	0	0	0	0
earth_1	0.397755	0.038232	0.012627	0.008067	0.002806	0.000702	0.001052	0	0.025956	0	0.110137	0.032269	0	0	0	0
earth_2	0.406844	0.007605	0	0	0	0	0	0	0.007605	0	0.125475	0.030418	0	0	0	0
earth_3	0.435233	0.067358	0.031088	0.005181	0	0.020725	0	0	0.036269	0	0.103627	0.020725	0	0	0	0
earth_4	0.392284	0.059492	0.035939	0.014213	0.006294	0.008325	0.002843	0.001015	0.024569	0	0.122234	0.025787	0	0	0	0
earth_5	0.466667	0.1	0.066667	0.053333	0.013333	0	0	0	0.033333	0	0.113333	0.033333	0	0	0	0
earth_6	0.403131	0.050881	0.017613	0.003914	0.011742	0	0	0.001957	0.033268	0	0.111546	0.02544	0	0	0	0
earth_7	0.15748	0	0	0	0	0	0	0	0	0	0.015748	0	0	0	0	0
earth_8	0.400673	0.040404	0.020202	0.006734	0.003367	0	0.010101	0	0.023569	0	0.114478	0.023569	0	0	0	0
earth_9	0.425703	0.074297	0.042169	0.040161	0	0	0	0.002008	0.032129	0	0.120482	0.022088	0	0	0	0
earth_10	0.356164	0.041096	0.006849	0	0	0.006849	0	0	0.034247	0	0.123288	0.006849	0	0	0	0
earth_11	0.344633	0.041431	0.022599	0	0.018832	0	0.001883	0.001883	0.018832	0	0.084746	0.018832	0	0	0	0
earth_12	0.377258	0.046154	0.026756	0.014047	0.004013	0.000669	0.003344	0.003344	0.020736	0	0.105686	0.015385	0	0	0	0
earth_13	0.468531	0.048951	0.020979	0.020979	0	0	0	0	0.027972	0	0.132867	0.041958	0	0	0	0
earth_14	0.393821	0.044584	0.019945	0.010168	0.00704	0.000782	0.001173	0	0.024638	0	0.098944	0.015252	0	0	0	0
earth_15	0.444444	0.055556	0.046296	0.037037	0	0.009259	0	0	0.009259	0	0.111111	0.074074	0	0	0	0
earth_16	0.402899	0.023188	0.008696	0.002899	0.005797	0	0	0	0.023188	0	0.127536	0.037681	0	0	0	0
earth_17	0.471455	0.071823	0.036832	0.014733	0.003683	0.012891	0.005525	0	0.034991	0	0.13628	0.020258	0	0	0	0
earth_18	0.333	0.026	0.017	0.015	0	0.002	0	0	0.01	0	0.11	0.022	0	0	0	0
earth_19	0.4	0.044737	0.01579	0.007895	0	0	0	0.007895	0.028947	0	0.113158	0.018421	0	0	0	0
earth_20	0.342629	0.055777	0.027888	0.01992	0	0	0.007968	0	0.031873	0	0.067729	0.003984	0	0	0	0
earth_21	0.430493	0.085202	0.053812	0.03139	0	0	0	0.004484	0.03139	0	0.134529	0.022422	0	0	0	0
earth_22	0.408955	0.035821	0.019403	0.013433	0.002985	0.001493	0.001493	0	0.016418	0	0.113433	0.022388	0	0	0	0
earth_23	0.478261	0.086957	0.036789	0.0301	0	0	0	0.006689	0.053512	0	0.12709	0.063545	0	0	0	0
earth_24	0.370787	0.048689	0.026217	0.018727	0.007491	0	0	0	0.022472	0	0.104869	0.033708	0	0	0	0
earth_25	0.412338	0.061688	0.016234	0	0.006494	0	0	0.00974	0.045455	0	0.133117	0.029221	0	0	0	0
earth_26	0.380282	0.042254	0.024648	0.024648	0	0	0	0	0.017606	0	0.102113	0.024648	0	0	0	0
earth_27	0.427767	0.056285	0.031895	0.02439	0.003752	0	0.001876	0.001876	0.02439	0	0.120075	0.022514	0	0	0	0
earth_28	0.343066	0.021898	0.021898	0.021898	0	0	0	0	0.007299	0	0.116788	0.021898	0	0	0	0
earth_29	0.41	0.02	0.02	0	0	0	0	0	0.01	0	0.1	0.02	0	0	0	0
earth_30	0.364865	0.040541	0.013514	0.006757	0.006757	0	0	0	0.027027	0	0.101351	0.006757	0	0	0	0
earth_31	0.368925	0.036961	0.017796	0.002738	0.010951	0.002053	0.002053	0	0.019165	0	0.101985	0.016427	0	0	0	0

图 6-18　文心系统对影评情感分析的结果

接下来，我们将该分析结果与抓取的影评文本通过复制与粘贴合并成一个 csv（earth_emotion.csv），这样影评抓取的信息（如日期、时间、标题、推荐度）就与文心系统分析所得的特征变量同处于一个数据集中。由于原数据集中影评的发表日期和时间存于一个字段，我们使用分列功能将日期和时间分为两个不同的字段，分别命名为 date 和 time。图 6-19 展示了情感分析结果的最终数据集形式。

扫码获取数据

在数据新闻中，我们通常用可视化形式展示情感分析结果，以便更直观、形象地传达文本的情绪特征。接下来展示使用 ggplot2 对以上情感分析结果的可视化方案。在第一个案例中，我们来检视 300 条影评正负面情绪的分布（分析单位是每一条影评）。文心系统给每一条影评打出了正面情绪分数（PosEmo）与负面情绪分数（NegEmo），因而一条影评可能同时包含正负面情绪，也可能只有负面情绪或正面情绪。这里我们做一个简单处理，如一条影评正面情绪分数大于负面情绪分数，则认为该影评以正面情绪为主；反之，

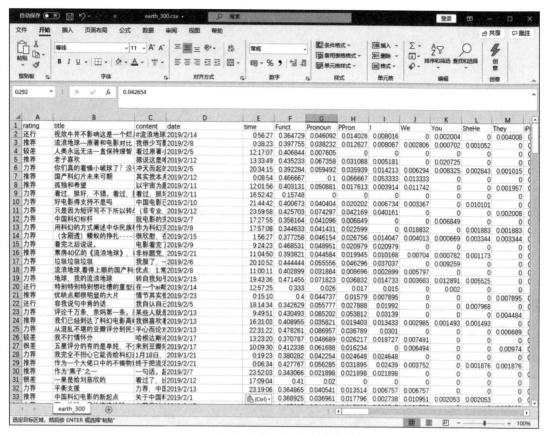

图 6-19　包含影评情感分析结果的数据集

则认为该影评以负面情绪为主；如一条影评正负面情绪分数相同或同为 0，则认为该影评的情感倾向为中性。需要注意的是，这里只是为了展示而对数据做简化处理。具体操作如下：

```
emotion<-read.csv("earth_emotion.csv",stringsAsFactors = FALSE)
# 载入 earth_emotion.csv 数据集。


attach(emotion)
emotion$minus<-emotion$PosEmo-emotion$NegEmo
# 正负面情绪得分的差值存入新的变量 minus。


emotion$type[emotion$minus == 0] <- "neutral"
emotion$type[emotion$minus > 0] <- "positive"
emotion$type[emotion$minus < 0] <- "negative"
# 根据正负面情绪得分的差值，将评论分为正面、负面、中性三类，并以变量 type 分类。


emotion$type<-as.factor(emotion$type)
# 将变量 type 的类别转换为 factor。
```

```
table(emotion$type)
# 检视三个类别的分布。
```

结果为：

negative	neutral	positive
49	23	228

从结果看，大部分影评以正面情绪为主，说明网友对该影片的评价总体呈现一种积极的情绪状态。

```
library(ggplot2)
ggplot(data=emotion,aes(x="Sentiment",fill=type))+geom_bar(stat="count")+
stat_count(geom="text",colour="white",size=3.5,aes(label=..count..),position=
position_stack(vjust=0.5))+scale_fill_manual(values=c("black","grey","orange"))+
coord_polar("y") + labs(x="")
```

 # 绘制柱状图，让不同填充色代表三种情感类型，再用 coord_polar 函数将坐标系转成环状，这样就形成一个饼状图（见图 6-20）。其中 vjust=0.5 意为数字在垂直方向居中。

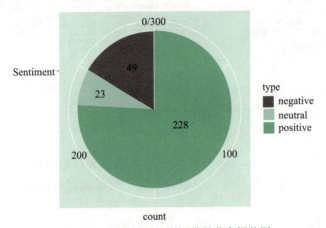

图 6-20　三类情绪的影评数量分布饼状图

雷达图可以呈现不同特征和维度在分布上的差异。在接下来的案例里，我们利用 fmsb 包绘制雷达图来表现评论中整体情绪（Affect）、正面情绪（PosEmo）、负面情绪（NegEmo）、焦虑情绪（Anx）、愤怒情绪（Anger）与伤心情绪（Sad）的平均值。从雷达图结果可以看出，影评中包含一定程度的情绪度，其中正面情绪大于负面情绪，而焦虑、愤怒和伤心的情绪平均值比较低。首先，需要创建一个新的数据集 radar，其中设置变量的变化范围，变量数值对应各个情绪特征打分的平均数。然后使用 fmsb 包中的 radarchart 函数来创建雷达图。代码如下：

```
radar<-data.frame(Affect=c(0.1,0,mean(emotion$Affect)),
                  PosEmo=c(0.1,0,mean(emotion$PosEmo)),
                  NegEmo=c(0.1,0,mean(emotion$NegEmo)),
                  Anx=c(0.1,0,mean(emotion$Anx)),
```

```
            Anger=c(0.1,0,mean(emotion$Anger)),
            Sad=c(0.1,0,mean(emotion$Sad)))
```

```
library(fmsb)
radarchart(radar,pfcol = scales::alpha("grey",0.3))
```
 # 使用 fmsb 包中的 radarchart 函数绘制雷达图，pfcol 设置填充色为灰色，透明度为 30%（见图 6-21）。

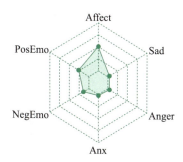

在第三个案例中，我们借用数据集中的日期字段，来呈现影评情绪随时间变化的趋势。需要注意的是，该数据集中只包含 300 条影评，因而在日期分布上并不具备连续性，这里我们仅仅展示可视化的思路和方法。

R 语言可以识别日期数据，并按照时间顺序排列。在数据集中，日期格式为"年 / 月 / 日"，我们需要让 R 语言将其识别为日期，并存入新的变量 date_new。代码如下：

图 6-21 影评中若干情绪特征的平均值雷达图

```
emotion$date_new<-as.Date(emotion$date,"%Y/%m/%d")
```
 # 将 date 字段转换为 R 语言的日期变量，后面参数告知原始数据字段的日期格式（按照年月日排列并以"/"分割）。
```
str(emotion$date_new)          # 检视新建变量的属性。
```

结果为[①]：

Date[1:300], format: "2019-02-14" "2019-02-08" "2019-02-05" "2019-02-12" "2019-02-05"···

从结果可以看到，新变量的属性为日期（Date），新的日期格式为"年 – 月 – 日"。由于有的日期不只对应 1 条影评，因而我们可以以日期为单位，对某一日的影评的正负面情绪值求平均数。我们再次使用 aggregate 函数来求得分组平均数，并使用 ggplot2 函数中的柱状图函数来呈现正负面情绪。代码如下：

```
pos<-aggregate(PosEmo~date_new,data=emotion,mean)
neg<-aggregate(NegEmo~date_new,data=emotion,mean)

ggplot(data=pos,aes(x=date_new,y=PosEmo))+geom_bar(stat="identity")+
scale_x_date(breaks="2 day")+theme(axis.text.x=element_text(angle=90, hjust=0))

ggplot(data=neg,aes(x=date_new,y=NegEmo))+geom_bar(stat="identity")+
scale_x_date(breaks="2 day")+theme(axis.text.x=element_text(angle=90, hjust=0))
```

结果如图 6-22 所示。

---

① 检视结果，检视 data_new 的数据类型为 date 并举例。

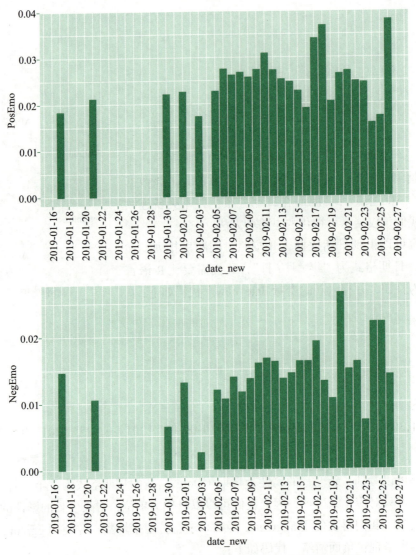

图 6-22   使用柱状图呈现不同日期的影评中正负面情绪得分

　　图 6-22 对不同日期影评的正负面情绪分别进行呈现，但将正负面情绪在同一个坐标系中呈现显然是更理想的方式，有利于对两种情绪倾向的变化做直观比较。为了能同时对正负面情绪进行可视化，我们将正负面情绪的分组平均数结果数据集进行合并：使用 merge 函数使两个数据集通过共同的 date_new 变量联系在一起。合并后的数据集如图 6-23 左图所示。这类数据集可看作宽格式数据（wide-format data）。因为正负面情绪分别以两个不同变量显示，为了更方便地在同一坐标系中呈现，我们可以将该宽格式数据集转换成长格式数据（long-format data），即将正负面情绪这两个变量转化为同一变量的两个类别，结果如 6-23 右图所示。reshape2 包中的 melt 函数可以非常高效地实现这种转化，具体操作如下：

```
sentiment<-merge(pos,neg,by = c("date_new"))
library(reshape2)
```

```
sentiment2<-melt(sentiment,id.vars = "date_new")
```

	date_new	PosEmo	NegEmo
1	2019-01-17	0.01831500	0.014652000
2	2019-01-21	0.02112680	0.010563400
3	2019-01-30	0.02201700	0.006392050
4	2019-02-01	0.02258730	0.013004800
5	2019-02-03	0.01728400	0.002469140
6	2019-02-05	0.02267943	0.011909168
7	2019-02-06	0.02752998	0.010498611
8	2019-02-07	0.02622348	0.013803317
9	2019-02-08	0.02675603	0.011595511
10	2019-02-09	0.02573369	0.013519049
11	2019-02-10	0.02731773	0.015864109
12	2019-02-11	0.03091426	0.016643759

	date_new	variable	value
1	2019-01-17	PosEmo	0.018315000
2	2019-01-21	PosEmo	0.021126800
3	2019-01-30	PosEmo	0.022017000
4	2019-02-01	PosEmo	0.022587300
5	2019-02-03	PosEmo	0.017284000
6	2019-02-05	PosEmo	0.022679430
7	2019-02-06	PosEmo	0.027529975
8	2019-02-07	PosEmo	0.026223480
9	2019-02-08	PosEmo	0.026756028
10	2019-02-09	PosEmo	0.025733689
11	2019-02-10	PosEmo	0.027317735
12	2019-02-11	PosEmo	0.030914264

图 6-23　宽格式（左图）与合并后的长格式（右图）

在获得宽格式数据集 sentiment2 后，正负面情绪以类别变量的两个类区分，我们便可用熟悉的 ggplot2 填充色设置来进行可视化。首先，我们将 x 轴的映射设置为日期，让填充色代表不同正负面情绪，然后设置图形为 geom_bar，由于需要将对应平均数数值直接输出，故设置 stat="identity"。为了更直观地对比正负情绪的比例，我们将柱状图设置为比例堆叠柱状图（position="fill"）。此外，下面代码还使用 scale_x_date 来设置日期显示的间隔为 2 天，同时调整了日期字体的方向，并将填充色手动设置为黄色和海军蓝色（见图 6-24）：

```
p <- ggplot(data=sentiment2,aes(x=date_new,y=value,fill=variable))+geom_
bar(stat = "identity",position="fill")
p + scale_x_date(breaks = "2 day")+theme(axis.text.x=element_text(angle =
90, hjust = 0))+scale_fill_manual(values = c("yellow","navy"))
```

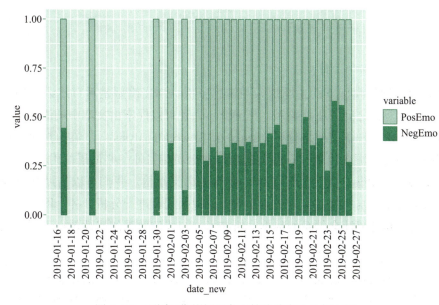

图 6-24　不同日期影评正负面情绪分布（比例）图

　　此外，也可以对正负面情绪的绝对值进行呈现。首先，将负面情绪得分转换为负值，然后将正面情绪数据集和转换后的负面情绪数据集合并，再使用 melt 函数将正负面情绪转换为两个类别。之后，我们使用同样的方法绘制正负面情绪的条形图（见图 6-25）。

```
neg$NegEmo<-0-neg$NegEmo
sentiment<-merge(pos,neg,by = c("date_new"))
sentiment2<-melt(sentiment,id.vars = "date_new")

p <- ggplot(data=sentiment2,aes(x=date_new,y=value,fill=variable))+geom_
bar(stat = "identity")
p + scale_x_date(breaks = "2 day")+theme(axis.text.x=element_text(angle =
90, hjust = 0))+scale_fill_manual(values = c("yellow","navy"))+coord_flip()
```

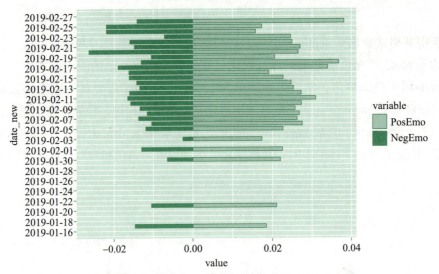

图 6-25　不同日期影评正负面情绪值（绝对值）条形图

三、语义网络

　　前面介绍了词袋模型下的主题探索与情感分析。词袋模型是对自然语言的一种简化处理，忽略了词与词之间的相互关系。下面介绍一种可以探索由文本中词语相互联系形成的语义结构的方法——语义网络分析（semantic network analysis）。[①] 在自然语言构成的文本中，词语依照线性顺序出现，有些词语会经常出现在另外一些词语的附近，形成词对，这些共同出现的词语集合可以指示文本中隐含的语义结构。我们可以借助社会网络分析（social network analysis）的基本方法对文本中出现的词对进行分析。社会网络分析是一种经典的用以描述和理解社会关系的数据分析技术。与我们熟悉的属性数据不同，社会网络

---

　　① 更多关于语义网络分析的内容，可参见论文：Yuan, E. J., Feng, M. & Danowski, J. A. "Privacy" in Semantic Networks on Chinese Social Media: The Case of Sina Weibo. *Journal of Communication*, 2013, 63(6): 1011-1031.; Qin, J. Hero on Twitter, Traitor on News: How Social Media and Legacy News Frame Snowden. *International Journal of Press/Politics*, 2015, 20(2): 166-184.

分析聚焦关系型数据，其分析的对象是节点之间的联系。从网络分析的视角来审视文本，文本中的词语可看成网络中的节点（node 或 vertex）；当一个词语出现在另一个词语附近一定范围内时，则认为两个词语形成词对，在网络分析中称作边（tie 或 edge）。如是，通过统计文本中词语及词对的频率，我们就可以将文本转换为一个网络状的关系型数据，并通过分析这个由词对构成的数据来阐释文本的语义结构。需要注意的是，尽管语义网络分析考虑了词语之间的相互关联，但对于自然语言中的丰富信息而言仍是一种简化的处理方法。

有很多工具可以帮助我们统计文本中共同出现（co-occurring，简称共现）的词语，并创建相应的语义网络。例如，R 语言生态中的 tidytext 包和 text2vec 包都可以实现共现网络的建构①。但这些包的操作比较繁复，在此介绍一个简单易用且对中文支持较好的开源工具 WORDij 来建构文本词语之间的关系数据（同名官方网站即可下载）。WORDij 是一个图形界面的自然语言分析套件，其最首要的功能在于利用词对统计来创建文本的语义网络数据。WORDij 需要 java 环境的支持，在 Windows 和 Mac 系统下都可以运行。

接下来以《2019 年国务院政府工作报告》为例（以下简称《报告》），来展示基本的语义网络分析方法。首先，我们利用 jiebaR 对其进行分词处理（见图 6-26），代码如下：

扫码获取数据

```
library(jiebaRD)
library(jiebaR)
cutter<-worker(stop_word = "stop_words.txt")
segment("report.txt",cutter)
```

图 6-26　用 jiebaR 对《报告》分词后输出的文档

---

① 利用 tidytext 包进行网络分析可参考在线资源 tidytextmining 网。

接下来利用 WORDij 创建网络数据。我们将分词处理好的 txt 文件输入 WORDij（设置 Source Text File），再点击分析（Analyze Now）（见图 6-27），WORDdij 就可以在原始文档所在目录生成一系列分析结果文件。需要注意的是，输入的中文文档需要匹配相应的中文编码。以 Mac 系统为例，jiebaR 分词输出的 txt 文档可能需要转换为 utf-8 编码。[①] 此外，WORDij 默认词对构成距离范围（Window size for extracting word pairs）为 3——也就是说，当一个词出现在另一个词前后 3 个词距离内都被视为共现，可以形成词对。

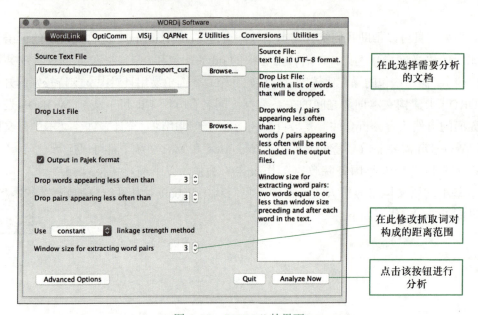

图 6-27　WORDij 的界面

WORDij 输出结果包含 8 个不同的文件，可供不同的分析软件进行网络分析。其中以 stp.csv 结尾的文件提供了词对频率统计（见图 6-28 左图），经过分栏转换，我们可以得到 csv 格式的词对统计数据集（report_pair.csv）（见图 6-28 右图）。在网络分析中，网络数据通常储存为邻接矩阵（adjacency matrix）或边列表（edge list）的形式，二者可以相互转

扫码获取数据

换。这里的词对统计数据集为典型的边列表，每个词代表一个节点，词对的频数则代表两个词节点关系的强度或权重。值得注意的是，WORDij 并没有区分一个词出现在另一个词之前或之后，其创建的词对网络为无方向网络（undirected network），即节点之间的边没有明确的方向，或者也可以理解为这种关系是双向的。将《报告》转换成边列表形式的网络数据后，就可以使用网络分析及可视化的方法对其语义结构进行探索。

接下来，我们使用 igraph 包对生成的网络数据进行可视化分析。igraph 是 R 和 Python 等语言环境下的开源网络分析工具，功能十分强大。首先需要安装 igraph 包，以读取边列表形式的网络数据。为了显示清晰，我们只保留频数大于 3 的词对；然后启动 igraph 包，

[①]　若想转化 txt 的编码，只需要用 MS OFFICE WORD 将该输出的文档另存为 utf-8 编码的 txt 即可。

并将词对的频数设为边的权重（weight）。代码如下：

```
dat<-read.csv("report_pair.csv",header=TRUE)
#将 report_pair.csv 存入 R 数据集 dat。
dat<-subset(dat,freq>3)          #为了使图形显示清楚，我们去掉频率小于等于 3 的词对。
dat2<-as.matrix(dat)             #将数据集 dat 转换为矩阵，方便 igraph 读取。
library(igraph)                  #启动 igraph 包。
net<-graph.edgelist(dat2[,1:2],directed = FALSE)
```

#读入边列表数据创建网络数据 net，将数据集第 1 到 2 列的词语设为具有关系的节点，将关系方向参数设置为无方向。

```
E(net)$weight<-as.numeric(dat2[,3])
```

#E 为 igraph 中设置边属性的函数，此处将数据集中的第 3 列（词对频数）创建为 net 网络的边权重（weight）。

左表：

	A	B	C	D	E
1	Number of p	1525			
2	Number of u	380			
3	Average pair	4.013158			
4	Pair entropy	5.870126			
5					
6	Pair	Frequency	Proportion	Entropy Term	Mutual Inform
7	代表 国务院	3	0.001967	0.012258	6.946845
8	政府 工作	6	0.003934	0.021789	4.805603
9	政府 风险	3	0.001967	0.012258	4.156908
10	政府 债务	3	0.001967	0.012258	5.861656
11	政府 债券	3	0.001967	0.012258	5.638513
12	过去 一年	4	0.002623	0.015589	7.814346
13	全面 贯彻	7	0.00459	0.024713	5.925423
14	全面 党	4	0.002623	0.015589	5.953594
15	全面 建成	6	0.003934	0.021789	5.889055
16	全面 小康社	6	0.003934	0.021789	6.176737
17	全面 改革	3	0.001967	0.012258	2.753561
18	全面 深化	3	0.001967	0.012258	3.748989
19	贯彻 党	4	0.002623	0.015589	7.339888
20	我国 发展	6	0.003934	0.021789	3.820962
21	我国 面临	3	0.001967	0.012258	6.416217
22	我国 处于	3	0.001967	0.012258	6.927043
23	发展 面临	3	0.001967	0.012258	4.351561
24	发展 经济	5	0.003279	0.018755	2.643213
25	发展 新	7	0.00459	0.024713	2.876501
26	发展 任务	3	0.001967	0.012258	3.658443
27	发展 中	4	0.002623	0.015589	3.763804
28	发展 继续	4	0.002623	0.015589	2.814723
29	发展 加快	6	0.003934	0.021789	2.892976

右表（F11）：

	A	B	C	D
1	N1	N2	freq	
2	代表	国务院	3	
3	政府	工作	6	
4	政府	风险	3	
5	政府	债务	3	
6	政府	债券	3	
7	过去	一年	4	
8	全面	贯彻	7	
9	全面	党	4	
10	全面	建成	6	
11	全面	小康社会	6	
12	全面	改革	3	
13	全面	深化	3	
14	贯彻	党	4	
15	我国	发展	6	
16	我国	面临	3	
17	我国	处于	3	
18	发展	面临	3	
19	发展	经济	5	
20	发展	新	7	
21	发展	任务	3	
22	发展	中	4	

图 6-28 WORDij 生成的词对统计结果（左），分栏转换后的词对统计边列表（右）

接下来可以使用 R 基础图形包中的函数 plot 对网络进行绘制。在网络分析中，可视化是非常重要的手段。通过网络数据图形观察，我们可以对网络的结构关系形成直观的理解。首先，我们直接将 net 输入 plot 函数，绘图得到一个基本的语义网络。随后我们可以对图形进行一些基本修改，如改变网络的布局（layout）以及修改字体大小、节点的颜色等。

```
plot(net,vertex.label.family='STKaiti')
```

 # 使用 plot 函数绘制网络图（见图 6-29 左图）。

```
plot(net,layout=layout.random,vertex.label.family='STKaiti',vertex.
label.cex=0.6,vertex.shape="rectangle")
```
 # 设置布局为随机样式，修改节点标签字号为 0.6，修改节点图形为方形（见图 6-29 右图）。

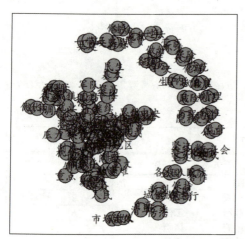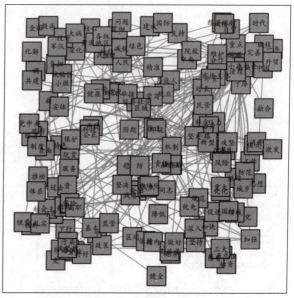

图 6-29   使用 plot 函数对《报告》进行语义网络绘图

通过 plot 函数可以非常快速地获得网络图形，但这样的图形较为粗糙，信息量也较少，我们需要对图形进行优化。这里介绍一个网络分析中非常重要的基本概念——中心性（centrality），用来衡量一个节点或个体在整个网络中所处的中心程度。在网络分析中，常见的中心性指标有度中心性（degree centrality）、接近中心性（closeness centrality）和中介中心性（betweenness centrality）。简单来说，度中心性衡量一个节点与其他节点联系的数量，一个节点与外部联系越多，其度中心性就越高。接近中心性考察一个节点到其他节点的距离，一个节点与其他所有节点的平均最短距离越近，则接近中心性就越强。中介中心性则考察一个节点成为其他两个节点联系最短路径的次数，一个节点越多地成为其他节点之间快速联系的"桥梁"则其中介中心性越强。我们可以使用 igraph 包中的基本函数来计算不同类型的中心性（因为篇幅关系，此处只展示度中心性计算结果），各个词对应的数值为其度中心性，即该节点所连接的边的数量，数值越大度中心性就越大：

```
degree(net)         # 计算 net 中各个节点的度中心性。
closeness(net)      # 计算 net 中各个节点的接近中心性。
betweenness(net)    # 计算 net 中各个节点的中介中心性。
```

结果（度中心性）为：

政府	工作	过去	一年	全面	贯彻	党	建成	小康社会	我国
3	2	1	1	4	2	2	2	2	1
发展	经济	新	中	继续	加快	加强	持续	问题	政策

33	7	8	1	4	3	6	1	4	7
社会	坚持	促进	战略	更	下行	增长	平稳	时代	中国
2	3	2	1	1	2	3	1	5	7
特色	模式	压力	习近平	同志	核心	党中央	全国	各族人民	社会主义
5	1	1	6	3	3	3	1	1	4
思想	经济社会	经济运行	合理	区间	保持	国内	生产总值	调	基本
3	1	2	3	2	1	1	1	2	2
民生	城镇	就业	稳	优化	结构	消费	增强	下降	推进
1	1	4	11	2	3	8	4	2	6
提高	重大	科技	创新	深入	建设	企业	融资	群众	负担
2	1	2	4	14	4	5	1	2	1
缴费	市场主体	活力	地方	改革	完善	支持	降低	深化	举措
2	1	1	2	1	1	1	2	1	2
试点	重点	领域	负面	清单	营商	环境	国际	合作	共建
1	2	1	1	1	1	1	1	2	1
一带	一路	自贸	试验区	外资	防范	化解	金融	精准	脱贫
2	1	1	1	1	1	1	1	2	2
攻坚	污染	防治	服务	保护	人民	坚定	维护	预期	外贸
1	1	1	1	1	1	1	1	2	1
投资	防	风险	落实	制度	机制	减税	降费	小微	实体
3	3	2	1	1	2	1	1	2	1
融资难	贵	民营	扎实	打好	攻坚战	三大	贫困地区	市场化	清理
3	3	2	1	1	2	1	1	1	1
规范	推动	高质量	健全	体系	城乡	区域	新型	城镇化	优先
1	1	1	1	1	1	1	1	1	1
绿色	中央	大病	保险	做好	激发	健康	坚决	公正	监管
1	1	1	1	1	1	1			
各级	高职	院校	融合	责任	国防	军队			

在绘制网络图形时，我们可以把中心性信息和图形进行联系。比如，可以用节点图形的大小代表其度中心性（见图 6-30）。在原始的 plot 函数中，可以添加设置 vertex.size=degree(net)。此外，在网络数据集中，边的权重信息可以用连线的宽度来反映，设置方式为 edge.width=E(net)$weight/2[①]。代码如下：

```
plot(net,vertex.size=degree(net),vertex.color="red",vertex.label.
color="black",vertex.label.cex=0.6,edge.width=E(net)$weight/2,vertex.label.
family='STKaiti')     # 制作度中心性与边权重的语义网络图形。
```

---

① 将该数值除以 2 是因为如果使用原始权重数据，边的宽度过大会影响阅读体验，绘图时将该数值除以 2 来缩小。

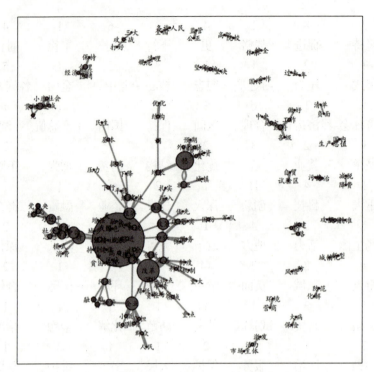

图 6-30　度中心性与边权重的语义网络图形

本图没有特别设置网络的布局，默认的布局为 layout_nicely，即程序根据实际数据设置合适的布局。有时会出现制作出来的图形不能在窗口中完整显示的情况，可以通过一些参数进行调整（见图 6-31），代码如下：

```
c<-layout_nicely(net)
c<- norm_coords(c, ymin=-1, ymax=1, xmin=-1, xmax=1)
plot(net,rescale=FALSE,layout=c*1.3,vertex.size=degree(net)/2,vertex.color=
("red"),vertex.label.color="black",vertex.label.cex=0.6,edge.width=E(net)
$weight/3,vertex.label.family='STKaiti', margin = -1,asp=.7)
#layout=c*1.3 扩大了整张图的布局尺度，asp=.7 改变了图形的横竖比例以适应窗口。
```

网络数据的可视化呈现有很多不同的布局（layout），我们可以根据分析需要进行选择与尝试。需要注意的是，理想的布局应该更好地反映网络结构的某些特性，或者突出分析结论。在实际操作中，我们可以尝试不同的布局，找到最优方案。例如，在图 6-30 中的文字和图形有较大重合，会给解读造成一定障碍。我们可以进一步调整图形的布局，同时通过坐标系调整拉开节点之间的距离，如球形布局（见图 6-32），代码如下：

```
a<-layout_on_sphere(net)
a<- norm_coords(a, ymin=-1, ymax=1, xmin=-1, xmax=1)
plot(net,rescale=FALSE,layout=a*2,vertex.size=degree(net),vertex.color=
"red",vertex.label.color="black",vertex.label.cex=0.8,edge.width=E(net)$weight/3,
vertex.label.family='STKaiti')
```

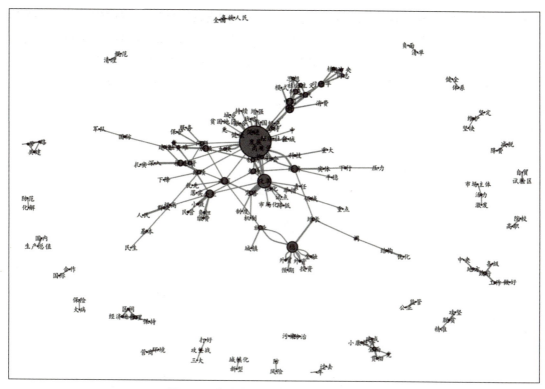

图 6-31　调整语义网络图形的尺度和比例

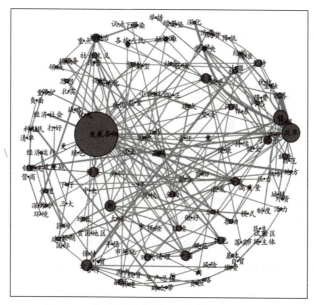

图 6-32　使用球形布局呈现的语义网络图形

从上图中可以看出语义网络中度中心性较高的节点有"发展""改革""企业""中国"等。值得注意的是，围绕这些度中心性较高的词语还形成了一些语义集群。在这些语义集群中，特定的词语更加频繁地彼此共现。从网络分析的角度，分析网络数据中的子群结构的方法称为社群发现（community detection），这是一种针对网络数据的聚类分析方法。在每一个聚类或社群的内部，节点更加紧密地彼此联系，而与外部的节点联系相对稀疏。社群发现方法可以帮助我们更有效地理解文本语义网络的结构，即语义网络中包含哪些潜在的话语结构。

igraph 包提供若干高效的社群发现算法。比如，我们还可以利用中介中心性来识别语义网络中的社群结构（见图 6-33）。代码如下：

```
bt <- cluster_edge_betweenness(net)
dendPlot(bt, mode="hclust",family='STKaiti')
# 绘图结果太复杂，难以解读。

net.sp<-delete_vertices(net, degree(net)<3)
# 为了让图形更清晰易懂并凸显主要模式，删除度中心性小于3的节点。
bt <- cluster_edge_betweenness(net.sp)
dendPlot(bt, mode="hclust",family='STKaiti')
# 再次绘图。
```

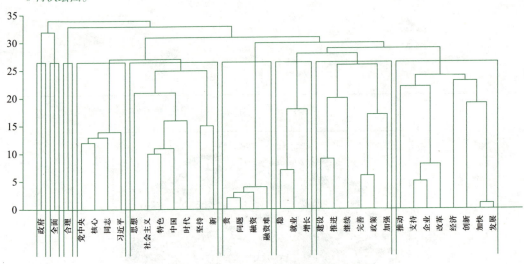

图 6-33　利用中介中心性发现社群示意图

中介中心性社群发现的结果与层次聚类方法相似，其结果也以树状图呈现。从中我们可以看到若干彼此区分的语义集群，如"推动""企业""改革""加快""经济""创新"构成了一个经济改革的语义集合，"中国""特色""社会主义""时代""思想"则构成了一个中国特色社会主义理论与思想体系的语义集合，等等。

此外我们还可以尝试使用其他社群发现算法对网络数据进行分析，例如标签散播（label propagation）算法。代码如下：

```
clp <- cluster_label_prop(net.sp)
plot(clp,net.sp,vertex.label.family = "STKaiti")
```

从结果可以看出，除了三个孤立的词之外，该方法共区分出 7 个语义集群（以不同颜色代表），如图 6-34 所示。可见不同的社群发现算法得出的结论会存在一定差异。

图 6-34 使用标签散播算法发现社群示意图

📑 案例档案卡 6-3

数据新闻报道中的文本分析

情感分析、语义网络、主题模型等文本分析策略在数据新闻报道中有很多应用。这些分析策略可以丰富新闻叙事，增强新闻可读性，使其更具深度。《经济学人》（*The Economist*）的报道《克林顿和特朗普在党派集会上的演讲相比其前任如何》（*How Clinton's and Trump's convention speeches compared to those of their predecessors*，2016-07-29）就分析了 1980 年以来美国总统竞选人在党派集会上演讲的情绪状态（见图 6-35）。

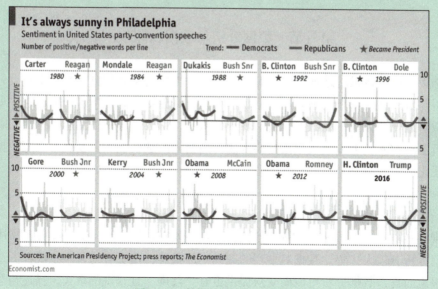

图 6-35 数据新闻中的情感分析

　　澎湃新闻"美数课"的报道《中国 AI 期刊论文被引量世界第一，都在研究什么？》（2021 年 7 月 8 日），则利用文本分析技术挖掘了中国研究机构在 IEEE 会议上发表的关于人工智能研究论文的关键词，并通过共现网络呈现这些论文主题的相互关系，如图 6-36 所示。

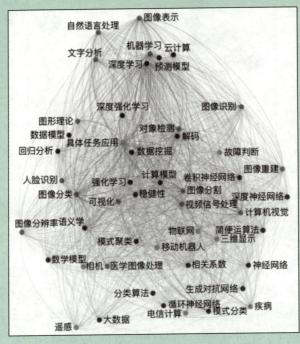

图 6-36　数据新闻中的语义网络分析

第五节　数据分析与数据新闻叙事

　　在结束数据分析板块之前，我们有必要将注意力暂时从数据分析技术上移开，来讨论数据分析与数据新闻叙事的关系。数据新闻中的数据分析不同于学术研究，它主要服务于新闻的叙事逻辑，包括：以数据分析呈现新闻事实，以数据分析辅助新闻分析与解释，以数据分析驱动新闻叙事，交代数据分析方法提高新闻的透明性，以及整合应用数据分析与信息可视化。

一、以数据分析呈现新闻事实

　　发现、核查并呈现事实是新闻报道最根本、最首要的任务。在对事实的描述与呈现上，数据分析有很大优势。数据对事实的刻画更加精确，也更容易排除主观性因素，所以对新闻报道而言，数据分析可以向受众提供更有"硬度"且直观的事实。描述与总结数据本身就是一种非常实用的事实报道策略。例如，上观新闻数据报道《史上关注度最高的一届冬奥会，到底凭什么？》（2022年2月21日），就利用汇总数据与信息图对冬奥会带动中国冰雪产业、中国冬奥历史成绩等基本事实进行呈现（见图6-37）。

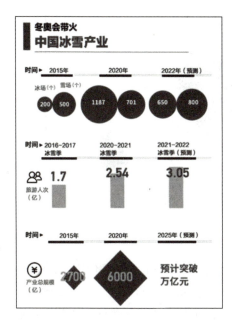
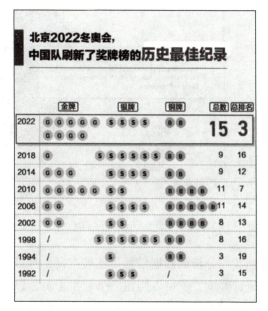

图6-37 数据新闻通过数据分析呈现新闻事实

二、以数据分析辅助新闻分析与解释

新闻报道常涉及对新闻背景的调查或对事件的原因、走势等的解释，以帮助受众更好地理解新闻事实。数据分析有助于揭示数据信息中隐含的关系，帮助我们对新闻作出分析或解释。运用统计模型透视数据往往会帮助记者发现线性思维难以发觉的模式，也可以在一定程度上减小新闻报道的主观偏向。在上一章中，我们曾介绍上观新闻的数据报道利用相关性分析讨论各国男性身高的影响因素（见《荷兰男性全世界最高，但过去35年身高增幅全球第一的，是中国男人》）；网易数读的报道《中国哪个城市通勤时间最长，特别好猜》（2021年9月10日）则利用数据对我国不同城市的公共交通状况进行对比分析，从而呈现城市中的不同因素对交通状况的影响（见图6-38）；英国《卫报》的《一个阴谋论的解剖学：假新闻如何在脸书上传播》（*Anatomy of A Conspiracy Theory: How Misinformation Travels on Facebook*，2021-03-10）则是基于数据挖掘对假新闻全球传播进行分析的案例（见图6-39）。

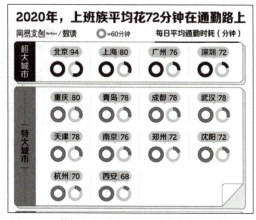

图6-38 数据新闻分析我国不同城市的通勤时间

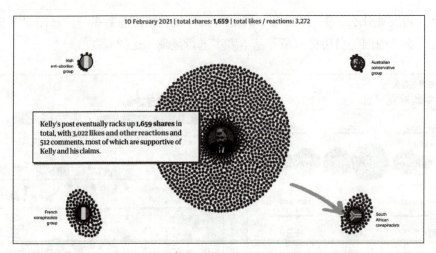

图 6-39　数据新闻分析假新闻的传播过程

三、以数据分析驱动新闻叙事

当我们分析的数据信息量比较丰富，且可发掘的维度较多时，采用不同的分析方法对数据进行解读，就可以构建一个叙事逻辑，以此作为新闻叙事的重要驱动力。例如，发表在澎湃新闻上的"复数实验室"数据新闻作品《宝贝回家：7 万条数据解读儿童拐卖与遗弃》（2018 年 7 月 18 日）就体现出数据驱动新闻的特征（见图 6-40）。该报道主要利用裁判文书网等网站的数据，以文本分析法交代失踪儿童的外表特征、性别分布、遗失地点等信息，接着从法律的角度分析相关案件的特征。如是，该报道在没有明确新闻事件的情况下，利用对数据的发掘构建了一个完整的叙事逻辑。

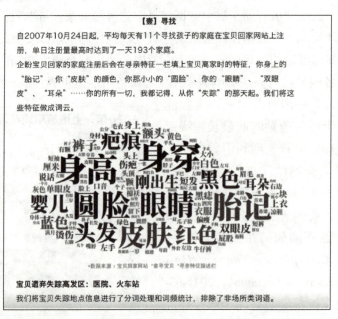

图 6-40　数据新闻构建儿童拐卖与遗弃的叙事逻辑

四、交代数据分析方法提高新闻的透明性

数据新闻尤其需要注意提高新闻报道的透明性与准确性。具体而言，报道必须清晰交代所有数据的来源，详述数据收集、整理的方式，并将数据分析中的操作方式和分析方法全部呈现给受众。理论上，任何受众都可以用这些方法重复数据分析的过程并取得与报道相一致的结果。交代数据分析的全过程实际上构成了一种新闻透明性的仪式，可增强新闻报道的客观性和权威性，进而赢得受众的信赖。图 6-41 是澎湃新闻"美数课"对其报道《数说两会 | 1978 年到 2022 年政府工作报告关键词盘点》（2022 年 3 月 5 日）的数据分析方法说明。

> 分析方法：
>
> 1.本文所有原始文本材料来自中国政府网1978年至2022年政府工作报告。
>
> 2.本文使用jieba分词（https://github.com/fxsjy/jieba/）。采用精确分词模式，避免重复分词和歧义。分词结果均去掉数字、单字、标点符号。
>
> 3.为增加分词正确率，在jieba分词的基础上加入自定义词典，自定义词典主要包含了往年人民网和新华网统计的两会热词。
>
> 4.在分词基础上，采用TF-IDF加权技术。词语的重要性随着它在文本中出现的次数成正比增加，但同时会随着它在语料库中出现的频率成反比下降。本文使用的语料库即1978年至2022年政府工作报告文本。
>
> 5.涉及合并的词语：自贸包括了自贸区、自贸试验区，城镇包括了城市、城镇。

图 6-41　数据新闻中交代数据分析方法

五、整合应用数据分析与信息可视化

在数据新闻报道中，应当将数据分析与可视化整合起来看待。如前所述，数据分析过程常借助图形来帮助我们理解数据结构。例如，用柱状图描绘类别的频数，利用直方图或密度图描绘数值型变量的分布情况，利用箱线图描绘数值的分布，利用散点图表达两个变量的相关性，利用网络图呈现词语之间的关系，等等。数据分析与可视化天然就有着密不可分的联系，数据分析的逻辑与结构蕴含着数据信息可视化的走向。这要求我们在制作数据新闻时避免将数据分析与可视化割裂开来，而是将二者有机地统一，利用数据分析逻辑去设计可视化方案，同时根据可视化的结果来调整数据分析策略。

思考与练习

1. 文本挖掘在数据新闻中有哪些应用？

2. 在文本向量化时，词袋模型的基本原理是什么，有什么优势和不足？

3. 中文文本预处理有哪些主要步骤？

4. 词频分析与 tf-idf 算法主要有哪些不同？

5. 主题发现有什么主要应用价值?

6. 情感分析在数据新闻中有哪些应用?

7. 语义网络分析的主要原理是什么?

8. 请阅读当日一条重要的新闻，抓取该条新闻相关评论，将所有评论进行文本预处理（合并、分词、去除停用词），并进行高频词统计以及词云呈现。

参考答案

## 第七章

可视化的概念、原则与流程

依据数据新闻工作的流程，在获取、清理和分析数据之后，我们将进入可视化的部分。本章从可视化的历史演进和概念界定讲起，通过经典可视化案例，探寻视觉认知从抽象化到图形化再到可视化的变迁过程。可视化不仅仅是数据表达的工具，它更是一种媒介，是对现实世界进行抽象表达和认知的媒介。论及功能，可视化具有"软化"信息、增进理解的功能；它也能够跨越文字的障碍，实现跨语言传播；设计精良的可视化还可有效调动受众的情感，使数据更加直观可感。本章还提出可视化的分类，依据数据类型，可分为科学可视化、信息可视化和可视分析三类，数据新闻中的可视化主要属于信息可视化；按照呈现方式，则可分为静态可视化和动态可视化。

掌握基本概念后，本章从设计原理和目标要求两方面讲解可视化设计的原则。与可视化有关的设计原理主要包括格式塔原理、黄金分割原理以及色彩原理等，可视化设计的要求主要包括准确、美观、规范、尊重受众。本章最后介绍可视化设计的流程。

第一节　可视化的历史、概念与功能

可视化是一个不断演变的概念，受到测量科学、经济活动、绘图方法、工具革新等多重因素的形塑和影响。本节我们先了解信息传递图形化的早期历史，沿着抽象化、图形化、可视化的发展脉络思考可视化的概念变迁，最后我们将探讨可视化在新媒体传播环境中的含义。

一、可视化的历史演进

早在中世纪时期，人类就已经使用带有箭头的地图指示风向。到文艺复兴时期，手绘图像成为记录信息的主要手段，达·芬奇曾手绘多幅机械模型图，伽利略绘制了月相变化图（见图 7-1）。此时，图像是作为信息记录的载体存在的，这些尝试也是可视绘图的先声。

随着科技的发展、城镇的扩张和经济活动的增加，测量、绘图、统计等科学技术得到迅速发展，可视化也形成了新的模式。17 世纪出现了基于真实测量数据的可视化，比如城市的地图和气象图。18 世纪，统计图形开始萌芽。人们公认苏格兰工程师、政治经济

学家威廉·普莱菲（William Playfair）是图表的发明人。我们今天常用的线图、饼状图、柱状图、圆环图等都源自他的笔下（图 7-2、图 7-3），他也是最早使用可视化方法来分析数据的实践者。[①]

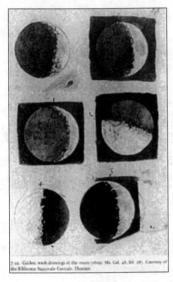

图 7-1　伽利略手绘的月相变化图[②]

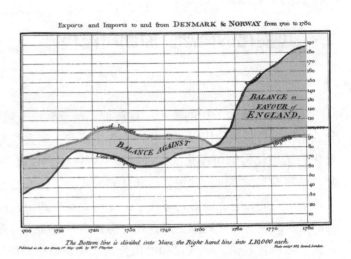

图 7-2　威廉·普莱菲 1786 年绘制的折线图

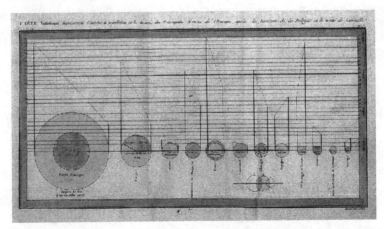

图 7-3　威廉·普莱菲 1801 年绘制的饼图

威廉·普莱菲绘制的饼图与折线图与今日图表已无二致。这些图表的发明为数据可视化发展奠定了根基：将信息高度抽象，再通过视觉通道来传递。

进入 19 世纪，医学、经济和人口统计等数据日益丰富，统计图形、数据图表也愈

---

① Tufte, E. R. (2001). *The Visual Display of Quantitative Information* (2nd ed.). Graphics Press.

② 1609 年末，伽利略用自制的望远镜观测月亮，并绘制了世界上第一幅月面素描图，月亮再不是像亚里士多德所描述的那样洁白无瑕，而是像地球一样凹凸不平，这打破了人们几千年以来的观念。参见《湮没 400 年，伽利略手绘水彩月面图重见天日》，《中国日报》2007 年 3 月 29 日。

加普及，今日常见的图表类型均已出现，比如轮廓图、气象图、流程图、时间线等。下面两则案例在数据可视化历史上具有里程碑式的意义。本书第一章也有介绍，我们在此重温。

1831 年到 1854 年间，英国连续发生了三场霍乱大流行，带走了数万人的生命，但人们并不知道引发大规模传染的罪魁祸首。直到 1855 年，医生约翰·斯诺将致死病例施画在一张伦敦地图上，地图显示宽街（Broad Street）附近病例十分聚集（如图 1-4），走访发现，附近居民共用一个水泵，从而找到了传染源。斯诺医生将数据画在地图上，为数据提供了理解的情境，由此可视化释放了更大的潜力，它不仅用来传递信息，还可以寻找问题的根结，成为有效的分析工具，可视化的应用范围得以拓展。

大约同一时期，刚从克里米亚战场归来的英国护士南丁格尔向英国国会报告前线士兵伤亡情况时，借助一张"玫瑰图"（见图 1-5）（又称鸡冠图等）用数字说明前线士兵伤亡的季节性特征。她指出，寒冷季节受伤士兵更容易因伤口恶化而死亡，大多数死亡是由疾病或感染引起的，而不是枪炮。随后前线加派更多的卫生员，士兵死亡率明显下降。[1]

这两个经典案例显示了数据可视化具有的洞察力：可视化不仅是为了看到更有规律的数据，还要看到数据的意义。到了 20 世纪，数据可视化的逻辑和步骤已经基本确立，科学、经济、政府决策等领域广泛运用可视化。技术的迭代催生了多维信息可视化和交互可视化，可视化中也引入了数据分析，辅助人们从不同维度探索数据，加深对数据的理解。

进入 21 世纪，为应对海量、动态的数据，可视化与数据挖掘、图形学等理论和方法相结合，催生了一门新兴的学科——可视分析学。它更偏重通过可视化分析数据，连接多个数据源，交互分析数据，以发现隐藏的规律。[2]

二、可视化的概念界定

顾名思义，可视化是通过视觉通道表达数据的方式，它首先是对事物形成视觉感知的过程，将信息从无形转化为有形，强化对复杂信息的认知理解。但可视化不仅是手段或工具，更是一种媒介，是对现实世界进行抽象表达的媒介，用来探索、展示和表达数据的含义。[3]

可视化借助人眼快速的视觉感知和人脑的智能认知能力，更为清晰地辅助传递数据分析的结果。本书第一章讲授了知识层次的金字塔模型，阐述了数据、信息、知识、智慧四者的转化。作为媒介，可视化展现了趋势、分布、比例等，有利于数据从原始材料到有价值的信息的转换。精当的可视化可将信息呈现为知识，并结合社会情境要素将知识凝练为

①　[英]西蒙·罗杰斯：《数据新闻大趋势：释放可视化报道的力量》，岳跃译，中国人民大学出版社 2015 年版，第 57 页。

②　陈为、沈则潜、陶煜波等：《数据可视化》，电子工业出版社 2019 年版，第 21 页。

③　[美]邱南森：《数据之美：一本书学会可视化设计》，张伸译，中国人民大学出版社 2014 年版，第 44 页。

智慧。比如在前述斯诺医生施画霍乱病例地图的案例中，原始数据可能包含病例姓名、年龄、性别、居住地区、病情等信息，在没有经过分析之前，数据是分散的、凌乱的。斯诺将病例位置画在地图上，使得凌乱的数据呈现出规律，比如病例聚集区，这就是有价值的信息。通过现场走访发现，病例聚集区附近的居民共用一个水泵，更换后疫情得到控制，这体现了对信息的探索分析可以生成知识。这种知识经过积累和多次验证便成为医学领域内的智慧。

三、可视化的功能

可视化在不同应用场景中呈现出不同的功能。在数据新闻生产中，可视化具有增进理解、实现跨语言传播以及调动情感的功能。

可视化可以增进受众对新闻内容的理解。下面是同一事件的两则报道，都关注了两架飞机险些相撞一事。一则通过可视化手段演示了事件发生过程（见图7-4），一则仅提供了事发地点图片（见图7-5）。

图7-4　使用可视化视图的报道　　　　图7-5　仅提供事发地点图片的报道

两相比较可明显体现出可视化的功能，它以更形象的方式传递信息，"软化"复杂的信息，增进受众对信息的理解。可见，可视化通过视觉通道传递信息，降低了信息的接受难度。

可视化的价值不止于形象，还可使信息传递跨越语言的障碍。例如，由美国约翰·霍普金斯大学的研究者开发制作的"全球新冠病毒扩散实时追踪图"，在新冠疫情期间广为流传，展示了全球各个国家和地区的新冠病毒扩散情况[①]。通过可视化，全球疫情关键数据被呈现于一张地图上，无须过多的文字说明，不懂英语也不影响信息接收，仅用简便的图形符号和数字便可传递信息，实现全球传播。2020 年，平均每天点击量为 10 亿，最高峰一天点击达 20 亿。[②]

可视化也有助于减少量化数据带来的距离感，通过形式、颜色等设定，可视化可以刺激人的感官，调动情感回应，使得数据更加可感，有助于对信息的理解。[③] 例如，为悼念新冠疫情期间离世的人们，财新数据可视化实验室推出数据可视化报道——《新冠逝者：献给疫情中离去的生命》（2020 年 4 月 4 日）。这是为逝者建立的数字纪念馆，既用来纪念逝去的生命，也留给"缅怀他们的人"一个凭吊的空间。设计的灵感来自创作者的生活体悟，项目创作时恰逢 2020 年春一个沙尘天，创作者看到家门口的樱花树随风摇曳花瓣飘落，好似鲜活的生命无声地离去。于是在可视化设计上，该作品以花瓣为原型，并用位置、坐标和旋转角度等参数来控制每一片花瓣的形态。在这个数字纪念馆中，每一位逝者化为一片樱花花瓣，飘落的花瓣寓意生命的离去（见图 7-6），整个图形围绕中心点旋转，用户仿佛在飘落的花瓣雨中穿梭。可视化设计兼具美感与深意，具有很强的情绪感染力，飞舞的花瓣让人感叹生命之美好与脆弱，也让人对疫情的影响有更切实的体会。唯美精细的可视化设计让数据更有温度，引领受众从冰冷的数字中感受真实的生命。

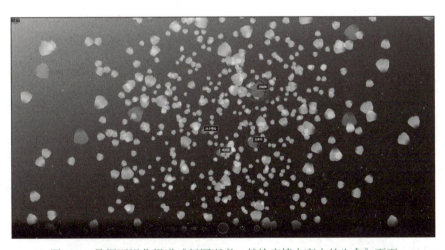

图 7-6　数据可视化报道《新冠逝者：献给疫情中离去的生命》页面

①　the Center for Systems Science and Engineering (CSSE) at Johns Hopkins University (JHU), *COVID-19 Dashboard*.

②　彭丹妮：《全球最可靠疫情图每天点击量超 10 亿，由两名中国留美博士生操盘》，《中国新闻周刊》2020 年 4 月 7 日。

③　李梦颖、陆晔：《虚拟可导航空间与情感体验：可视化作为数字新闻核心叙事的中国经验与理论前瞻》，《新闻界》2021 年第 7 期。

第二节　可视化的分类

依据数据的类型，可以将可视化分为处理科学数据的科学可视化和处理抽象信息的信息可视化。[①]前者包括医学影像、数学图形、空间坐标等，比如用于医学研究的 3D 建模心脏绘图就属于科学可视化。图 7-7 即是一例，图中展示了骨骼的拓扑结构。[②]可视化在科学中的应用有利于科学研究的开展和交流。信息可视化则是对抽象数据进行可视化表达的方式，比如对社交网络中转发关系的可视化就属于信息可视化。常见的数据新闻中的可视化也属于信息可视化的范畴，它是面向公众传播的可视化。

Figure 19: *Visualization of the topological skeleton along with saddle connectors. A double flow ribbon approach is applied to visualize the orientation of the separation surfaces in the neighbourhood of the saddle connector. Image courtesy of Theisel et al. [TWHS03] ©2003 IEEE.*

图 7-7　科学可视化案例：骨骼的拓扑结构

在上述两类可视化之外，可视分析是数据可视化中的新兴类别，它将数据分析与可视化相结合，通常会使用交互式的可视化界面对数据展开分析，具有较强的探索性。图 7-8 是依据社交网络上的实时讨论生成的可视化，展示了电影《功夫熊猫》网友评论的态度倾向。

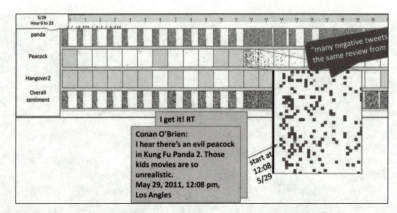

图 7-8　电影《功夫熊猫》网友评论态度可视化[③]

按照呈现的方式不同，可视化又可分为静态和动态两种。静态数据可视化通常是在平面上呈现，又可细分为信息图和静态图表；动态数据可视化又可细分为动态图表、数据动画、数据视频、交互可视化和数据应用（如图 7-9）。

---

①　陈为、沈则潜、陶煜波等：《数据可视化》，电子工业出版社 2019 年版，第 29 页。

②　Theisel, H., Weinkauf, T. & Hege, H.-C. et al. Saddle Connectors-An Approach to Visualizing the Topological Skeleton of Complex 3D Vector Fields. In *Proceedings of IEEE Visualization Conference*, 2003, 225-232.

③　Ming, C.H., Rohrdantz, C. & Janetzko, H., et al. Visual Sentiment Analysis of Customer Feedback Streams Using Geo-temporal Term Associations, *Information Visualization*, 2013(12): 273-290.

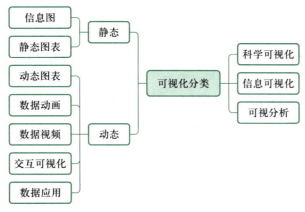

图 7-9 可视化的分类

一、静态数据可视化

数据新闻兴起之初，可视化多以静态图表或信息图的形式出现。静态图表最为常见，在平面上呈现的饼状图、柱状图、示意图等都属此类，设计时主要参照数据的属性。相较而言，信息图是将"内容复杂、难以形象表述的信息，先进行充分理解、系统梳理，再使其视觉化，通过图形简单清晰地向受众呈现出来"。[1] 在数据新闻生产实践中，信息图也常与图解、图说、静态图表等混用，这类图表不带有互动或动态视觉元素。

图 7-10 是《中国青年报》在 2022 年北京冬奥会期间发布的一则静态图表，通过条形图、柱状图和圆环图（又称环形图）呈现出公众对冬奥会的关注热度。

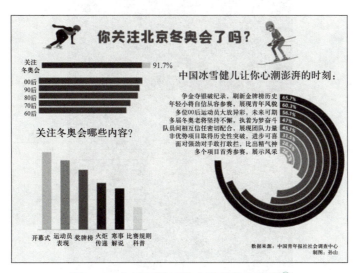

图 7-10 《中国青年报》制作的静态图表[2]

---

① ［日］木村博之：《图解力：跟顶级设计师学作信息图》，吴晓芬、顾毅译，人民邮电出版社 2013 年版，第 9 页。

② 孙山、徐欣怡：《93.4% 受访者从中国冰雪健儿身上感受到催人奋进的力量》，《中国青年报》2022 年 2 月 17 日。

信息图设计的核心在于从受众视角传递信息，要做到：

- 吸引眼球，令人心动：首先要从视觉上吸引受众；
- 准确传达，信息明了：明确传递内容，使受众易于理解；
- 去粗取精，简单易懂：图表设计精当，摒弃冗余信息；
- 视线流动，构建时空：设计要符合视线移动规律；
- 摒弃文字，以图释义：一幅信息图没有任何文字，其内涵也能被受众充分理解，这才是最理想的信息图。[①]

📖 案例档案卡 7-1

- **刊发机构**：站酷
- **案例名称**：功夫之咏春·太极·形意
- **案例作者**：潘叶娣、林若雨、张涛设计，陈皓、厉勉、师悦、单筱秋指导
- **案例特点**：这幅信息图作品获得 2020 年中国数据内容大赛最佳信息图银奖。它通过静态信息图展现咏春拳等拳法的特点。主体视觉元素使用圆盘造型，布局由形达意，观者很容易联想到八卦图，设计颇具深意，映射出拳法运通阴阳五行之意（见图 7-11）。拳法动作采用虚实结合的人物造型营造出一种缓慢流动的动感，在静态图表上产生了静中有动的效果。在线条运用上，弧线与圆圈搭配，拳法刚柔并济的特点跃然纸端。

扫码查看彩图

图 7-11　信息图案例

---

① ［日］木村博之：《图解力：跟顶级设计师学作信息图》，吴晓芬、顾毅译，人民邮电出版社 2013 年版，第 16—17 页。

二、动态数据可视化

动态数据可视化可分为动态图表、数据动画、数据视频、交互可视化和数据应用等。

1. 动态图表

动态排名条形图是一种较为常见的动态图表，图中每个数据条可跟随时间进行上下或长短的移动变化，由此呈现出数据随时间变动的情况。图中条形的变化看起来像一场竞赛，动态设计营造出你追我赶的效果，英文中也将其称作"柱状竞赛图"（bar chart racing）。使用 Flourish、花火（Hanabi）、镝数（Dycharts）等多款在线工具都可以制作出此类图表。因其较为常见，制作也相对简便，中文世界中亦有"网红动态条形图"之称。

扫码查看动态
排名条形图示例

> 📇 **案例档案卡 7-2**
>
> - **刊发机构：** 新华网
> - **案例名称：**【数·百年】守护世遗瑰宝 贡献中国力量
> - **案例作者：** 陈伸、陈凯茵、盛洁编辑，侯轶铭设计
> - **案例特点：** 动态的设计有效深化了主题，显示出数据随时间变动的情况，营造出各国文化遗产保护相互竞逐的视觉感受。

扫码查看案例

2. 数据动画

数据动画是动态数据可视化中颇受欢迎的一种类型，它以活泼轻快的动画形式呈现数据故事，降低了数据的理解难度，动画叙事手段丰富，具有较强的感染力。

> 📇 **案例档案卡 7-3**
>
> - **刊发机构：** 澎湃新闻"美数课"
> - **案例名称：** 进击吧，奥运高手！
> - **案例作者：** 澎湃数据新闻团队
> - **案例特点：** 整体设计风格统一，以较强的趣味性呈现出奥运赛场上运动员不断攀升的比赛成绩。新闻的进入页面颇具动漫风格，随后奥运现场影像虚化为动画场景，运动员变身 3D 动画小人儿，赛道转化为图表背景，动态上升的曲线展示出人类不断超越自我，向着更高、更快、更强不断拼搏的精神。作品设计新颖，充满趣味。

扫码查看案例

3. 数据视频

数据视频以视频的方式呈现数据，融合了图表、动画、声音、影像等多种表现形式，有助于公众更好地理解数据。随着网络传输速度的提升，数据视频将会有更快发展。

📋 案例档案卡 7-4

- **刊发机构**：美国公共广播电台
- **案例名称**：*Visualizing How A Population Grows To 7 Billion*
- **案例作者**：Adam Cole
- **案例特点**：视频中玻璃杯代表地球，不同颜色的水代表不同大洲，水灌入杯中寓意人口增长，同时配以渐趋喧沸的人声，解说词引出具体人口数据，声形画恰如其分地统一。玻璃杯容量有限，而水不停注入，视频定格在满杯水充满张力的瞬间，传递出人口增长与资源有限之间的矛盾。这则报道的可视化设计充满美感又颇具深意，每种视觉元素各得其所。

扫码查看案例

4. 交互可视化

交互可视化强调受众体验，重视新闻内容与用户的互动，引导用户探索数据。例如，每年博物馆日媒体都会推出相关报道。2018 年博物馆日，财新传媒"数字说"推出交互作品《博物馆里的国家宝藏》。创作者从国家文物局获取了全国馆藏文物名录和全国博物馆名录，对全国的博物馆及其馆藏文物做出概览式的报道，内容涉及全国馆藏文物的种类和年代、各省市文物数量以及中美博物馆分布对比等。作品中的数据显示，我国现有馆藏文物中，清朝的文物最多，中国国家博物馆和故宫博物院藏有全国近四分之一的文物，碗形器物数量最多。作品采用交互式设计，文字和图表与鼠标操作和视线移动同频，滚动鼠标，图表亦随之变换，引导用户关注数据中的故事。

📋 案例档案卡 7-5

- **刊发机构**：财新传媒"数字说"
- **案例名称**：博物馆里的国家宝藏
  - **案例作者**：刘佳昕、韦梦、冷斌、夏辛敏、李靖华、黄晨
  - **案例特点**：可视化设计采用互动模式，用户的交互行为与文本和可视化同步，用户也可通过点击、输入关键词查询等方式探索详细内容，获取更为个性化的信息，比如查询文物具体介绍，或通过授权地理位置信息，获知所在位置附近的博物馆。

扫码查看案例

5. 数据应用

数据应用是基于数据分析而产生的应用程序，具有参与性强、个性化程度高的特点。例如财新传媒"数字说"生产的数据应用"北京购车摇号家庭积分计算器"。不同于网络上其他游戏式的测试，这则报道基于购车摇号家庭数量和其他公开数据，对购车摇号的政策因素进行赋值，搭建公式，用户输入个性化数据，经过公式计算可得出中签概率（见图 7-12）。

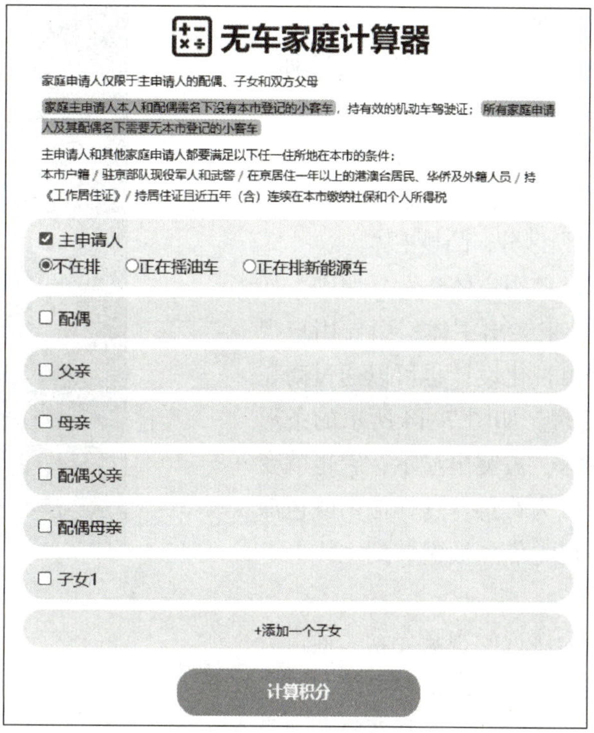

图 7-12　数据应用案例

第三节　可视化的原则要求与流程

本节首先讲授数据可视化的原则要求，主要包含两方面内容：基本设计原理和设计要求，随后聚焦可视化设计的流程。

一、设计原理

可视化日益吸纳认知心理学和视觉传达的理论，使设计更符合人类的视觉认知规律。与可视化有关的设计原理主要包括格式塔原理、黄金分割原理以及色彩原理。

1. 格式塔原理

格式塔（gestalt）原理是一套解释人类视觉工作方式的理论，在 20 世纪早期由几位德国心理学家提出。心理学家们最初发现人类的视觉认知具有整体性，视觉会自动把看到的事物组成一个完整的形状（gestalt laws of organization），而非毫无关联的个体。也就是说，人类的视觉系统会自动为视觉输入构建结构，并在神经系统层面感知形状、图形和物体。形状在德语中的写法是 gestalt，因此这些发现也被称作格式塔原理。[1] 格式塔原理中的主体—背景原理、接近性原理、相似性原理、闭合性原理和连续性原理与数据可视化设计较为相关，下面逐一讲解。

---

① 陈为、沈则潜、陶煜波等：《数据可视化》，电子工业出版社 2019 年版，第 49 页。

（1）主体—背景原理

主体—背景原理指的是人类的视知觉会自动区分图像中的主体与背景，并将主体从背景中拆分出来，二者的对比越明显，越容易被视觉认知。设计可视化时可通过调整颜色、轮廓、面积来改变主体与背景的关系，使其有所区分，凸显主体。

用户界面设计经常使用主体—背景原则。如图 7-13 通过虚化背景来突出主体，引导用户视线聚焦于主体。数据可视化设计也可以通过高亮显示突出某个视觉要素。如图 7-14 所示的条形图中，第三条颜色较深，被突出显示，它也就变成主体，而其他条形成为背景，这样借由颜色深浅区分主体与背景，视觉焦点被引导到主体上。

（2）接近性原理

在空间距离上较为接近的视觉元素，通常会被看作一个整体，这是视觉认知的接近性原理。接近性原理应用于可视化设计，需注意将同一类别信息在空间上尽可能贴近放置，这样更有利于受众读取信息。

如图 7-15 所示，微信发现频道的界面将功能类似的模块靠近排列，通过距离区分不同功能模块，这便是接近性原理的应用。

（3）相似性原理

相似性原理是指视觉认知常会把相似的物体看成一组，相似可体现为形状相似、颜色相似、大小相似等。应用于可视化设计时，我们可以通过颜色、形状等手段标识同类信息，将其划为一组。

图 7-16 的气泡图展示了不同国家的人均预期寿命与人均收入的关系，横轴为人均收入，纵轴为人均预期寿命，气泡大小代表人口数量，颜色代表不同大洲。在这幅可视化图表中，每一个气泡都是一个视觉元素，分散在图表中，但人类的视觉会将同样颜色的气泡识别为一个整体。粗看图表即可得知，亚洲国家的人口预期寿命与人均收入均低于欧洲国家。

图 7-13　突出主体，背景模糊

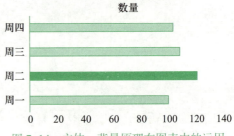

图 7-14　主体—背景原理在图表中的运用

图 7-15　接近性原理在可视化中的应用

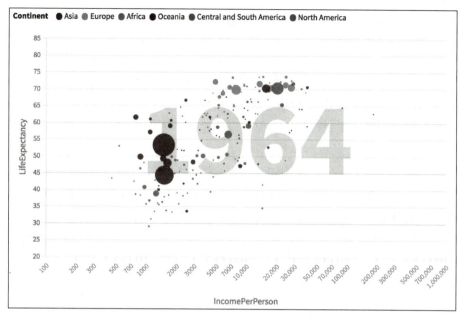

图 7-16 相似性原理在图表中的运用

（4）闭合性原理

人类的视觉倾向于将不完整的物体闭合起来，感知其为完整的物体，也即局部可见就能够感知到整体。[①] 闭合性原理典型的应用案例比如苹果公司的商标是咬掉一角的苹果，但在视觉认知中，我们的视觉会将缺失的一角补上，使之成为一个完整的苹果（见图 7-17）。

（5）连续性原理

人类的视觉倾向于感知连续的形状，而非分散的视觉元素，即便元素是分散的，视觉也倾向于将其连成一个整体。上一节提到的拳法信息图便应用

图 7-17 闭合性原理示例

了连续性原理，图中用虚实人像呈现拳法的动作，人像是分散的视觉元素，但视觉认知会将虚实人像连接起来，将其看成一个连续运动的整体。通过巧妙运用连续性原理，这张静态图便呈现出动态的韵律，人物仿佛运拳跃动起来。

格式塔原理揭示了人类视觉认知的规律，视觉认知倾向于把主体与背景相区分，把不完整的看成是完整的，把相似的看成整体，把开放的看成是闭合的，把分散的物体看成连续的，也就是说，人类的视觉认知喜欢结构。[②] 可视化设计需要考虑将分散的视觉元素整合为有结构的整体，为视觉认知搭建结构。举例而言，可视化中常见的热力图地图即是一种有视觉结构的地图，颜色的深浅区分出视觉主体与背景，符合视觉认知规律，通过视觉引导传达数据的意义，由此降低受众理解门槛。

---

① 代福平：《信息可视化设计》，西南师范大学出版社 2015 年版，第 56 页。

② 代福平：《信息可视化设计》，西南师范大学出版社 2015 年版，第 57 页。

2. 黄金分割原理

黄金分割是设计领域最为经典的原则之一，被广泛地应用于平面设计、界面设计等领域。它是指将整体一分为二，较大部分与整体部分的比值等于较小部分与较大部分的比值，其比值约为 0.618，黄金分割比例被认为是最具有视觉美感的比例（见图 7-18）。

在传统媒体时代，黄金分割比例应用于图片摄影或版面设计。新媒体时代，黄金分割比例亦可指导网页布局、图表设计等，但在设计过程中还需要使用黄金矩形与黄金螺旋辅助线。

黄金矩形是指符合黄金分割比例的矩形（宽边与长边的比例约等于 0.618）。符合黄金矩形构图的版面具有视觉上的美感，并呈现出稳定性，令人产生视觉愉悦。设计时可将屏幕或画布设想成黄金矩形形状，在放置视觉元素或施画图表时可借助黄金螺旋辅助线。

将矩形切割为数个正方形，用螺旋辅助线连接，即得到一条黄金螺旋辅助线（见图 7-19）。这是设计中常用的辅助线，辅助线起点位置通常是视觉的中心点，将视觉要素放在中心点，有利于突出重点，强化意义表达。

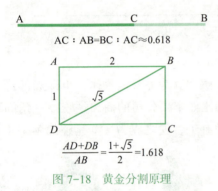

图 7-18 黄金分割原理

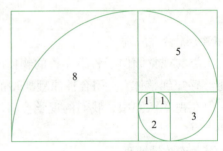

图 7-19 黄金螺旋辅助线

有趣的是，从第三个正方形开始，其边长等于前面两个正方形边长之和。将正方形的边长罗列为数列，即得到斐波那契数列，也称作黄金比例分割数列。这是由意大利数学家列奥纳多·斐波那契发现的，这个数列相邻数字的比值日趋接近黄金分割比。

斐波那契数列：1 1 2 3 5 8 13 21……

从第三项开始，相邻数比值：2∶3=0.666 3∶5=0.6 5∶8=0.625……

3. 色彩原理

色彩是可视化设计中较为重要的元素，色彩的准确使用不仅能有效传达数据含义还能提升可视化的美感。人类肉眼可见的色彩不胜枚举，我们主要运用色彩的三种属性进行可视化设计。

（1）色相

色相是色彩的首要特征，是指在不同波长的光照射下，人眼能感受到的颜色类别，它是区分色彩的最准确的标准。将色相排列在圆环上即得到色相环，色相环是圆环形状的色彩光谱，基础色相环包含十二种颜色：三原色、三种间色和六种复色。三原色是指红、黄、蓝三种基本色，这三种色彩无法再分解为其他色。间色是三原色两两混合得到的颜色，即绿、橙、紫三色。复色是原色与间色混合或间色相互混合得到的颜色。

在色相环上，位置相近的颜色是相邻色，通常用于表达含义相近的数据信息，比如汇报学生期末成绩时，可用相邻色指示不同年级的成绩数据。而处于对立面的颜色是对比色，可表达对比强烈的数据，比如男性与女性的数据。对比色常暗含冲突、对撞等含义，在使用时需要较为慎重。

扫码查看基础
色相环

颜色也有情绪，暖色常可表达欢快、开放之意，冷色则偏稳重、严肃。此外，颜色也可表达情境，比如在商业领域，红色常用来表示损失。可视化设计时应依据主题调性确定颜色。

（2）饱和度和明度

除了色相之外，色彩的饱和度和明度也常用于可视化设计。饱和度是指色彩的纯净程度，即颜色中含有色成分的比例。明度指色彩的亮度，反映的是色彩的深浅变化。

扫码查看色彩三
属性示意图

确定可视化作品的色彩需综合考量色彩的三种属性。首先，从主题出发，确定全篇的主色调，即确定色相。例如教育议题的可视化，可在色相环上选取蓝色作为基础色调。接着，确定一到四种辅助色，既可以选取色相环上的相邻色，也可以调整主色的饱和度或明度获得辅助色，辅助色可用于突出显示某个数据信息。如此可使全篇可视化设计的色彩统一又不乏变化。在具体操作可视化设计前，要先选定色卡，提供主色和辅助色，以求可视化中颜色的统一和谐，色卡上的颜色种类一般不应超过五种。图 7-20 是复旦大学新闻学院学生在可视化操作前选定的色卡，包括主色和辅助色。

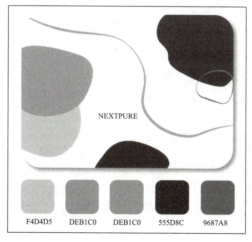

扫码查看彩图

图 7-20　复旦大学新闻学院学生在可视化操作前选定的色卡[①]

二、数据新闻的可视化设计要求

数据新闻的可视化目标在于增进受众对信息的认知和理解，设计应紧密围绕这一目标

---

① 边嘉璐、陈思甜、陈杨、高新康睿、汪洋：《311 个受害案例、4 场网暴模拟告诉你，谁该"保你平安"》，澎湃新闻 2023 年 3 月 24 日。色卡原图来自网络搜索。

展开。首先，可视化应做到准确传递信息，不准确的可视化可能引发视觉误导，传递错误的信息；其次，可视化设计还要追求美观，吸引受众的关注，这样才能增进对信息的传达和理解；再次，可视化设计需符合图表设计规范、标注规范和引用规范等一系列规范要求；最后，可视化设计要善用受众视角，减少受众理解障碍，从适合受众阅读的角度展开设计。

1. 准确

可视化设计首先要做到准确，不准确的可视化犹如"虚假信息"，会误导公众。可视化设计以一种全局的、去主体的视角，赋予数据更为形象化的外衣。相比一般意义上的虚假信息，不准确的可视化带来的负面影响更为隐蔽，不易被察觉，其误导性也更强。

美国迈阿密大学教授阿尔贝托·开罗（Alberto Cairo）曾出版过《图表如何说谎：更智慧地读取视觉信息》一书，指出图表貌似更加可信，但稍动手脚便可改变数据的原意。书中列举了引起视觉误导的五种情形：糟糕的设计、错误的数据、片面的数据、虚假关系以及隐藏不确定性。[1]

举例而言，2012 年 7 月，时任美国总统奥巴马准备终结前任总统小布什的减税政策，福克斯新闻制作了一张柱状图展示政策改变后最高税率提升情况。如图 7-21 所示，左边柱子代表现行最高税率，右边柱子代表减税政策终止后的预期税率，直观感受是税率将有大幅提升，甚至是成倍提升，原始图表中每个柱子都附有数字标注，但字体太小导致模糊不清。

实际上，减税政策终止后，最高税率预计将提升 5 个百分点，但原图中左右两根柱子的长短对比较为强烈，直观视觉感受远超 5 个百分点，造成视觉误导。引发误导的原因有二：首先，右边柱子被不合比例地拉伸，坐标轴单位区间被设定为 2%；其次，图表中 X 轴的起点不是 0，而是从 34% 开始的（见图 7-22），柱子长度被截短，导致左右两根柱子的差距被拉大。

校正后的图表如图 7-23，X 轴的起点调整为 0，两根柱子的差距显示正常。

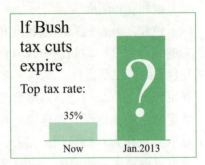

图 7-21　美国福克斯新闻的报道

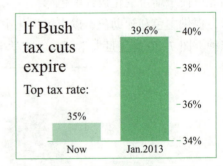

图 7-22　增加刻度后的图表

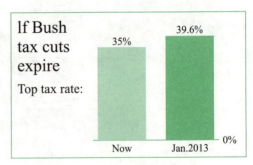

图 7-23　校正后的图表

① Cairo, A. (2019). *How Charts Lie: Getting Smarter about Visual Information*, p.12, Norton & Company. 该书有中译本《数据可视化陷阱》。

准确的可视化设计需要做到两方面：

一是所用数据完整、准确。可视化使得数据更具可信性，但如果数据从源头上就发生错误，可视化可能会进一步掩盖错误，因此数据完整、准确是可视化准确的先决条件。在阅读可视化作品时，受众通常不会关注缺失数据，而数据缺失却有可能影响信息解读。比如在热力图地图中，即便图中标注了数据缺失，受众通常也只会关注焦点信息，不会留意缺失数据，可能导致对信息的理解不够全面深入。

二是图表选择正确、恰当。不同图表各有特性，适合表达不同类别的数据，可视化设计时应依据数据要表达的意义选择图表，比如展示数据占比可选择饼状图，精确的数据比较可选择柱状图。

有设计师依据数据要传达的目标提供了图表选择的建议。目标分为四类：展示比较、展示构成、展示关系和展示分布。随后按图索骥，如需展示基于时间的比较，可以选择柱状图、曲线图等；如欲展示构成，则可选择饼状图、瀑布图等（见图7-24）。

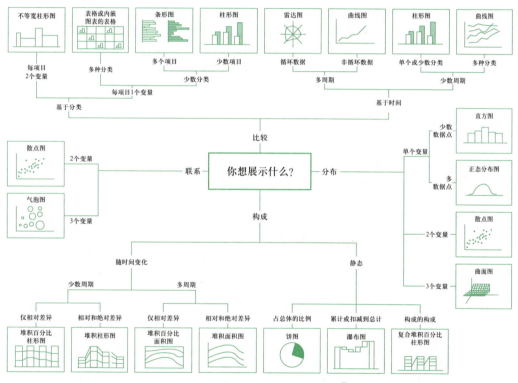

图 7-24　依据展示目标选择图表 [1]

可视化设计中经常需要传达数据比较的结果，研究者依据实验与既往文献总结出依据精确程度要求选择图表的规则，如图7-25所示 [2]。如希望精确比较，可以从上到下选择图

① 这张图表选择建议由美国学者安德鲁·阿贝拉（Andrew Abela）设计，《Excel图表之道》的作者刘万祥将其译为中文。

② Cleveland, W., & McGill, R. in Cario, A. (2012). *The Functional Art: An Introduction to Information Graphics and Visualization*, p107, New Riders.

表类型，图表中最顶端的柱图可以最清晰直观地呈现数据间比较的结果；如只需传达模糊结果，可以选择下端的图表类型，比如色阶图，它无法呈现数据间的具体差值。

2. 美观

美观的可视化设计能更有效地吸引受众的注意，达到良好的传播效果。在正确选择图表类型基础上，要达到美观的要求，设计者应该优化图表，采用简洁清晰的设计，选择视觉上协调的颜色。本章第一节介绍了财新传媒数据可视化实验室的作品《新冠逝者：献给疫情中离去的生命》，这则作品在可视化设计上尤为独特，使用花瓣作为视觉基本元素也较为美观。

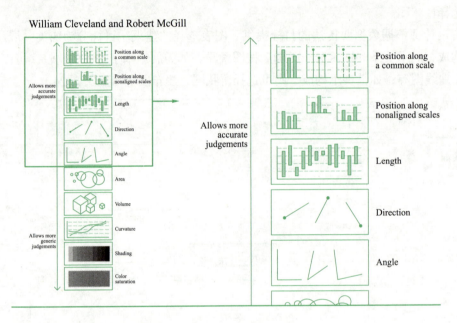

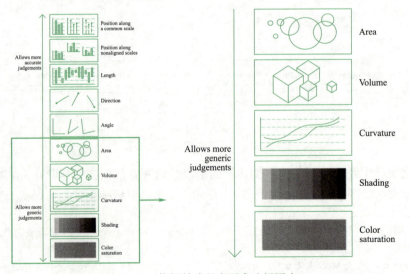

图 7-25　依据精确程度要求选择图表

图 7-26 是一幅学生作品，展示了存在不同安全问题的高校实验室的比例，视觉第一印象是比较乱。图表中使用柱状图呈现比例并无不妥，问题在于设计不够简洁清晰，且缺乏视觉结构层次。首先，原图中由圆点填充的柱状图给人繁复的感觉，且数据标注在虚化的圆点上，无法清晰读取，造成视觉混乱。其次，数据标注的字号和颜色须调整，原图中 X 轴变量的字体颜色为浅灰色，且字号较大，不同变量名称间隔较小，且无法在一行内呈现，增加了区分难度。变量名称是关键信息，为方便受众获取，应使用清晰醒目的字体和颜色。最后，原图设计缺乏视觉层次，未能引导受众建立视觉焦点。可将垂直柱状图改为水平呈现，并将柱子按数据大小排序，以建立视觉结构。

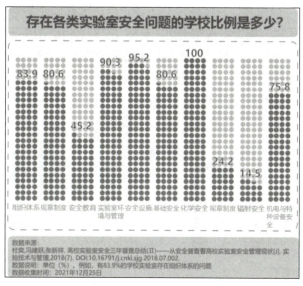

图 7-26　需更正的图表示例

3. 规范

规范性保障了可视化设计的科学有效，主要包含以下要求：图表设计规范、标注规范与引用规范。

（1）图表设计规范

下面总结了图表设计的一些基本规范，它们广受业界的认可。[①]

第一，图表设计应以简洁为佳，去掉多余的视觉要素。比如柱状图中使用网格线会遮掩数据，转移受众对内容的注意力；慎重选择三维图表，三维图表可能无法有效呈现数据比较的结果（见图 7-27）。

第二，颜色使用也应力求简洁。如前文所述，不要使用多种颜色表达同一类数据，同一变量应使用相同的颜色，如需单独突出某个变量，可选择相邻色或调整颜色的饱和度或明度。

[①]　本部分内容主要参考［美］黄慧敏：《最简单的图形与最复杂的信息》，白颜鹏译，浙江人民出版社2013 年版。

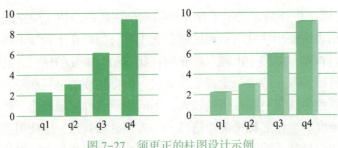

图 7-27　须更正的柱图设计示例

第三，图表布局也有规范性要求，柱状图、折线图、饼状图等基本图形中视觉元素的长宽不能随意设定。一般而言，柱状图中柱子的宽度应为柱间距的两倍，柱子过宽会带来拥挤的视觉感受，柱子过窄则影响视觉聚焦（见图 7-28）。折线图中折线的跨度约占图表区域的三分之二为最佳。饼状图在设计时要将最大的部分放置在 12 点指针的右边，有利于突出重点信息；第二大的部分放置在 12 点左边，随后依据数据从大到小逆时针摆放。12 点位置也是视觉的焦点，第二大部分放在 12 点的左边，同样意在强调重点（见图 7-29）。

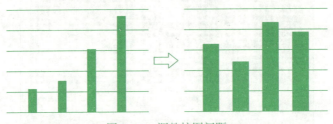

图 7-28　调整柱图间距

（2）标注和引用规范

标注和引用规范也是规范性要求的题中应有之意。标注规范要求每张图表都应明确标注数据来源，并写明数据获取时间，这也是新闻生产客观性与透明性要求的体现。受众可依据数据来源对数据的有效性作出判断。此外，数据是不断变动的，标明获取时间意在提醒受众注意数据可能存在的偏狭和变化。

图表标题、数据标签、文字标注与图例也是可视化图表的重要组成部分，可以帮助受众理解图表信息，也需作出规范标注。图表标题可加大字号或用粗体显示，但尽量不要使用难以读取的艺术字体。数据标签、文字标注等应力求简洁，不要在图表中使用大段的文字作为标注。如果标注较长，可将图形水平排列以适应较长的文字，不要使用竖排或角度倾斜的文字，这样的排列不符合受众的阅读习惯。图例应尽量与图表靠近放置，图例中元素的顺序需与图表中的排列顺序相同。

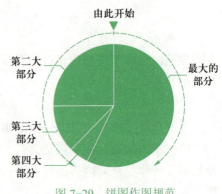

图 7-29　饼图作图规范

图 7-30 中存在多个标注不规范之处。首先，X 轴文字标签是斜排的，不方便受众阅

读,文字标签也较长,无法在柱图上完整呈现,为顺应从左至右的阅读习惯,应将图表改为水平柱图(条形图),并将数据标注在条形的右侧;其次,没有图例,未标注数据单位,造成受众理解困难;再次,缺少数据来源和获取时间的说明;最后,图表仍需在设计上进行简化,删除不必要的网格线,同时将数据按从大到小排序,建立视觉结构,使视觉体验更为友好。将其更正后如图 7-31 所示。

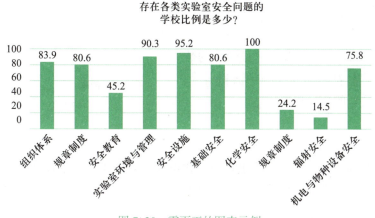

图 7-30 需更正的图表示例

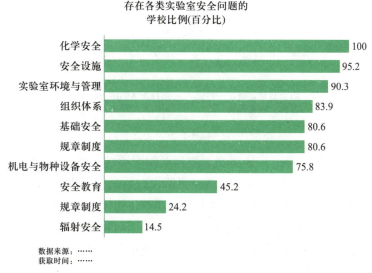

图 7-31 更正后的图表

引用规范要求在自己的作品中引用他人的数据或他人制作的图表必须注明出处,比如引用研究报告、学术论文中的数据图表需注明来源。尤其需要注意的是,在社交媒体平台上获取的素材资料也必须注明出处,这也是对他人劳动成果的基本尊重。

4. 受众视角

面向公众的数据新闻可视化,其目标是向公众传递信息,所以在设计时要做到易读、易懂，从受众的视角出发，设计适合受众理解的作品。好的可视化无须过多的文字说明，所谓一图胜千言，受众不用过多思考，也不需要额外学习，便可理解图表含义。

举例而言，某作品采用箱式图（箱线图）展示四个城市单次滑冰、滑雪的价格（见图7-32）。箱式图是一种呈现数据分布的统计图形，能够显示第一四分位、中位数、第三四分位等，本书第五章做了针对性介绍。它对受众的数据素养要求较高，甚至需要仔细辨认和学习，并不适合面向公众的信息传播。

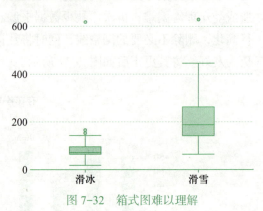

单次滑冰/滑雪价格对比
数据来源：大众点评北京、上海、沈阳、广州四城市人均价格

图 7-32　箱式图难以理解

三、可视化设计的流程

明确了原则和要求，便可着手进行可视化设计，但这并不意味着直接打开电脑开始作图，可视化设计也要遵循流程（见图7-33）。

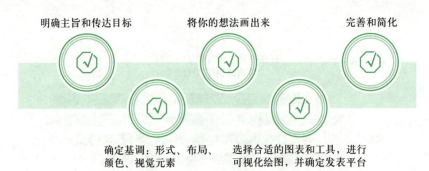

明确主旨和传达目标　　　将你的想法画出来　　　完善和简化

确定基调：形式、布局、　　选择合适的图表和工具，进行
颜色、视觉元素　　　　　　可视化绘图，并确定发表平台

图 7-33　可视化设计流程

第一步也是至关重要的一步是要明确数据新闻报道的主旨和传达目标。可视化的基调、布局都要服务于报道主旨。如本书第一章所说，数据新闻中的可视化是信息可视化，不是艺术可视化，要以意义传达作为首要目标，美观不可逾越这一目标。设计每一幅图表时，也要优先确立图表传达目标。常见的误区是刚着手可视化设计便急于从图表工具模板中挑选美观图形，殊不知这可能是本末倒置。可视化的目标是增进理解，图表要优先表达数据的含义，而不仅仅是追求美观。

第二步是确定可视化基调，包括可视化形式、布局、颜色、视觉元素等。首先依据报道主题确定可视化形式，既可采用静态可视化，也可选择动态可视化，或二者并用。继而明确可视化布局，依据主题需要，可选用图文混排、模块呈现、视频可视化或H5可视化等布局方式。如报道主题依据时间展开，或在逻辑上具有连续性，则可首选移动端图文混排模式，受众从上至下滑动阅读。如报道欲呈现一个主题的不同面向，可优选在PC端通过不同版面来

扫码查看案例

呈现内容之间的区分，同时避免文章过长带来的阅读疲惫感。《纽约时报》作品《雪崩》即是一例，它对一起雪崩事件展开深度剖析，在 PC 端通过六个版面呈现事故原委：滑雪地图、登山、下山、雪崩发生、救援和后续影响，内容区隔清晰。另如前文所述，视频与 H5 也是近来较受关注的可视化形式。

接着围绕主题确定可视化的主色调和辅助色，前文已讲过色彩原理，这里不再赘述。随后确立可视化视觉元素，视觉元素并非可视化的必选项，但可增加可视化的趣味性。比如聚焦冬奥会的数据新闻，可在可视化中增加滑雪或滑冰的卡通图案，将其置于不同模块的起始位置，为可视化增加趣味性。但视觉元素不可过多，颜色也需要与主色调保持一致，否则会显得繁复，干扰受众获取信息。

图 7-34 是 2022 年 3 月 18 日的《人民日报》第 7 版，报道称在冬奥会热度带动下冰雪运动在中国持续升温。版面铺了一层渐变的淡蓝色，使受众联想到冰雪，同时使用雪花图形、冰雪运动的卡通图案，使版面显得美观、活泼。

图 7-34　《人民日报》使用冰雪元素布置版面

第三步是施画想法，即把想法画出来。只面对屏幕不利于搭建思维框架，案头施画工作必不可少。施画时要画出可视化的故事板或草图，故事板相当于可视化的剧本，类似于电影中的分镜头脚本，呈现可视化的形式、整体布局和图表设计等。没有绘画基础的设计者也无须多虑，故事板或草图并不胜在画得像或画得美，它是辅助思维的工具。有了思维地图，就能纵览全文结构和可视化全局，有利于为报道建立顺畅的逻辑和统一的可视化风格。

　　图 7-35 是复旦大学新闻学院学生施画的可视化设计草图，图 7-36 则是依据草图在电脑端设计完成的作品。由此可见，草图的施画无须高超的绘画能力和设计技巧，而是为可视化设计提供思维指引。

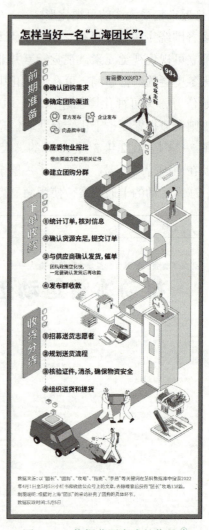

图 7-36　依据草图完成的作品 [①]

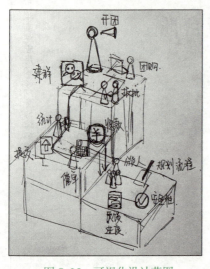

图 7-35　可视化设计草图

　　图 7-37 展示了《南华早报》的资深设计师阿多尔夫·拉恩兹（Adolfo Arranz）的设计草图与终稿，[②] 设计师反复强调画草图的重要性，可以看到草图与实际发表的信息图相差无几。

　　第四步就可以打开电脑，进行可视化绘图。此时设计者头脑中已经有了清晰的思路，明确了图表要传达的目标，再据此选择图表则更具针对性。具体内容可参见第八章。

---

　　① 蔡宋祈凝、戴思霖、李永智、冒彤、汪洋、余屹轩：《1.6 万条数据解读：我在上海做"团长"》，澎湃新闻 2022 年 7 月 10 日。

　　② Arranz, A. *The importance of the rough sketch*. Bēhance.

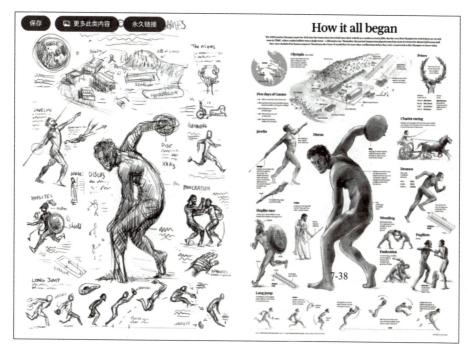

图 7-37　草图与终稿

　　最后一步是修改完善可视化设计，并进行简化操作。制作可视化时，设计者难免会流连于美观的视图，但这可能造成理解困难，修改时要反复提醒自己理解优先的设计原则。可将初稿发给没有可视化基础的受众，测试初稿是否易读易懂。随后进行简化操作，简化可视化设计中多余的线条、文字、色彩和视觉元素，这一步不可省略。很多设计者在设计过程中耗费心力，常难以做到删繁就简，但以简洁为美符合大多数人的认知，也利于数据新闻的理解与传播。

思考与练习

　　1. 请仔细观察下面这则可视化作品，它在设计上有何特点？

　　作品说明：该作品名为《年轮般的美国两百年移民史》。[①]作品右下角图例用颜色区分了移民来源地，比如欧洲为绿色；左下角图例显示每个小线段代表 100 位移民，每一圈代表一个十年（见图 7-38）。

　　2. 以上题中的作品为例，说明可视化的功能。

　　3. 请指出下面这幅可视化作品的不足之处及改进建议。

　　作品说明：这是一则学生作品，图中呈现不同类型的实验室事故及其诱发原因（见图 7-39）。

---

　　①　Cruz. P.M., Wihbey. J. 200 *Years of U.S. Immigration Looks Like the Rings of a Tree*, National Geographic 2018-06-28.

扫码查看彩图

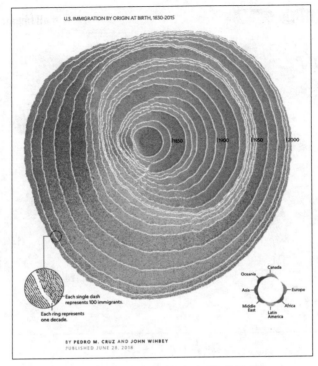

图 7-38 《年轮般的美国两百年移民史》

扫码查看彩图

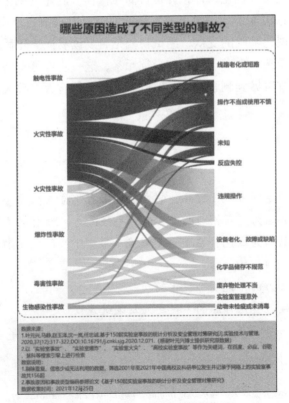

图 7-39 实验室事故可视化作品

参考答案

第八章

可视化实战

掌握了可视化的原则和步骤之后，本章进入实战操作部分。在学习操作软件之前，首先需了解常见图表的"性格"：每种图表各有用途和使用场景。明晰主要图表的"性格"后，本章将介绍制作可视化的工具，大多数工具都可兼顾动、静两种可视化形态。随后我们聚焦于色彩提取与处理工具以及 Flourish、Tableau Desktop、E-charts 等工具的使用，详细介绍信息可视化的实战操作。最后一节通过对若干具体案例的剖析，讲解可视化误区的识别。通过"打假"练习，帮助读者更谨慎地完成可视化设计，在数据新闻创作中更精准、有效地传递信息。

第一节　图表主要类型简介

不同的图表"性格"各异，第七章中曾介绍部分图表的制作规范。本节我们从基础图表出发，挖掘图表的"个性特征"，并据其"个性"呈现数据的不同面向。基础图表包括柱状图、条形图、饼状图、折线图和面积图五大类，这五类图表又分别衍生出一些变种，比如堆积柱图是基础柱图的变种（见图 8-1）。

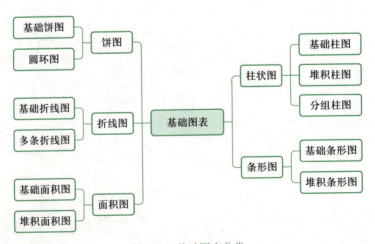

图 8-1　基础图表分类

表 8-1 是示例数据，假设一家文具店在六个月内的利润收入。接着我们用不同图表来呈现数据。

表 8-1 示 例 数 据

类目/元	1月	2月	3月	4月	5月	6月
铅笔	85	90	60	76	89	50
橡皮	45	76	34	40	50	60
格尺	57	67	45	89	40	60
练习本	103	94	69	90	100	70

一、基础图表

1. 柱状图

柱状图适用于展现离散的分类数据，表 8-1 中的数据即是如此。不同类目（铅笔、橡皮等）之间不具有连续性，数据包含时间、类目两个维度。人类的视觉对高度较为敏感，使用柱状图可进行数据间较为精确的比较。图 8-2 呈现了一月份不同类目商品的利润收入，清晰可见练习本利润最高。

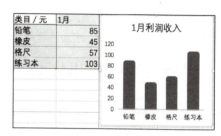

图 8-2 基础柱图

堆积柱图可同时呈现多个变量，但需要读者较为深入地观察和学习。图 8-3 展现了六个月内不同类目的利润收入，每根柱子代表一个月的利润收入，颜色表示类目，从图中可大致了解每个月的利润构成，但无法精确比较来自不同类目的利润收入。

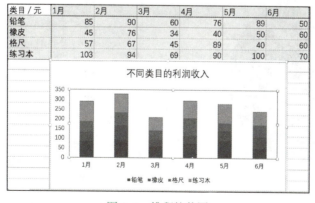

图 8-3 堆积柱状图

分组柱状图相当于对堆积柱状图进行分拆单列，每一个变量（类别）单独成列，同一维度（月份）数据组成一组，如图 8-4 所示，它需要读者投入较高注意力，将图例与图表相结合，理解略为烦琐。

2. 条形图

当数据标注较长时，使用柱状图无法在一行内完整显示标注，此时可采用条形图。将柱状图水平放置得到条形图（见图8-5）。

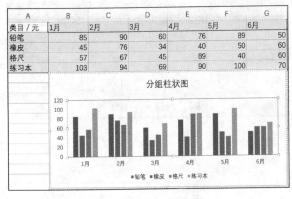

图 8-4　分组柱状图

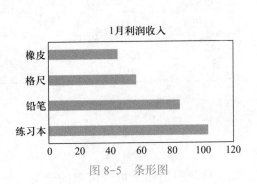

图 8-5　条形图

堆积条形图与堆积柱状图类似，堆积类图表不太适于精确比较。

3. 饼图

饼图较适于表现占比，即部分占整体的比重，需注意的是，饼图中各部分之和应为百分之一百。人类视觉对面积的敏感性弱于对长度的敏感性，因此饼图不太适合比较各组成部分间的大小。

对比图8-6、图8-7可发现，饼图较适于呈现占比，如去掉数据标注后就不太容易进行数量比较，数量之间的比较在柱状图上则一目了然。

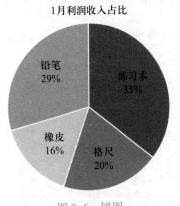

图 8-6　饼图

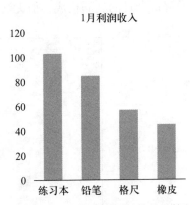

图 8-7　柱状图（更便于数量比较）

圆环图是饼图的变种，相较于饼图，圆环图更易于进行数量的比较，因为弧长比面积更容易被识别，也可将数据标注于圆环中心，起到突出显示的作用（见图8-8）。圆环图和饼图可交替使用，以提升图表的丰富程度。

4. 折线图

折线图通常用来呈现一段时间内数据变化的趋势，需要注意的是，用折线连接的数据应具有连续性，不同类别的数据不能使用折线连接，以免造成误导。

　　图 8-9 的折线图展示了不同文具的利润收入随时间变化的趋势，图表横轴为时间维度，纵轴为数量，折线引导视线从左至右观察数据的变化趋势。图 8-10 则是一幅错误的示范，不同类别的文具没有变化趋势属性，不能使用折线连接。此外，为了方便受众阅读，折线图中线的数量不宜过多，5 条已为上限，亦无须使用过多颜色，以免造成视觉混乱。

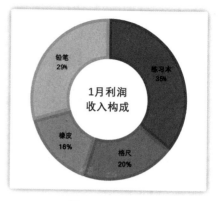

图 8-8　圆环图

类目／元	1月	2月	3月	4月	5月	6月
练习本	103	90	60	76	89	50
铅笔	85	76	34	40	50	60
格尺	57	67	45	89	40	80
橡皮	45	94	69	90	100	70

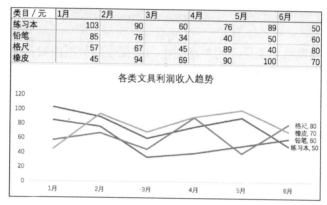

图 8-9　折线图展现变化趋势

类目／元	1月	2月	3月	4月	5月	6月
练习本	103	90	60	76	89	50
铅笔	85	76	34	40	50	60
格尺	57	67	45	89	40	80
橡皮	45	94	69	90	100	70

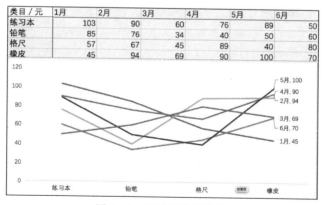

图 8-10　不恰当的折线图

5. 面积图

　　面积图是折线图的变种，使用颜色或阴影填充数轴与折线之间的区域可得到面积图。面积图能够较好地呈现数量变化的程度，填充的部分营造出累积的视觉效果，也能够凸显数据间的差异。

　　图 8-11 的面积图显示出利润收入累积的结果，两组数据之间的差异也一览无遗。面积图擅于表现较长一段时间内数据的变化情况，如果时间数据点较少，则不适合使用面积图。

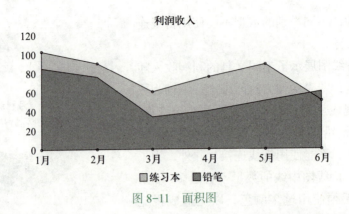

图 8-11　面积图

二、其他图表类型

1. 散点图

散点图适用于展现两个变量间的关系，由两个维度的数据映射在坐标系中的数据点构成。通过散点图可以考察数据的分布、相关关系、找到异常值等。

图 8-12 所示的散点图中，横轴为利润，纵轴为销售额，颜色代表商品种类，呈现出三个层面的信息。首先，从分布来看，散点主要位于坐标轴零点附近，说明大部分商品利

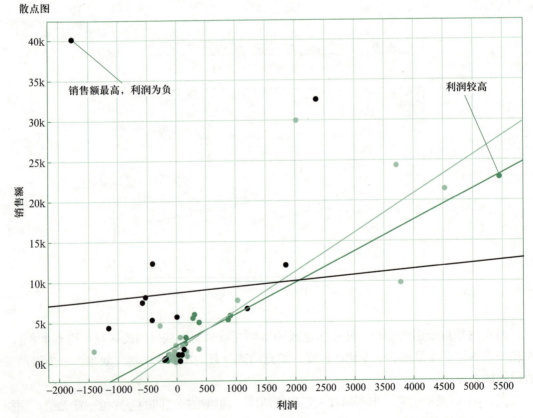

图 8-12　散点图

润较低。其次，从坐标轴横、纵两个方向可较快锁定利润和销售额两个维度上的最大值（图中已经标注），其中销售额最大的商品利润却为负，尤为值得关注，这散点图能较好地凸显数据中的异常值。最后，散点的分布并辅以趋势线分析，可观察利润与销售额的相关关系。

散点图适用于数据点较多的情况，当数据点较少时，不适合使用散点图分析。

2. 气泡图

气泡图在散点图基础上进一步扩充数据信息，气泡的大小可表示数值数据，颜色可代表类别数据，还可进一步加入时间维度，结合动画展示数据随时间变动的情况。

图 8-13 是由瑞典人口统计学家汉斯·罗斯林（Hans Rosling）制作的，他在多次公共演讲中使用这幅图阐释国家人均收入与人口预期寿命的相关关系。图中横轴为人均收入，纵轴为预期寿命，每个气泡代表一个国家，气泡大小表示国家人口总量，颜色表示不同大洲。该图还纳入时间维度，人口总量、预期寿命与人均收入都能随时间而变动。这幅图流传甚广，汉斯·罗斯林将其制作成可视化工具——Gap Minder，这款跟随时间变动的气泡图也被称为汉斯·罗斯林图表。

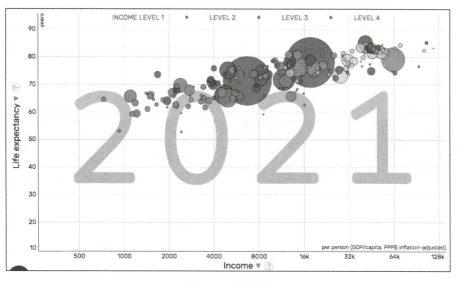

扫码查看彩色动图

图 8-13　气泡图

气泡图也同样适用于数据点较多的情形，它能同时展现较多的数据维度。

3. 词云图

词云图是对文本中的词频进行可视化的方式，词语出现频率越高，越会被突出显示。词云图适合呈现文本数据，能让可视化更加美观，但其传递的信息量有限，不宜多用。

制作词云图分为四步，首先获取文本数据；接着对文本数据进行分词处理；随后按词频排列数据；最后选择词云形状，生成词云图。图 8-14 的词云图分析了微博"美育进中考"话题下的评论文本，孩子、体育、中考、艺术等词汇出现频率较高，在图中被突出显示。

图 8-14　词云图 [①]

第二节　可视化制作工具：简介与实战

一、可视化制作工具简介

可视化制作工具种类繁多，使用日益便捷，功能也日益强大，很多工具无须编程便可生成具有互动功能的可视化图表。表 8-2 列出了常用的可视化工具，包括功能与技术要求。

表 8-2　可视化工具介绍

工具名称	功能				技术要求				
	静态可视化	动态可视化	颜色设计	交互设计	需要编程	读懂代码	提供模板	软件操作	提供在线版本
Photoshop	√							√	
Illustrator	√							√	
Maya	√	√		√			√	√	
Tableau	√	√		√				√	√
E-charts	√	√		√		√	√		√
Flourish	√	√		√			√		√
Python	√	√		√	√	√			
R	√			√	√	√			
花火	√	√		√			√		√
镝数	√	√		√			√		√
Processing		√		√	√	√			

---

① 周鑫雨、王诺、王咏荷、高思逸、王子安：《"美育进中考"试点五年，成效几何？》，澎湃新闻"复数实验室"，2021 年 2 月 25 日。

续表

工具名称	功能				技术要求				
	静态可视化	动态可视化	颜色设计	交互设计	需要编程	读懂代码	提供模板	软件操作	提供在线版本
D3.js	√			√	√	√			
H5	√			√					
iH5	√			√			√	√	
木疙瘩	√			√			√	√	
Coolors			√						
Adobe Color			√						

也可以依据使用场景，对可视化工具进行分类（见表 8-3）。需要说明的是，这些工具的使用场景并不唯一，大多数工具都能兼顾静态与动态可视化。具体操作时，可依据个人习惯和使用简便程度进行选择。

表 8-3　依据场景划分可视化工具

使用场景	可用工具	备注
静态可视化	Photoshop、Illustrator、RawGraphs、Flourish、Datawrapper、Python、R 等	除 Python 和 R 外，其他工具操作简便，部分工具支持在线生成
动态可视化	After Effects、Processing、D3、Tableau、E-charts、Python、R 等	对编程能力有要求，能实现较为美观的动态设计
交互设计	HTML5、D3	对编程能力有要求
配色	Coolors、Adobe Color	/
模板型在线工具	镝数、花火、木疙瘩、iH5	操作简单，提供大量模板
地图类工具	Mapbox、Carto、E-charts、QGIS	主要用于制作地图

制作静态可视化最常使用的是 Adobe 公司出品的 Photoshop 和 Illustrator 两款工具，二者都是可视化绘图软件。其中，Photoshop 常被简写为 PS，是一款使用广泛的图片编辑、动画图像制作和图形设计工具，有较为多样的画笔工具，可以实现编辑图片、艺术字体设计、水彩绘画、抠像等功能，适合处理像素图片，这种图片放大后会失真。

Illustrator 软件简写为 Ai，常用于平面设计、网页设计、图像编辑等。与 PS 相比，它多了一款钢笔工具，可通过锚点和方向线设计各种图形。此外，Ai 适用于向量图编辑设计，这种图片放大后不会失真。这两款软件在网络上有较为充分的学习材料，这里不再赘述。

Python、R、Processing 和 D3 等都是通过编程语言实现绘图的工具。这些工具可以实现较为复杂的可视化设计，对设计者的技术要求也比较高。

Flourish、花火（见图 8-15）和镝数（见图 8-16）都可在线操作，无须安装任何软件，也不涉及代码，操作十分简便，有丰富的可视化模板供选择。制作时首先选定模板，接着在线上传数据，调整设置后可输出嵌入代码或图表。

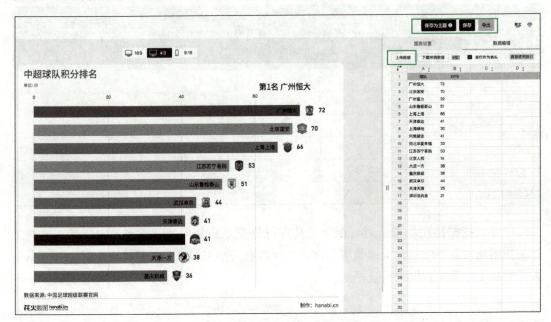

图 8-15   花火模板界面

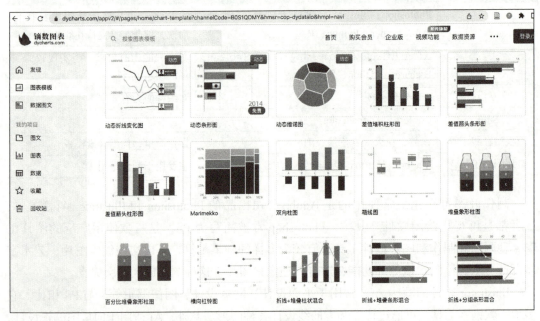

图 8-16   镝数模板界面

H5 是 HyperText Markup Language 5 的缩写，是第五代 HTML 语言标准。它可以使网页更加便捷地处理和呈现多媒体内容。H5 的应用场景较多，可用于制作小游戏、小程序、长页面等，用在数据新闻生产中，也可以增加新闻的表达形式。iH5（见图 8-17）和木疙瘩是 H5 编辑器，既可以通过模板制作 H5 内容也可以自行编写代码处理素材。

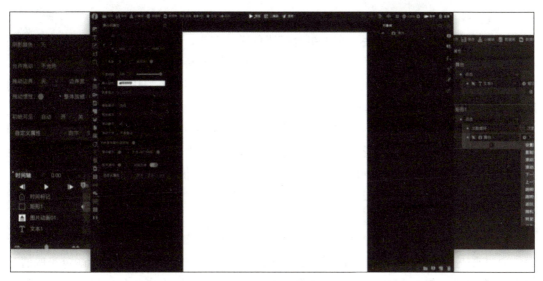

图 8-17　iH5 界面

可视化工具不断推陈出新，本书无法囊括全部工具。接下来我们先介绍色彩提取与处理工具，随后对 Flourish、Tableau 和 E-charts 三款工具进行重点介绍，这三款工具均可免费使用，功能较为强大，使用相对便捷，基本可以覆盖各种可视化形式。

二、色彩提取与处理工具

上一章我们讲述了色彩的基本原理，并强调在可视化操作前需首先确定色卡。在无数种色彩中，该如何挑选最适合的色彩呢？除了根据内容主题选取色彩，还可以向优秀作品学习，从中提取色彩，甚至从大自然中提取色彩。

1. 色彩提取工具

很多电影艺术作品、名家绘画或可视化作品都是色彩运用的上乘之作，我们可以通过工具提取其中的色彩。以《布达佩斯大饭店》这部电影为例，提取电影海报中的色彩。调色板生成器（DeGraeve 网站的 Color Palette Generator）这款工具可完成操作，将图片的网址贴入地址栏即可（见图 8-18）。获取图片网址可右键点击图片，选择"复制图片地址"，也可以在新标签页中打开图片，在地址栏中复制图片网址。该网站使用 HEX 色彩模式。

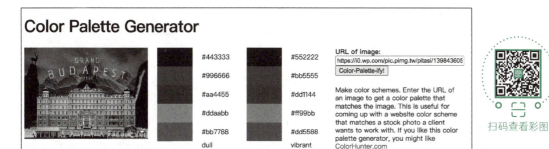

扫码查看彩图

图 8-18　调色板生成器

2. 色彩模式

色彩模式是一种通过数字、字母组合描述色彩的方式，电子设备和设计工具中会使用不同的色彩模式解析色彩。提取或运用色彩，需要理解不同的色彩模式。

可视化设计软件中常见的色彩模式有 RGB、CMYK、HSB、HEX 和 Lab 五种，它们应用于不同的场景，使用各自的组合规则来表示颜色。

RGB 色彩模式基于三原色，即红（Red）、绿（Green）、蓝（Blue）三个颜色通道来表达，它是显示器、扫描设备等常使用的色彩模式。光谱上的大多数颜色都可以由三原色按不同比例和强度组合而成，R、G、B 三种颜色的值由数值 0 到 255 来表达，数值越大，颜色越明亮。例如，"210，210，210"是一种偏灰的颜色，R、G、B 三种颜色的值均为 210。

CMYK 色彩模式使用青（Cyan）、品红（Magenta）、黄（Yellow）、黑（Black）四个颜色通道来表达颜色，同样依据四种颜色按不同比例混合以生成其他颜色，颜色表取值范围为 0 到 100%，它是印刷工业中常用的颜色模式。日常生活中彩色打印机的墨盒即是这四种颜色，上例中偏灰的颜色使用 CMYK 模式表达为"21%，16%，15%，0%"。

HSB 色彩模式通过色相（Hue）、饱和度（Saturation）和明度（Brightness）三个通道来表达颜色。色相由 0 到 360°的度数来表达：红色为 0°（也是 360°）、黄色为 60°、绿色为 120°、青色为 180°、蓝色为 240°、品红色为 300°，将色相轮上的颜色全部用度数来标示后如图 8-19 所示。饱和度和明度由 0 到 100% 的数值表达，数值越高，色彩越加明亮鲜艳。

HSB 色相轮和调整饱和度、明度后的颜色变化

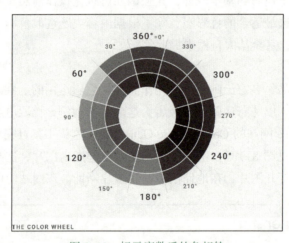

图 8-19　标示度数后的色相轮

HEX 色彩模式使用 16 进位表达色彩，其格式为 # 符加 6 位数字与字母的组合，即"#******"。其中前两位代表红色的强度，中间两位代表绿色的强度，最后两位代表蓝色的强度。符号包括"0，1，2，3，4，5，6，7，8，9，A，B，C，D，E，F"，比如 #00FF00 代表纯绿色，在红色、蓝色位置分别是最小值 00，绿色位置是最大值 FF。

Lab 色彩模式是色域最广的一种颜色模式，肉眼可见的颜色都可以用 Lab 模式表达。L（Luminosity）指的是发光度，a 涵盖从品红色到深绿色的范围，b 涵盖从黄色到深蓝色的范围，每个维度都使用数字表达。

3. 色彩模式转换工具

不同的可视化设计工具会采用不同的色彩模式，确定一款颜色后可使用色彩模式转换工具进行不同模式间的转换。色彩模式转换工具 Colorizer 的操作界面如图 8-20 所示，输入一种色彩模式的数据，可自动获得其他色彩模式的数据。

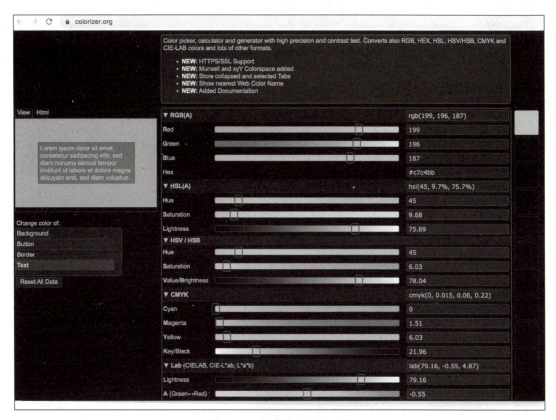

图 8-20 色彩模式转换工具

三、使用 Flourish 制作图表实战

Flourish 是一款免费的在线可视化工具，无须下载安装，在线即可操作。登录官网注册成功后进入操作界面。该软件操作界面设计简洁，语言为英语，点击右上角生成"新的可视化"（New visualisation）进入模板选择页面。它提供了近百种图表模板，涵盖了主要的基本图形，还有一些统计图和可视化图形。基础图形包括堆积图、柱状图、饼状图、枫叶图、水流图等，统计图形有箱式图、散点图、提琴图等，常用于可视化的图形还有桑基图、气泡图、热力图、3D 地图等。

选定模板后，在线上传数据，随后编辑、修改图表设置项即可。这款工具既可以制作静态可视化，也能制作具有交互功能的动态可视化。制作过程仅需四步：选择模板、上传数据、调整设置、输出成果。下面我们使用真实数据借助 Flourish 生产与媒体作品类似的可视化。

本章第一节在讲解气泡图时，使用了汉斯·罗斯林的作品作为案例。这个作品是他与英国广播公司合作推出的，使用动态气泡图展现两百年间、两百个国家的人均收入与人口预期寿命之间的关系。作品信息量丰富，视觉元素简洁，动态设计浅显易懂，契合内容需要。

我们下载了这则报道使用的数据，通过 Flourish 生成与之类似的动态气泡图。

首先，点击页面左上角生成新的可视化，接着在模板库中选择需要的模板。汉斯·罗斯林图模板在散点图（Scatter）模板卡中（见图 8-21）。

扫码获取数据

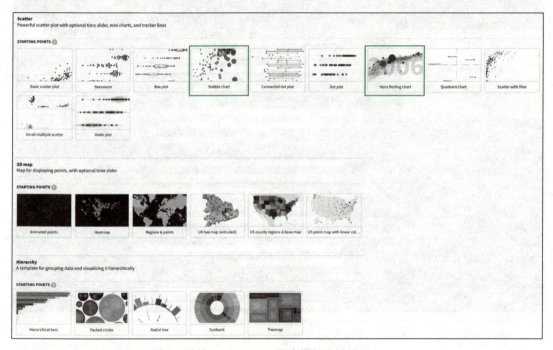

图 8-21　Flourish 图表模板选择界面

点击选中的模板进入图表制作页面，该页面有两个标签，点击"数据"（Data）和"预览"（Preview）标签可以相互切换。

点击"数据"标签，继续选择右上角"上传数据"（Upload data）按钮，在新弹出的对话框中选择数据上传。接下来设定坐标轴和变量，X 轴为人均收入，Y 轴为预期寿命，颜色代表不同大洲，气泡大小代表人口数量，将年份设定为时间，一幅随时间变动的气泡图便完成了。随后转到"预览"标签，审阅预览图。可在右侧图表设置区域修改气泡的大小、颜色等属性（见图 8-22）。

修改完毕点击右上角输出（Export&publish）（见图 8-23 左图）。输出时有多种模式，其一是获取一段嵌入代码，用于插入网页端或移动端，这种方式会保留原始图表所具有的一切动态和互动功能；其二，也可选择获取 HTML 代码，这项功能需要额外付费，还可以直接下载为静态图片。获取嵌入代码时，需要先发布作品，随后才能获得代码（见图 8-23 右图）。

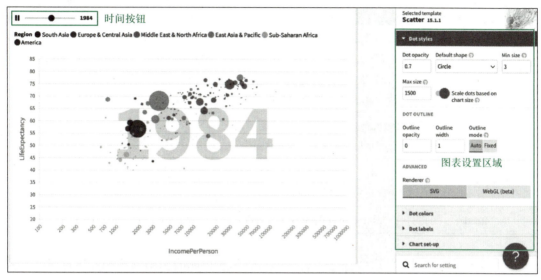

图 8-22 图表制作界面

图 8-23 发布作品并获得嵌入代码

Flourish 有丰富的图表模板库，也可以基于现有模板，通过修改设置，生成新的图表类型。

四、使用 Tableau Desktop 制作图表实战

Tableau Desktop 是由 Tableau 公司研发的一款软件，面世后得到较快推广，它可应用

于商业智能、商业数据分析以及数据可视化等领域。Tableau 旗下有一系列相关产品，如 Tableau Desktop、Tableau Public、Tableau Server、Tableau Reader 等，不同产品特点参见表 8-4。

表 8-4　Tableau 旗下可视化产品介绍

产品	特点介绍	使用方法
Tableau Desktop	桌面软件，可处理 Excel、PDF、JSON、文本文件等多种文件类型，也可连接至数据库服务器，如 MySQL、Oracle 等。通过拖拽和点击导入数据，进行分析和可视化。	付费使用。学术机构研究者与学生可申请有期限的免费使用服务，到期后凭在校身份证明续约。高校授课老师也可申请课程账号或实验室集体账号。
Tableau Public	相当于 Desktop 的轻量版本，功能、用法与之类似，但可处理的文件类型有限。	在线操作，免费使用。
Tableau Server	应用程序，用于发布和管理 Desktop 制作的仪表盘[①]，也可同时管理数据源。	付费使用。
Tableau Reader	可以打开 Desktop 创建的图表、仪表盘。	免费使用。

Tableau Desktop 因操作简便，又可生成具有交互功能的动态可视化，在教学中广受学生欢迎。首先登录 Tableau 官网，在官网中输入邮件地址，获取软件下载链接。下载安装后，使用科研机构或学生激活码进行激活。操作可简单分为四步：导入数据、制作图表、修改图表、导出图表。下面展示了 Tableau Desktop 的操作流程。[②] 所用数据为 Tableau Desktop 官网的教学示例数据。

扫码获取数据

1. 导入数据

Tableau Desktop 可兼容多种格式的数据，比如 Excel、PDF、文本文件、数据库文件、地理位置数据等，点击"到文件"，选取电脑中的文件，便可导入数据。图 8-24 是 Tableau Desktop 的初始页面，左侧为可导入的数据类型，右侧为保存过的工作簿。工作簿是一个或一组图表的统称，它可以包含一个或多个图表，也可以容纳仪表盘或故事。

点击 Microsoft Excel，在弹出的对话框中选择教学数据。

如果一个数据表只包含一个表单，可直接导入；如含有多个表单，表单有共同字段，Tableau 就可建立表单间的联接，进行交叉分析。联接方式有四种：内联接、外联接、左联接和右联接。我们以下面两个表格为例说明不同联接方式的区别（见表 8-5、8-6）。

---

① 又称仪盘板。

② "举个栗子！Tableau 技巧"（知乎账号）是由 Tableau 工程师开设的栏目，讲授 Tableau 的高阶使用技巧，感兴趣的读者可进一步参考学习。

图 8-24　Tableau Desktop 初始界面

表 8-5　示例表格 1

姓名	年龄
李梅	12
张兰	12

表 8-6　示例表格 2

姓名	身高
李梅	140cm
刘海	150cm

上面两个表格中有共同字段——"姓名"，依据姓名字段，可提取两个表格中的数据内容。内联接是基于共同字段（姓名）中的共有数据（李梅）提取其匹配项，此例中为李梅的年龄和身高（见表 8-7）。外联接是提取两个表格的全部值，如一个表中的值在另一个表中没有匹配项时，将显示为 Null（见表 8-8）。左联接和右联接是完整提取左边或右边表格中的值（见表 8-9、8-10），同时提取另一个表格中的匹配项，如匹配项缺失，则显示为 Null。

表 8-7　内联接提取

姓名	年龄	身高
李梅	12	140cm

表 8-8　外联接提取

姓名	年龄	身高
李梅	12	140cm
张兰	12	Null
刘海	Null	150cm

表 8-9　左联接提取

姓名	年龄	身高
李梅	12	140cm
张兰	12	Null

表 8-10　右联接提取

姓名	年龄	身高
李梅	12	140cm
刘海	Null	150cm

下面我们在教学数据中创建内联接，但 Tableau 未能自动识别表单间的关系。查询原始数据可知，两个表单中都含有国家名，但表头命名方式不同，一张表单中使用的是 Country name，另一张使用的是 Country。我们可以手动建立表单间的联接：点击代表联接类型的两个交叉圆圈，选择联接方式，接着将共有字段联接起来（见图 8-25）。

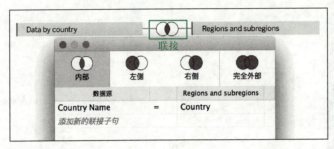

图 8-25　建立联接

因操作环境和版本差异，导入数据时也会出现无法建立联接的情况，此时可以在左下角"编辑关系"板块手动建立连接，如图 8-26 所示。

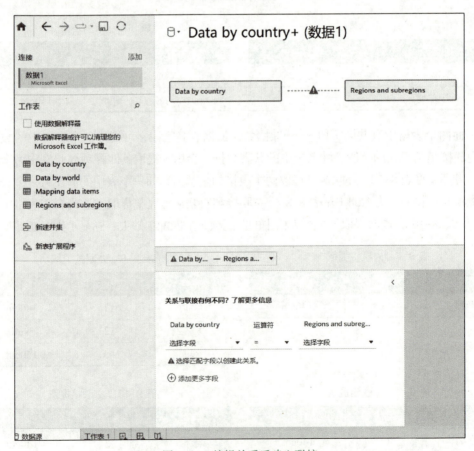

图 8-26　编辑关系后建立联接

联接方式有两种，一是"实时"，二是"数据提取"（见图 8-27）。前者通常用于实时变动的数据，数据变动可呈现在可视化中；后者是将数据导入 Tableau 数据源库中。本章所用教学数据不会实时变动，可选择"数据提取"方式。数据中的字段和值显示在页面右下方区域，Tableau 对值进行初步分析，并用标签标注数据类型，小地球代表地理位置数据，井字符号代表数值类型数据，日历标签代表日期类型数据。如果数据标注无误，可点击左下角"转到工作表"，数据会被存入 Tableau 数据源文件夹，接下来进入可视化操作界面。当数据标注错误时，可右键点击数据标注标签，并在弹出的菜单中为数据赋予新的属性。

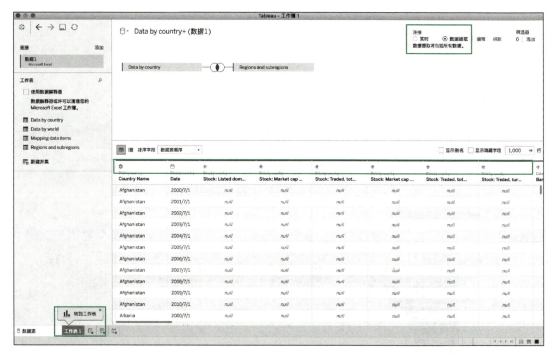

图 8-27 联接数据

操作主界面中左侧为数据区，右侧为图表操作呈现区，拖拽数据便可生成图表，标记卡标签可更改图表设置（见图 8-28）。

接下来通过拖拽生成图表。一般情况下，维度拖拽放入"行"中，或放置于视图区纵轴，维度通常是类别型变量；度量拖拽放入"列"中或横轴，度量可为数值型变量。图表显示区会自动解析数据类型生成图表。

2. 选择图表

智能显示菜单列出了常见的图表类型，当数据被拖拽放入图表显示区后，Tableau 会自动分析数据内容，能够生成的图表类型会高亮显示，点击不同图表即刻切换图表类型（见图 8-29）。如果操作有误，可以将数据拖拽出图表显示区。

图 8-28　制作图表界面

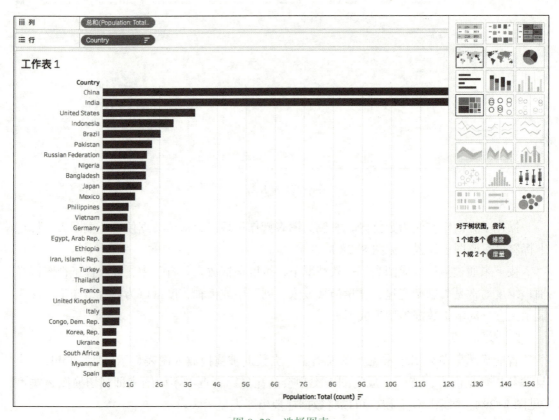

图 8-29　选择图表

除了智能显示菜单，也可以通过修改标记框来设定图表类型。智能显示菜单中未列出词云图，在标记卡标签中将图表类型改为文本，将类别变量拖拽至文本标签卡，将数字变量拖拽至大小标签卡，词云图便生成了（见图 8-30）。

图 8-30 词云图

3. 修改图表

图表样式确定后，可进一步完善图表细节，比如修改图表中图像元素的大小、修改图表的颜色、图例的字体等。与大多数软件的操作类似，修改图表细节可通过点击右键选择"设置格式"，也可以通过 Tableau 标记卡标签进行修改。

图 8-30 词云图颜色略显单调，我们可通过标记卡的颜色标签为它"涂色"，若想给同一大洲的国家赋同一种颜色，只需将区域（Region）度量拖拽到标记卡颜色标签上即可。如仍需调整颜色，可点击颜色标签，选择"编辑颜色"，接着在调色板上重新选择，颜色图例呈现在图表右侧（见图 8-31）。

图 8-31 修改图表

4. 使用筛选器和页面功能

筛选器是 Tableau Desktop 提供的交互功能选项，可根据特定的条件调阅数据。制作时将筛选项拖拽至"筛选器"框内，在弹出窗口中设定筛选内容，随后在筛选项右侧的下拉菜单中选择显示筛选器，筛选内容便可在可视化图表右侧呈现，并可更改筛选内容。

筛选器上方为"页面"功能卡，借助这一功能可生成动态可视化。以教学数据为例，将时间变量拖拽至"页面"卡中，可视化图表右侧即生成页面播放框，点击播放按钮可以看到数据随时间变动的情况。

5. 发布图表

Tableau 提供了仪表板和故事的功能，可同时呈现多张图表。点击左下角田字形标签即可进入仪表板操作界面。将选定的图表拖拽入仪表板界面，图表自带的图例、选择器等互动功能也会同时导入。点击左上角的"设备预览"（见图 8-32），可选择设备尺寸，调整图表大小以适配更多终端。

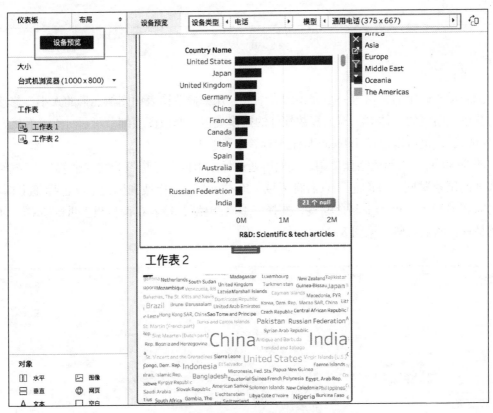

图 8-32 设备预览功能

故事模式好似制作一本"图表书"，每张图表占据一页，是一个故事点，翻页可转到下一张图表，这种形式适合制作具有连续性故事线的可视化。找到左下角带有图书符号的故事标签可进入编辑。点击左上角的"空白"按钮，可新建故事点，将图表或仪表板拖拽入故事点（见图 8-33），修改标题即完成了"图表书"的制作。

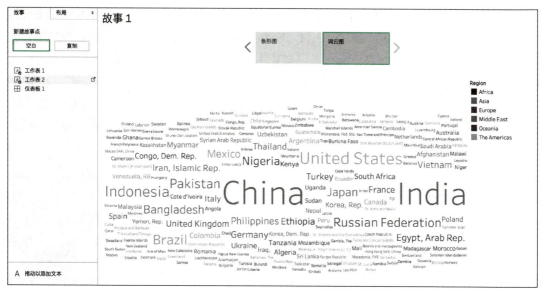

图 8-33　故事模式

　　图表制作完成后，点击服务器标签，选择"发布工作簿"，将制作好的图表发布至 Tableau Public 服务器。因我们使用的是 Tableau Desktop 的免费版本，只能通过将数据、图表以及工作簿上传至 Tableau Public 服务器来获得嵌入代码。上传至 Tableau Public 也就意味着图表和数据都已公开。随后登录 Tableau Public 账号，点击右下角分享按钮获取 iframe 代码，将代码嵌入自己的网页中即可（见图 8-34）。

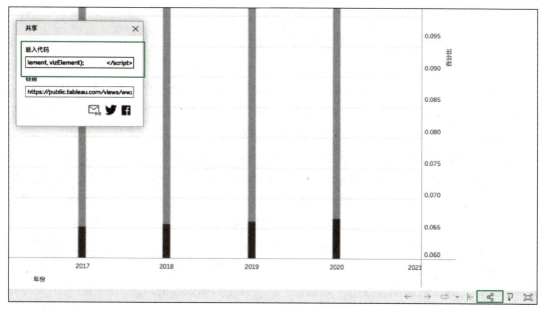

图 8-34　获取嵌入代码

五、使用 E-charts 制作图表实战

E-charts 是使用 JavaScript 实现的开源可视化库，它涵盖多数基本图表类型，图表样式丰富美观，还可以进行交互式查阅。E-charts 兼容大多数浏览器，也适配多种终端，具有较好的适应性。但它对使用者的代码知识有一定要求，需要使用者熟悉 HTML 语言（本书第三章曾做过介绍），能够看懂代码。

E-charts 无须下载安装，它提供了大量的可视化模板，在线即可制作完成可视化图表。登录 E-charts 的官网，点击"所有示例"，可以看到 E-charts 能够生成的图表类型，包括各种类型的折线图、柱状图、饼状图、雷达图、桑基图等（见图 8-35）。

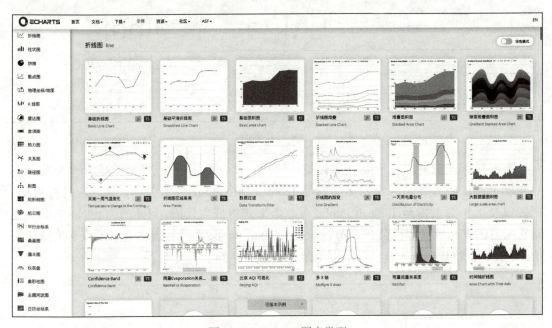

图 8-35　E-charts 图表类型

选择其中一个图表"基础柱状图"，界面显示 E-charts 的工作区，左侧是代码部分，右侧是代码实时生成的可视化图表（见图 8-36），我们可以尝试修改左侧的代码，右侧图表会随之改变，通过这种方式就可以生成可视化图表。

使用 E-charts 制作可视化图表需要以下几个步骤（见图 8-37）。首先，基于想要传达的意义找到合适的可视化图表类型。第七章详细讲述了可视化制作的原则以及图表选择的方法，如需精确对比可选择柱状图，反映构成可选饼图等。第二步观察所选图表的数据格式，这也是 E-charts 较为特别的制作方式。与其他在线可视化工具不同，数据无法直接上传，也无法复制粘贴，而是需转化为 E-charts 能够处理的格式。第三步是使用"资源"标签下"表格工具"处理数据。表格工具中，左侧页面是表格格式，右侧页面提供了数据处理的方式，比如按数组以及数组＋对象等，右下方是数据处理的结果。第四步是用处理好的数据替换示例中的数据，并修改表格设置。最后一步是导出可视化，既可以截图保存也

可以下载示例保存，下载示例后重新使用浏览器打开即可获得可视化图表，也可以使用代码编辑器打开，获取全部代码。

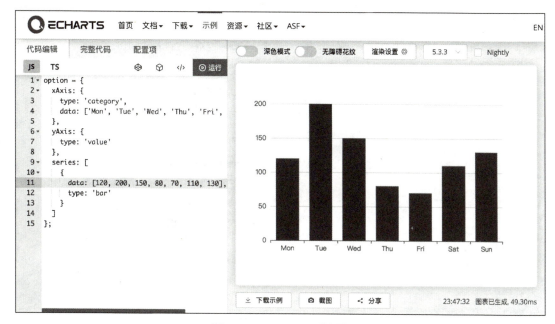

图 8-36 E-charts 图表制作

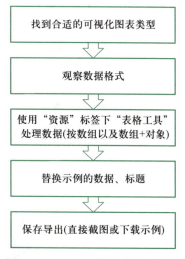

图 8-37 E-charts 图表制作流程图

下面我们以柱状图、南丁格尔玫瑰图为例，按步骤进行简要展示。

1. 生成基础柱状图

选择好图表样式后，需要观察数据格式，示例中"基础柱状图"的数据格式是一维数组，除了直接修改代码中的数据，还可使用 E-charts 自带的"表格工具"快速生成所需的数据格式：假设数据为一列 1、2、4、3、5、7、6 这 7 个数字，在"表格工具"-"结果类型"中选择"纯数组"下"每一列转换为一个一维数组",表格工具便生成"A列转换结果":[1，2，4，3，5，7，6]（见图8-38）。

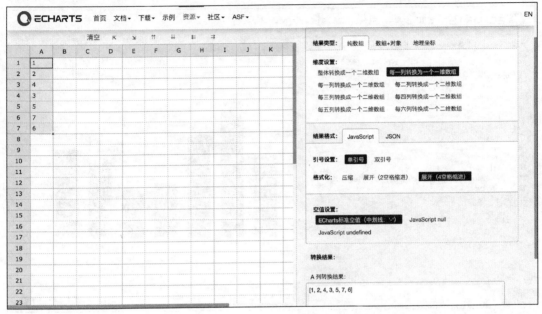

图 8-38　转换数据格式

将鼠标悬停在转换结果区域，复制全部数据，请注意复制数据要完整，不要漏掉方括号。随后将数据粘贴到"基础柱状图"的对应区域：在代码中找到第二个"data"，在其后替换数据（见图 8-39）。

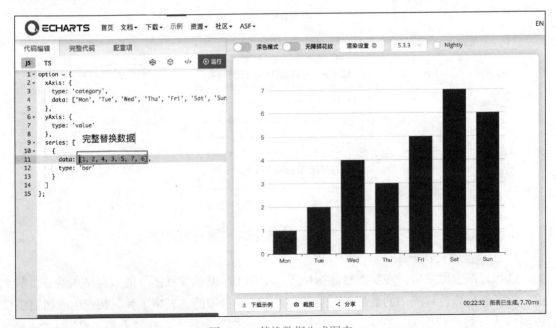

图 8-39　替换数据生成图表

2. 生成南丁格尔玫瑰图

在示例中打开"基础南丁格尔玫瑰图"，观察代码部分可以看到，该图的数据格式为"value"＋"name"，也就是一列名称加一列数据。转到表格工具中，在图表区域粘贴自己的数据，"结果类型"中选择"数组＋对象"，点击减号两次，意即只保留两列，一列名称为"value"，一列名称为"name"，得到的转换结果便可直接复制到"基础南丁格尔玫瑰图"的数据部分，生成可视化图表。图 8-40 中阴影部分为替换数据部分。

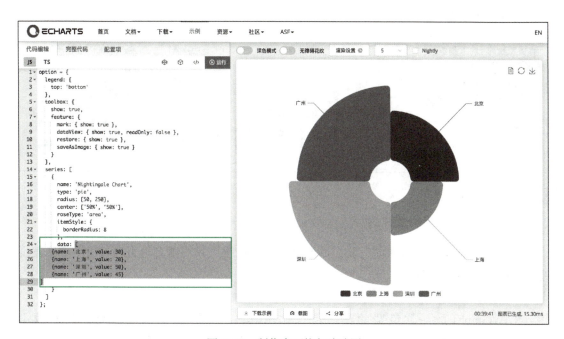

图 8-40　制作南丁格尔玫瑰图

制作好图表后可以直接点击"下载示例"，生成的文件是后缀名为 .html 的网页文件，可嵌入网页中或上传服务器进行发布。

3. 主题构建工具

E-charts 看似烦琐，但适用性强，有大量模板可供选择。但如果不喜欢模板中的字体和配色方案又该如何处理呢？为方便可视化设计，E-charts 提供了"主题构建工具"，顾名思义，这款工具可用来构建可视化的主题，配置具有统一风格的色彩和文字等。

E-charts 主题构建工具教学视频

从页面上方"资源"标签可进入"主题构建工具"，挑选或设置可视化的主题色，并且将主题（.js 格式）下载至示例 html 文档同目录文件夹下，修改图表源代码，将新的 js 文档应用于代码中，由此所有可视化就可统一为同一种配色，这种配置方法高效且美观。

进入操作页面后，左边是主题配置选择项，右边提供了不同图形主题配置预览。在默认方案中选择主题色方案，随后在"系列数量"中确定颜色个数。对设计有所了解的读者，可在基本配置中依据色彩模式选择颜色（见图 8-41）。

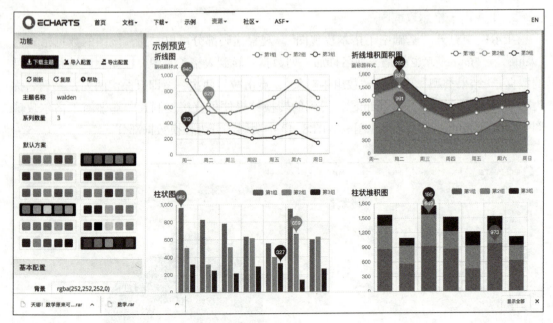

图 8-41　主题构建工具

六、其他可视化工具简介

如今可视化工具日益简便，我们简要介绍两款在线工具，读者也可通过网络搜索发现更多便捷的可视化工具。

1. 使用 RAWGraphs 制作静态图表

RAWGraphs 是一款免费的在线可视化工具，通过模板生成可视化，其模板不如 Flourish 丰富，但操作界面更为简化。我们依旧参照实例使用真实数据学习这款工具。

案例档案卡 8-1

- **刊发机构**：澎湃新闻"美数课"
- **案例名称**：《一分钟看百年诺奖人才流动：哪些国家是最强的人才孵化地？》（2016 年 10 月 11 日）
- **案例作者**：苏颢云、覃照莹、王亚赛、蔡琳
- **案例特点**：采用环形树状图（见图 8-42）清晰明了地展现比例，标示简洁。

扫码获取数据

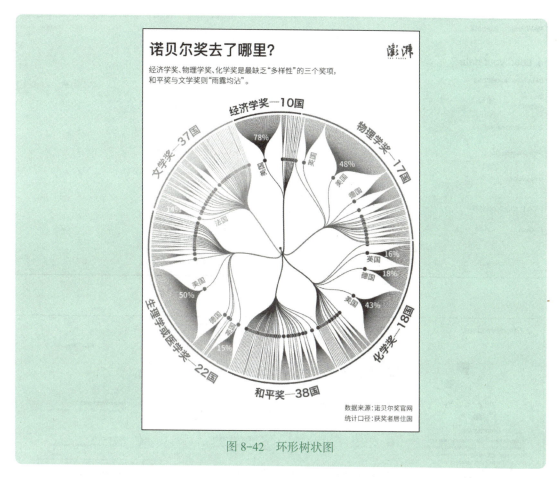

图 8-42　环形树状图

（1）导入数据

第一步，导入数据。既可以选择粘贴也可以上传数据文档。数据载入成功后显示如图 8-43 所示。

（2）选择模板

第二步，选择图表模板。本例使用的是环形树状图（Circular dendrogram）（见图 8-44）。

（3）设置变量

第三步，通过拖拽的方式设置显示变量。环形树状图的数据是层级数据，在案例图中，第一层是奖项类别数据，第二层是国家数据；不同奖项标注为不同颜色，按照从圆心到圆周的次序，依次将奖项维度和国家维度拖拽至层级选框内，再将奖项维度拖拽至颜色选框内。设置后，下方图表中即呈现出预览效果（见图 8-45）。可在预览图表左侧的设置区域更改图表细节。

（4）导出成果

第四步，选择导出为 .svg 格式的图片（见图 8-46），保存后可以使用 Illustrator 等软件进行细节美化。

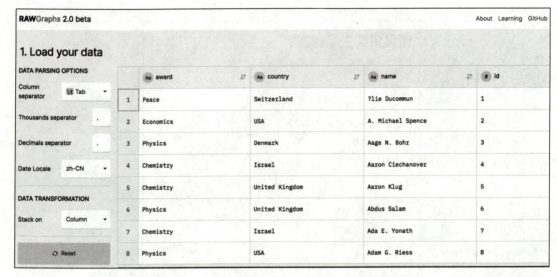

图 8-43   导入数据

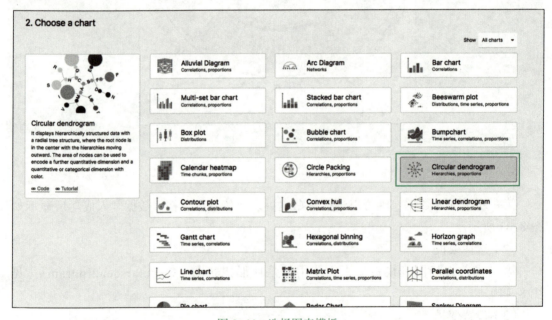

图 8-44   选择图表模板

2. 使用 Datawrapper 生成可视化图表

Datawrapper 也是一款便捷的可视化工具，它同样提供了大量模板，界面简洁，操作简单，还推出了中文界面，操作更便利。导引栏在页面上方，制作过程在界面上清晰可见，分为四步：上传数据、检查并描述、可视化、发布并嵌入。首先在页面右上角选择制作新的可视化，可制作图表、地图或表格，随后进入上传页面。

（1）上传数据

Datawrapper 提供了更多上传数据的选择，既可以复制粘贴数据，也可以上传本地数据文档，还可导入 Google 电子表格，或链接外部数据集，提供数据集网址。

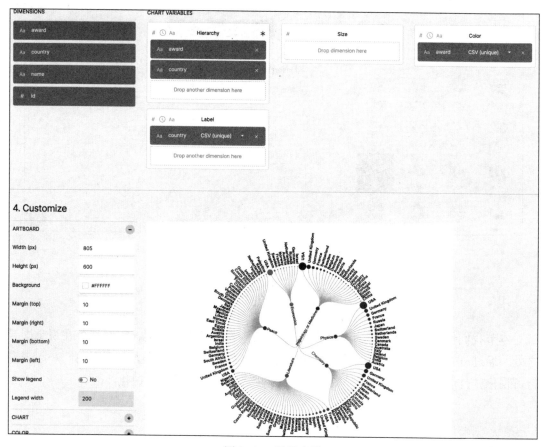

图 8-45　设置变量

图 8-46　导出图表

（2）检查并描述

数据上传成功后，点击"检查并描述"标签，这一步骤是确保 Datawrapper 能够正确解读数据。

（3）可视化

随后进入可视化部分，Datawrapper 囊括了一些基本图形，选定后可转到优化标签进行详细设置，并可为可视化添加注释（见图 8-47）。

（4）发布并嵌入

制作完成后，可在最后一步输入电子邮箱获取嵌入式代码，将可视化图表嵌入移动端或网页端。

图 8-47   选择图表类型

第三节   可视化误区识别案例

本节我们提供五个数据新闻中的可视化作品作为"打假"案例，它们都存在视觉误导之处。通过可视化规则与技能的学习，进一步提高数据新闻业务能力。下面我们一起来进行可视化"打假"，指出每个作品的"误区"，并修订这些有误的可视化。

案例一：佛罗里达枪击致死情况（*Gun deaths in Florida*）
案例说明：

图 8-48 由路透社发布，统计了 1990 年到 2012 年间美国佛罗里达州持枪实施谋杀的罪犯的数量，横轴为年份，纵轴为人数（单位未注明）。图中特别标注了 2005 年佛罗里达

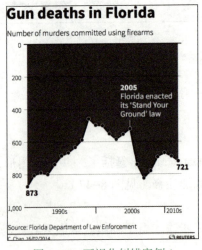

图 8-48   可视化纠错案例 1

州开始实施"坚守阵地法"（*Stand Your Ground Law*），这项法令规定如果一个人有理由认为他／她已经受到，或者即将受到会致伤或者致死的严重威胁，那么他／她可以使用任何可能的手段进行反击。

视觉误导分析：

图表中使用红色标注数据区域，红色通常意指损失。而且图表将纵坐标倒置，导致折线走势向上时实际数字却在减少，折线走势向下时人数却在增加。这种安排恰好与人们的视觉阅读习惯相反，由此造成误读。

案例二：冰雪运动消费热

案例说明：

图 8-49 想要展现 2021 年双十一期间，冰雪旅游、雪上运动和冰上运动三大类活动的消费同比增长率。

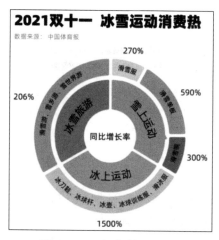

图 8-49　可视化纠错案例 2

视觉误导分析：

这幅图的图表类型选择本身就不甚恰当，呈现同比增长率不宜使用圆环图或饼图，更适合使用折线图、柱状图等。此外，这幅图的设计有三处不妥。首先，圆环图或饼图常用来表示构成，各部分占比加在一起应为百分之一百，上图中三个项目的同比增长率相加远超百分之一百。其次，人们在阅读圆环图或饼图时，习惯将组成圆环或饼图的扇形视作各部分所占比例的具象呈现。本图内层环形中，"冰雪旅游""雪上运动""冰上运动"各占圆环的 1/3，容易引发误导，以为三类活动的消费额或消费增长率相同。最后，在最外层圆环中，五类冰雪消费品的同比增长率与其所占角度不成比例，比如冰上运动消费增长率与冰雪旅游消费增长率相差甚远，但在图上二者所占比例相当。

案例三：相声演员的影视作品

案例说明：

图 8-50 想要展现五位相声演员在 2019 至 2021 年间的影视作品数量，横轴为分类，

分为非相声类作品和相声类作品，纵轴为作品数量。统计发现其中非相声类作品占多数，相声类作品较少。

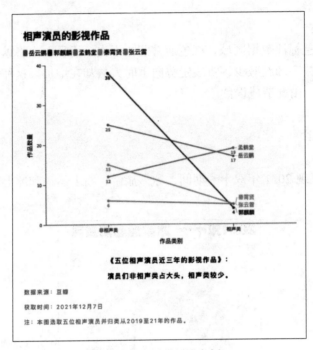

图 8-50　可视化纠错案例 3

视觉误导分析：

首先，图表未详尽交代数据统计方法，数据统计口径存疑。比如，如何界定什么作品是相声类影视作品———一次线下相声演出或一次电视台登台表演，又或是一个全新的相声创作，这些是否可视作相声类影视作品？同理，如何界定非相声类影视作品？事实上，相声表演往往以定期线下表演为主，观众买票进场，整场表演过程很少以影像形式记录，因此将"影视类"的相声和非相声作品加以比较，在类别设定上就存在可商榷之处。这张图表在交代数据时未给出清晰详细的统计口径，数据统计的科学性和准确性存疑。

其次，本图统计的数据是 2019 至 2021 年间相声演员的相声类和非相声类作品，这是两个类别型变量，用直线连接起来容易造成误导，乍看会产生部分演员相声作品数量滑坡的错觉。

案例四：美国经济增长图表（*America's economic growth*）

案例说明：

白宫在自己的社交媒体账号上发文，称拜登上任第一年创造了美国自 1984 年以来最显著的经济增长，并附上 21 世纪以来的美国 GDP 增长率，横轴为年份，纵轴为 GDP 增长率（%）。

视觉误导分析：

图 8-51 是典型的视觉误导，纵坐标轴的刻度并不是平均分配的，从 0.0 到 5.0，其间距均为 1.0，而从 5.0 到 6.0，间距却变成了 0.5，使得这部分柱子的长度被拉伸了一倍，这种细微的设置不容易被受众感知，造成的视觉误导却较为强烈。此外在谈论 GDP 增长率时也应考虑到 CPI 增长率等因素。

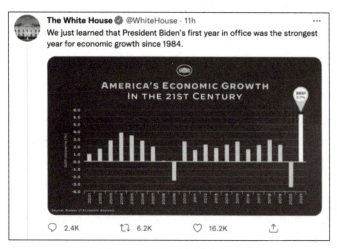

图 8-51 可视化纠错案例 4

案例五：东京奥运会奖牌榜

案例说明：

图 8-52 是东京奥运会期间，Yahoo 网站在其体育频道公布的各国所获奖牌数量。

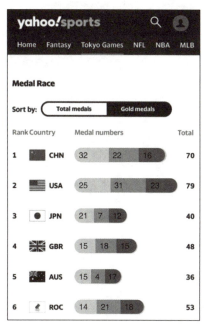

图 8-52 可视化纠错案例 5

视觉误导分析：

从数字上看，中国获得金牌 32 枚，美国获得金牌 25 枚，中国的金牌数更多，但视觉上象征着金牌数量的黄色条形图美国比中国的更长，造成美国金牌数量更多的假象。同理，其他国家的奖牌数量与可视化图形也存在不对应的情况，比如英国与澳大利亚的金牌数同为 15 块，但二者的条形图长度却不同。

思考与练习

1. 基于本章第一节所使用的示例数据（表 8-1），思考使用何种图表能一目了然地呈现一到六月不同类目的收入趋势。

扫码获取数据

2. 扫码获取数据，使用 Flourish 生成图表，并探索 Flourish 修改设置的功能，完善图表的图例、颜色、字体设计。

3. 继续使用上题中的数据，通过 Tableau 制作图表，呈现某一年度全国不同省份 GDP 的数值。

参考答案

后　记

本教材的写作基于复旦大学新闻学院开设的"数据分析与信息可视化"本科课程。该门课程面向数字媒介迅猛发展的时代背景，讲授数据分析与可视化的基础知识、基本方法与基础技能，培养学生融会贯通制作数据新闻与数据内容的能力。该门课程先后被评为国家级一流本科课程、上海市一流课程、上海市重点课程等。除了课堂教学，我们还指导学生建立"复数实验室"，组织生产和发表优秀学生作品，许多作品屡获好评，并获得多项全国性数据新闻与可视化大赛的奖励。2022—2023 年，该课程的教学探索获得国家级教学成果二等奖、上海市教学成果一等奖。

2019 年，基于课程教学的心得，在高等教育出版社武黎、黄子祺两位老师的鼓励支持下，我们启动了本教材的写作计划，希望为国内方兴未艾的数据新闻与可视化教学作出贡献。但繁重的教学、科研及行政任务，以及教材写作所需要的完备性、准确性，都使得我们的写作、修改与打磨花费了比预期更长的时间。历经三年寒暑，现在终于完稿，将我们的努力结果呈现于读者面前，我们感到如释重负。

本教材的写作离不开复旦大学教务处和新闻学院的支持，也感谢历届修读课程的学生和历任助教。本教材也得到了国家社科基金重大项目（20ZDA060）和复旦大学首批"七大系列精品教材"建设项目支持，以及复旦大学国家发展与智能治理综合实验室、复旦大学计算与智能传播研究中心（团队）的学术支撑。

教材写作也得益于全国数据新闻与可视化领域学界与业界的帮助。其中，解放日报与上观新闻数据新闻中心总监尤莼洁、澎湃新闻数据新闻负责人吕妍，以及她们的同事（包括张泽红、李彤彤、孔家兴等）几乎每学期都参与我们的课程教学，特别是为学生作品提出来自业界一线的切中肯綮的建议，显著促进了教学发展。上报集团时任社长裘新、社长李芸，解放日报社总编辑陈颂清，澎湃新闻总编辑刘永钢等在此过程中给予了鼎力支持。学界诸多前辈和同仁（如徐泓、张国良、祝建华、陈昌凤等老师）多年来一直大力支持数据教学与研究，给予我们很多鼓励。此外，在教学和教材写作过程中给予我们帮助的还有马金馨、黄志敏、肖书瑶、李晗、刘昕璐等。

本教材是我们团队集体劳动的结晶。在集体商定大纲和内容框架后，初稿写作具体分工如下：周葆华负责第一、二章，徐笛负责第三、四、七、八章，崔迪负责第五、六章，全书由周葆华统稿。

　　在写作过程中，李泓、李佳蕾、梁鹤、吴雨晴、吴羚琦、黄子健等同学帮助搜集了部分资料，或协助做了部分格式编辑工作，在此一并感谢。

　　感谢我们的家人对我们教学科研和教材写作的支持。

　　最后，希望本教材能惠及开展数据新闻与可视化教学的教师、学习本课程的学子，以及对数据新闻与可视化感兴趣的学界、业界人士。也特别欢迎读者给我们提出意见与建议（联系邮箱：dj2022@yeah.net），以帮助本教材不断完善。

周葆华、徐笛、崔迪

2022 年春撰，

2023 年夏改定

读者意见反馈

为收集对教材的意见建议，进一步完善教材编写并做好服务工作，读者可将对本教材的意见建议通过如下渠道反馈至我社。

咨询电话　400-810-0598

反馈邮箱　gjdzfwb@pub.hep.cn

通信地址　北京市朝阳区惠新东街 4 号富盛大厦 1 座

　　　　　高等教育出版社总编辑办公室

邮政编码　100029

防伪查询说明

用户购书后刮开封底防伪涂层，使用手机微信等软件扫描二维码，会跳转至防伪查询网页，获得所购图书详细信息。

防伪客服电话

（010）58582300